VIVIAN WEIGERT | DR. FRANZ PAKY

BABYS ERSTES JAHR

ALLES, WAS WICHTIG IST

Entwicklung, Ernährung, Pflege, Schlaf

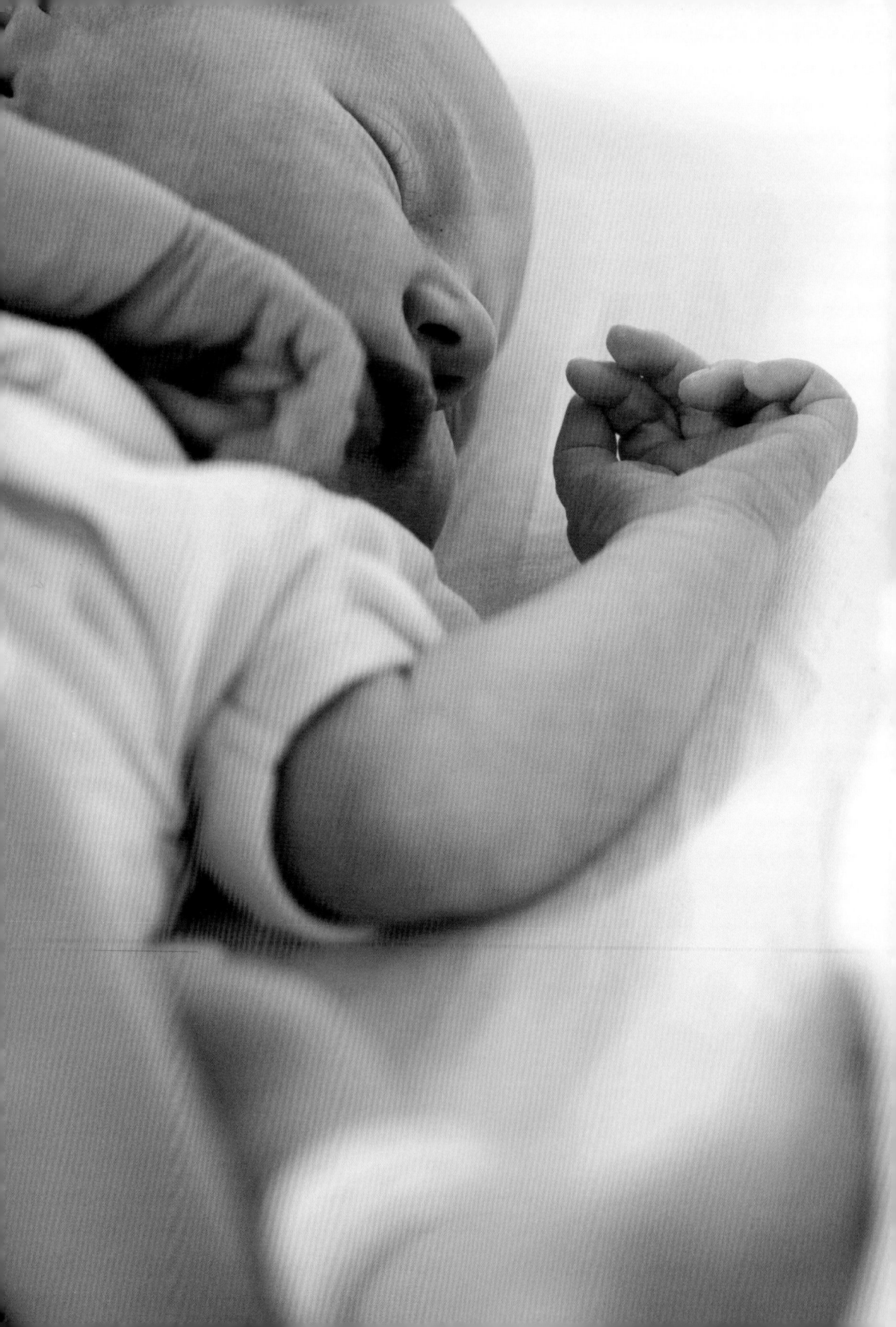

Liebe Leserin und lieber Leser,

willkommen auf dem Babyplaneten! Hier herrschen ein ganz neues Zeitgefühl und eine ungeahnte Liebe zum Detail, denn Ihr Neugeborenes lebt vollkommen im jeweiligen Augenblick. Die meisten Eltern, die in unsere Beratungsstelle und Praxis kommen, möchten wissen, wie ihr Kleines diese Welt erfährt, was es braucht und wie sie ihm das Beste geben können. Die Bedürfnisse Ihres Babys ebenso wie seine immer wieder erstaunlichen Fähigkeiten sind auf den nächsten Seiten ausführlich beschrieben. Mit diesem fundierten Wissen im Hintergrund wird es Ihnen leichter – fallen zu **verstehen, was Ihr Baby Ihnen sagen will.** Denn wie jedes Neugeborene beherrscht es von Anfang an viele Ausdrucksmöglichkeiten mit seiner Stimme, seiner Mimik und Körpersprache. Je besser Sie die Sprache Ihres Babys verstehen, desto mehr können Sie es in seinen Lernschritten unterstützen und desto **harmonischer wird sich Ihr neuer Alltag gestalten.**

Bis zum ersten Geburtstag erlebt Ihr kleines Kind eine rasante Entwicklung – und Sie mit ihm! Nie wieder wächst es so schnell, nie wieder lernt es so viel. Kein Wunder also, dass es sich beständig verändert und Sie als Eltern tagtäglich vor neue Aufgaben stellt. So werden Sie in kürzester Zeit fast zu Experten in Sachen Ernährung, Schlaf, Körperpflege und Gesundheit und **lernen von Woche zu Woche dazu.** Kaum eine andere Phase im Leben ist spannender und bewegender als das erste Jahr mit Kind, selten öffnen sich so viele überraschend neue Perspektiven. Wir haben dieses Buch für Sie geschrieben, um Ihnen einen verlässlichen und soliden Guide in die Hand zu geben. Denn schließlich zählt jetzt jeder Schritt, den Sie tun, und Sie möchten von Anfang an alles richtig machen. Es ist unser Wunsch, dass Ihnen dies so gut wie möglich gelingt – mit **viel Liebe, Geduld und Gelassenheit!**

Vivian Weigert   Mr Denz

꒰ꢠ Babys erste Tage

🛁 Die ersten drei Monate

Babys 4. bis 6. Monat

Babys 7. bis 9. Monat

Babys 10. bis 12. Monat

Service

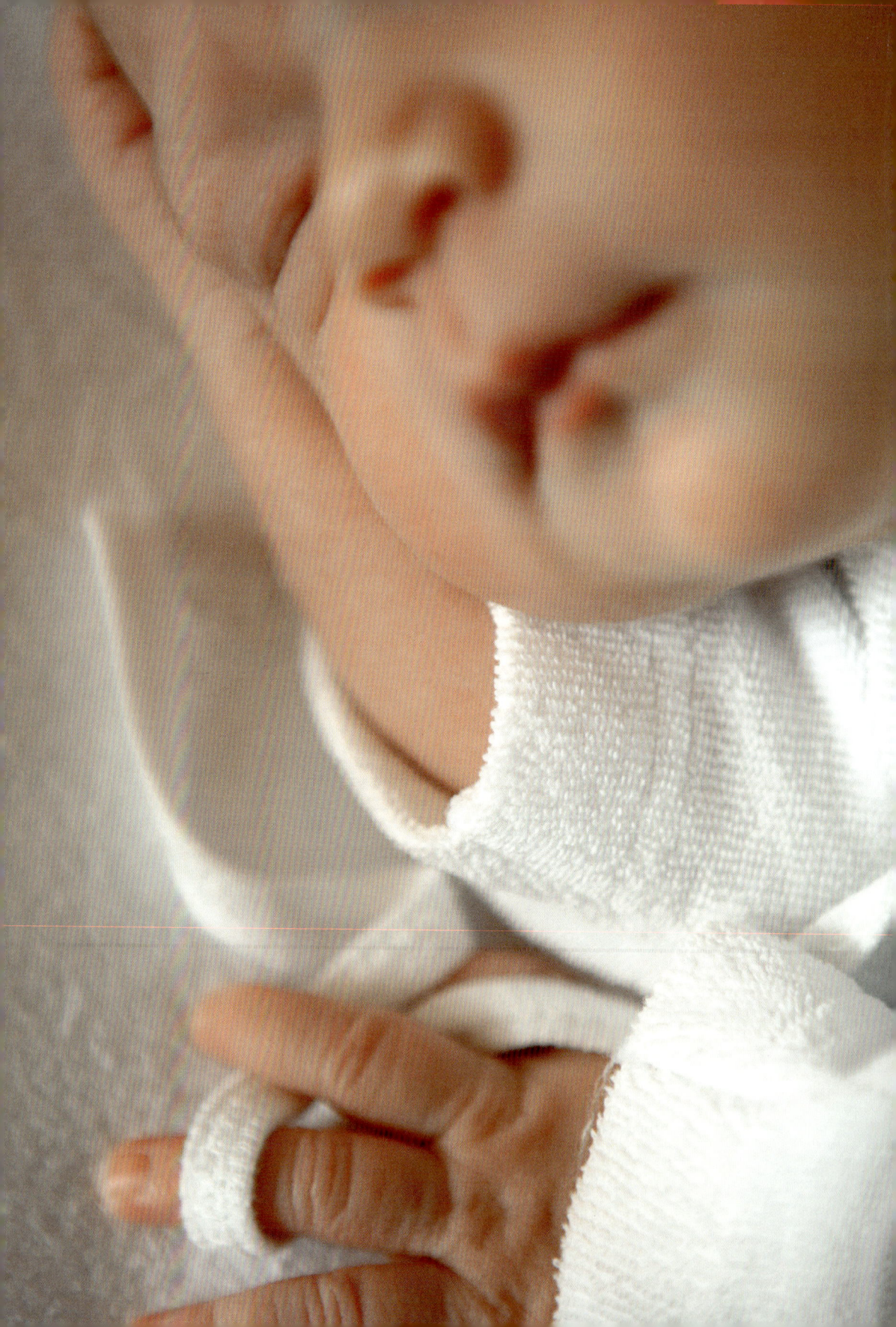

Babys erste Tage

Wie oft haben Sie in den vergangenen Monaten daran gedacht, wie es sein wird, wenn Sie Ihr Baby zum ersten Mal im Arm halten, und jetzt ist es Wirklichkeit geworden: Ihr Kleines ist da! Wenn Ihr Baby Ihnen nach der Geburt in die Augen sieht mit seinem grenzenlos tiefen Blick, ist das eine Erfahrung, die für immer unvergesslich bleibt.

Mit allen Sinnen in Beziehung sein

Wie nimmt Ihr Baby die Welt wahr? Was möchte es mitteilen, wenn es weint? Am Anfang stehen viele Fragen, doch rasch lernen Sie und Ihr Kleines sich wortlos zu verstehen. Ihr Baby ist von Geburt an auf Kommunikation eingestellt. Es bringt alle wichtigen Fähigkeiten dafür mit und entwickelt sie in rasantem Tempo weiter. Für seine soziale Entwicklung müssen Sie Ihrem Baby jetzt noch nichts Besonderes bieten, denn die wichtigsten Anregungen erhält es in der Zeit, in der Sie einfach mit ihm zusammen sind.

Ein guter Start

Die Umstellung nach der Geburt ist für ein Baby riesengroß. Ungefiltertes Licht umgibt es, Stimmen und Geräusche treffen direkt auf sein Ohr und sind anders als alle bisherigen Hörerfahrungen. Am meisten ist ihm die Stimme seiner Mutter vertraut, so wie ihr Herzschlag, ihr Atemrhythmus, ihr Geruch, ihre Bewegungen und Stimmungen. Ihr Körper bleibt vorerst der Ort, an dem sein Nervensystem die größte Vertrautheit registriert, wo es sich vollkommen geschützt fühlt.
Bleiben Sie mit Ihrem Kind viel in unmittelbarem Hautkontakt. Dadurch wird das Hormon Oxytozin vermehrt gebildet. Es wirkt wie ein natürliches Zaubermittel, indem es vor Stress schützt und Glücksgefühle intensiviert.

Die Bedeutung des »Bondings«

In den ruhigen Minuten des ersten Zusammenseins, des Streichelns und Liebkosens, stellt sich zwischen Eltern und Baby meist ganz von selbst das Bonding ein. Es bedeutet so viel wie »sich fest verbinden«. Direkt nach einer natürlichen Geburt ist physiologisch alles so gut da-

Die ersten zwei Stunden

Die allerersten gemeinsamen Stunden mit Ihrem Neugeborenen zählen zu den kostbarsten im ganzen Leben. Zahlreiche Studien haben gezeigt, wie wichtig es ist, dass Mutter und Vater in der besonders sensiblen Phase nach der Geburt ungestört und ausgiebig ihr Baby betrachten und liebkosen können und dass Mutter und Kind bis nach dem ersten Stillen in ununterbrochenem Hautkontakt zusammenbleiben. Erst danach sollten die Erstuntersuchungen mit Wiegen und Messen durchgeführt werden. Durch die intensive Nähe wird sowohl die frühe Entwicklung des Babys als auch die Eltern-Kind-Beziehung ganz entscheidend unterstützt. Diese positive Wirkung war in der Forschung selbst nach einem Jahr noch nachweisbar.

rauf eingestellt wie sonst nie. Die einmalig tiefe gegenseitige Wahrnehmung wird bei den Eltern ebenso wie beim Neugeborenen durch eine besondere Hormonlage gefördert, die sich während des normalen Geburtsverlaufs entwickelt. Bei der Mutter erreicht das Hormon Oxytozin in der Stunde nach einer natürlichen Geburt sogar die höchsten Werte im Leben. Oxytozin wird gerne als Liebeshormon bezeichnet, weil es untrennbar mit diesem Gefühl verbunden ist. Bindungsforscher haben herausgefunden, dass beim »Bonding« zwischen Eltern und Baby ein ganz ungewöhnlicher Bewusstseinszustand entsteht, ein Zauber, wie man es sonst nur bei Verliebten kennt. Damit diese besondere emotionale Bindung zwischen Eltern und Kind entsteht, ist es ideal, in den ersten 72 Stunden nach der Geburt so hautnah wie möglich mit dem Baby zusammenzubleiben.

Bonding mit Verspätung

Beobachtungen zeigen jedoch, dass sich die Bonding-Erfahrung auch später

einstellen kann. Es muss nicht unbedingt Liebe auf den allerersten Blick sein. Gerade wenn während der Geburt nicht alles ideal verlief, sie sehr lange dauerte oder anstrengend war, ist von Müttern oft zu hören, dass ihnen ihr Baby in den ersten Tagen noch fremd war und sie keineswegs sofort von großartigen Gefühlen überschwemmt wurden. Wenn Sie oder Ihr Baby zuerst medizinische Betreuung benötigen, gilt: Grundsätzlich ist es nie zu spät für eine gute Bindung. Sorgen Sie einfach so früh wie möglich dafür, dass Sie möglichst ungestört mit Ihrem Kind zusammen sein können und lassen Sie sich dann umso mehr Zeit fürs erste Kennenlernen. Gönnen Sie sich am besten ein ruhiges Bonding-Wochenende, an dem nur Sie und Ihr Baby zählen! Insbesondere viel Hautkontakt ist dabei wichtig. Am besten ziehen Sie Ihr Baby bis auf die Windel aus, legen es auf Ihren nackten Oberkörper und kuscheln sich mit ihm unter eine warme Decke.

Ununterbrochener Hautkontakt und viel Nähe unterstützen das Bonding in den ersten kostbaren Stunden nach der Geburt.

So nehmen Babys die Welt wahr

Wenn etwas seine Aufmerksamkeit gewinnt, kann schon das Neugeborene seine vollkommen konzentrierte Wahrnehmung darauf richten – es ist keinen Augenblick gedankenabwesend. Und, was genauso wichtig ist: Es kann sich abwenden, sobald es Ruhe braucht von all den neuen Eindrücken auf der Welt. Doch was sieht, hört, riecht, schmeckt und fühlt ein Neugeborenes?

Über den direkten Blickkontakt findet zwischen Eltern und Baby ein inniger Austausch statt.

Sehen

Wenn es stimmt, dass die Augen ein Spiegel der Seele sind, dann sieht man der Seele eines Neugeborenen bis auf den Grund: Dieser unvergleichlich offene Blick, mit dem es seinen Eltern in die Augen schaut, gehört sicherlich zu den schönsten und innigsten Begegnungen, die möglich sind. Wenn Eltern den Blickkontakt mit ihrem Neugeborenen suchen, nähern sie sich seinem Gesicht intuitiv genau so weit, wie ihr Baby sie vorerst am besten sehen kann. Egal ob sie es dabei hochheben oder ob sie sich über ihr liegendes Kind beugen, wählen die Eltern meistens spontan einen Abstand von rund 20 bis 25 cm, obwohl diese geringe Distanz für erwachsene Augen keineswegs ideal ist – sie kommen unbewusst den Vorlieben ihres Kindes entgegen.

Das innige Betrachten von großflächigen Mustern, von Hell-Dunkel-Kontrasten und immer wieder des Gesichts von Mutter oder Vater gehört in den ersten Lebenstagen und Wochen zu den Lieblingsbeschäftigungen Ihres Babys. Genießen Sie diesen intensiven Austausch und nutzen Sie die Gelegenheit, Ihr Kind kennen und verstehen zu lernen!

Übrigens: Neugeborene schielen manchmal, besonders wenn sie versuchen, etwas konzentriert zu betrachten. Der Grund ist, dass sie ihre Augenmuskeln noch nicht immer kontrollieren können. Aber keine Sorge, das gibt sich, sobald das Baby in ein paar Wochen seine Augenmuskeln besser unter Kontrolle hat.

Hören

Schon im Bauch nehmen Babys Geräusche wahr. Ihr Gehör ist ab der 25. Schwangerschaftswoche bereits ausreichend entwickelt. Im Körper der Mutter hat es eine beständige und keineswegs leise Klangkulisse vernommen – das Klopfen des Herzens, das Rauschen der großen Blutgefäße, das Gluckern des Darms. Auch äußere Geräusche konnte das Kind im Bauch bereits hören. Von der ersten Stunde an unterscheidet es deshalb die vertraute Stimme seiner Mutter von fremden Stimmen. Bei der Geburt sind Babys bereits auf ihre Muttersprache eingestellt. Als Forscher die Schreimelodien von deutschen und französischen Neugeborenen verglichen, stellten sie fest: Bereits mit den allerersten Lauten kommunizieren Babys in ihrer Muttersprache. Die deutschen mit einer absteigenden Tonfolge, die französischen mit einer aufsteigenden.

Riechen, Schmecken

Der Geruchssinn bildet sich früh in der Schwangerschaft aus, bereits Wochen vor der Geburt riecht das Ungeborene fast alles, was seine Mutter riecht. Seine feine Nase hilft dem Neugeborenen sofort, die Mutter von anderen Menschen zu unterscheiden. Sie zeigt ihm auch den Weg zu seiner Nahrungsquelle und hilft ihm, die Brust der Mutter zu finden. Schon ab dem zweiten Lebenstag reagieren Babys auf starke fremde Gerüche, indem sie mit Armen und Beinen strampeln und schneller atmen. Sogar das kleine Herz schlägt schneller, wenn ein ungewohnter Duft seine Nase streift. Sehr beruhigend wirkt hingegen von Anfang an der vertraute, normale Körpergeruch ihrer Mutter. An unterschiedliche Geschmacksrichtungen gewöhnen sich Babys schon während der Schwangerschaft, denn sie trinken geringe Mengen des Fruchtwassers, dessen Geschmack durch die mütterliche Ernährung immer ein wenig variiert. In der Zeit

nach der Geburt befinden sich tatsächlich die meisten Sinneszellen im Mund. Später nehmen sie wieder ab.

Fühlen

Tast-, Bewegungs- und Gleichgewichtssinn sind schon seit dem zweiten Drittel der Schwangerschaft aktiv. Sie reiften bereits durch die Bewegungen und Berührungen im Mutterleib und sind bei der Geburt voll ausgebildet. Für die frühkindliche Entwicklung sind die Anregungen dieser körpernahen Sinne besonders wertvoll. Körperkontakt, Stillen, häufiges Tragen und die Bettung im Babynest (siehe Seite 14) sind die beste Förderung.

Hallo Baby!

Ob Ihr Baby sich wohlfühlt, hat viel damit zu tun, wie es angefasst und behandelt wird. Der bekannte Gynäkologe Frédérick Leboyer drückt es so aus: »Berührt, gestreichelt, massiert werden, das ist Nahrung für das Kind. Nahrung, die genauso wichtig ist wie Mineralien, Vitamine und Proteine. Nahrung, die Liebe ist.« Babys wollen zärtlich und einfühlsam angefasst werden. Je aufmerksamer und zugewandter seine Bezugspersonen handeln, desto wohler fühlt sich das Kind. Ganz allmählich verfestigt sich in ihm ein positives Körper- und Selbstwertgefühl. Neben sanften Berührungen ist es ebenso wichtig für Ihr Kind, dass Sie viel mit ihm sprechen. Beschreiben Sie ihm, was Sie tun, wenn Sie es wickeln, waschen oder umziehen. Bleiben Sie dann immer mit Ihrer Aufmerksamkeit bei ihm. So kann es sich als wertvoll und wichtig erleben und merkt von Anfang an, dass es als Person respektiert und geschätzt wird.

Die motorische Entwicklung

Kaum vorstellbar, dass Ihr kleines Baby in etwa einem Jahr schon auf seinen winzigen Fußsohlen stehen und sogar laufen wird! Mit bewundernswertem Lerneifer erweitert es tagtäglich seine motorischen Möglichkeiten und erkundet mutig seine Welt. So erobert es sich in diesen zwölf Monaten eine Dimension nach der anderen. Von der horizontalen Fortbewegung strebt es unermüdlich immer weiter hinauf in vertikale Positionen. »Hilf mir, es selbst zu tun« ist sein Motto auf dem Weg zur echten Selbstständigkeit!

Die Bewegungs-entwicklung

Die sensorischen und reaktiven Fähigkeiten eines Babys sind von Anfang an erstaunlich. Das Bewegungsvermögen wächst ebenso wie seine geistigen und sozialen Fähigkeiten in einem rasanten Tempo. In den ersten Lebensmonaten sind seine Bewegungen noch stark von angeborenen Reflexen geprägt. Die meisten der bereits direkt nach der Geburt auslösbaren Reflexe verschwinden nach einigen Wochen oder Monaten, je weiter sich das Nervensystem des Babys entwickelt und je mehr es dementsprechend seine Bewegungen bewusst steuern kann. Andere Reflexe sind wichtige Schutzmechanismen, die ihm ein Leben lang nützen und deshalb erhalten bleiben wie etwa der Husten-, der Nies- oder der Blinzelreflex.

Ungeborene Babys lassen sich nicht nur sanft von den Bewegungen der Mutter schaukeln. Schon vor der Geburt bewegen sie sich rhythmisch zum Klang von Musik, und manche lutschen eifrig am Daumen. Aktive Eigenbewegungen sind dem Neugeborenen also ebenso vertraut wie das passive Bewegtwerden.

Und doch ist nach der Geburt alles anders. Zuletzt war es im Mutterleib eng geworden, jetzt kann das Baby seine Arme und Beine weit ausstrecken. Das ist einerseits angenehm, doch manchmal auch erschreckend – wo sind die gewohnten Grenzen? Und es gibt noch etwas Neues, Ungewohntes: die Schwerkraft. Für Ihr Neugeborenes muss das eine der eindrücklichsten ersten Erfahrungen sein. Zunächst hat es dieser neuen Kraft kaum etwas entgegenzusetzen und ist auf Ihrem Arm abhängig davon, dass es gut gehalten und gestützt wird (siehe ab Seite 61).

In der gewohnten Haltung aus dem vorgeburtlichen Leben, der »Embryohaltung«, fühlt sich Ihr Baby auch als Neugeborenes noch am wohlsten – die Gelenke stark gebeugt, Arme und Beine angezogen, sogar die Fingerchen und die Zehen so weit wie möglich geschlossen. Erst nach und nach wird Ihr Baby beginnen, sich zu »entfalten«, dann werden sich seine kleinen Gliedmaßen allmählich auch in der entspannten Haltung ein wenig mehr strecken. Das darf dauern. Im Fruchtwasser getragen und gestützt lebte es in stets schwingender Bewegung. Nun erfährt es erstmals Stillstand, wenn es abgelegt wird, und daran muss es sich erst gewöhnen.

Alleine liegen: Wie Ihr Baby es mag

Kein Wunder also, wenn viele Neugeborene unwillkürlich weinen, sobald sie von den Eltern abgelegt werden. Sicher gehalten und getragen fühlen sie sich einfach am wohlsten. Trotzdem gibt es natürlich Augenblicke, in denen das nicht möglich ist. Wie bettet man ein Baby, damit es sich rundum wohlfühlt?

Wenn Sie Ihr Neugeborenes auf seinen Bauch legen, hat es noch nicht viele Bewegungsmöglichkeiten. Es kann seine Arme und Beine zwar anziehen und strecken, aber selbstständig heben kann es sie noch nicht. Am liebsten zieht es seine Beinchen so weit wie möglich unter den Bauch und dreht die Füßchen einwärts oder seitwärts. Wenn es müde ist, legt es den Kopf auf eine Seite. In dieser Lage findet eines

seiner Händchen leichter zum Mund als in der Rückenlage: das mögen alle Babys gerne. Weil seine Arme und Beine in der Bauchlage viel Halt haben, wodurch unwillkürliche Zuckungen verhindert werden, ist diese Lage vielen Neugeborenen angenehm, um sich auszuruhen. Andererseits fordert die Bauchlage dem Baby jetzt noch sehr viel ab, wenn es sein Köpfchen heben will. Die Nackenmuskeln müssen sich erst daran gewöhnen, die Last des schweren Köpfchens zu tragen. Bis es so weit ist, muss das Baby sich mit beiden Händen und Armen abstützen, um den Kopf zu heben – das wird schnell anstrengend. Häufig erhalten Eltern den Rat, das Neugeborene in seinen Wachphasen viel

Ein Neugeborenes kann sich nicht gut stabilisieren. Es legt automatisch sein Köpfchen zur Seite und gerät in Schieflage.

auf den Bauch zu legen, als Training für seine Rücken- und Nackenmuskulatur. Sollte Ihr Kleines die Bauchlage aber nicht mögen, weil sie ihm zu langweilig oder zu anstrengend ist, brauchen Sie es nicht dazu zu zwingen. Nehmen Sie es dann lieber häufig ins gut gebundene Tragetuch (siehe Seite 64). Auch da lernt es, sein Köpfchen zu halten. Gleichzeitig wird der Gleichgewichtssinn sowie die Raumwahrnehmung geschult.

Der schönste Platz: das Babynest

Wenn Sie Ihr Kleines jetzt flach auf seinen Rücken legen, wird es durch die Schwerkraft aus seiner Embryohaltung gestreckt. Viele Neugeborene fühlen sich dabei vorerst noch nicht lange wohl, denn ihre Hüftgelenke und die noch sehr gerundete Wirbelsäule werden dabei mehr gedehnt, als ihnen lieb ist. Legen Sie Ihr Baby in den ersten Wochen tagsüber lieber in ein kleines Nestchen statt auf eine flache,

unbegrenzte Unterlage. Das wird auch von Physiotherapeuten gern empfohlen.

So ein Babynest ist schnell gemacht: Falten Sie eine große Wolldecke zum Dreieck, dann rollen Sie diese auf, legen sie zum Kreis, schlagen die Enden ein und passen das Ganze dabei der Größe des Babys an. Alternativ nehmen Sie einen Schwimmreifen, dessen Größe für Ihr Baby passt. Legen Sie einfach eine Babydecke darüber und fertig ist der perfekte Liegeplatz. Darin liegt Ihr Neugeborenes in einer guten »Beugehaltung«: Kopf und Füßchen ruhen oben auf der dicken Umrandung, Rücken und Po unten in der Mulde. Der Rücken ist gerundet und bildet den tiefsten Punkt, so bleibt der Bauch weich, rundherum spürt es angenehmen Halt. Nur während Sie schlafen, sollte Ihr Baby nicht im Nestchen liegen, damit sich nicht unbemerkt etwas vor seine Atemwege schiebt.

Im Nestchen liegt Ihr Baby in einer idealen Beugehaltung und verspürt rundum angenehmen Halt.

Die Neugeborenen-Reflexe

Neugeborene verfügen schon bei der Geburt über verschiedene Reflexe, die ihnen helfen, sich in der Welt zurechtzufinden. Im Verlauf des ersten Lebenshalbjahres verlieren sich diese allmählich und werden durch gezielte Bewegungen ersetzt. Weil ihr Vorhandensein Hinweise auf eine gesunde Entwicklung gibt, prüft der Kinderarzt bei jeder Vorsorgeuntersuchung die Reaktionen des Babys.

✓ **Der Schreitreflex** tritt auf, wenn das Baby so aufrecht gehalten wird, dass eines seiner Füßchen die Unterlage berührt. Es hebt dann den anderen Fuß, wie um einen Schritt zu tun, und setzt ihn vorne wieder ab. Diese reflektorische Schrittbewegung klingt im zweiten Monat ab.

✓ **Der Kriechreflex** führt zu Krabbelbewegungen, sobald auf die Fußsohlen eines auf dem Bauch liegenden Babys ein gewisser Druck ausgeübt wird. Dieses Phänomen ist bis zum zweiten oder dritten Monat zu beobachten.

✓ **Der Suchreflex** hilft dem Neugeborenen von Anfang an dabei, die Brust der Mutter und damit seine Nahrungsquelle zu finden. Jede zarte Berührung an seinen Mundwinkeln oder Lippen führt dazu, dass das Baby sich der Berührung zuwendet, sich mit der Zunge die Lippen leckt oder erwartungsvoll den Mund öffnet. Dieser Reflex funktioniert nur dann richtig, wenn das Baby nicht sehr satt ist und vergeht nach etwa drei Monaten.

✓ **Der Saug-Schluck-Reflex** unterstützt die Fähigkeit zur Nahrungsaufnahme. Wird dem Baby ein Finger in den Mund gesteckt, umschließt es ihn fest mit den Lippen und beginnt, mit kräftiger werdenden Mund- und Zungenbewegungen daran zu saugen und anschließend zu schlucken. Auch dieser Reflex ist typisch für hungrige Babys, er ist aber auch im Schlaf auslösbar. Er vergeht etwa im dritten Monat mit der zunehmenden Fähigkeit des Kindes, bewusst zu saugen.

✓ **Der Stehreflex** ist eine automatische Versteifung der Beine, sobald die Füße des Neugeborenen in aufrechter Körperhaltung die Unterlage berühren. Er lässt ab dem vierten Monat allmählich nach.

✓ **Der Greifreflex** wird ausgelöst, sobald die Handinnenfläche oder die Fußsohle des Babys berührt wird: Die Finger oder Zehen beugen sich, um zu greifen. Der Handgreifreflex wird ab dem dritten Monat schwächer und erlischt etwa im fünften Monat, der Fußgreifreflex lässt sich dagegen noch bis zum neunten Monat beobachten.

✓ **Der Moro-Reflex** wird auch Umklammerungs- oder Schreck-Reflex genannt: Erschrickt das Neugeborene durch eine Berührung, ein Geräusch, eine Erschütterung oder durch abrupte Lageveränderung, streckt es blitzschnell seine Arme weit von sich und spreizt dabei Hände und Finger. Sofort danach beugen sich die Arme und werden wieder an den Körper geführt, während sich die Fingerchen dabei zu Fäustchen schließen (klammern). Der Moro-Reflex lässt nach dem dritten Monat nach und sollte mit rund sechs Monaten verschwunden sein.

Stillen und Ernährung

An Ihrer Brust bekommt Ihr Baby alles, was es jetzt für sein optimales Gedeihen und seine Entwicklung braucht, es wird perfekt ernährt und mit Immunstoffen versorgt, ohne dass Sie sich den Kopf darüber zerbrechen müssen. Unmittelbar nachdem das Neugeborene die keimfreie Welt der Gebärmutter verlassen hat, macht sein Organismus erstmals Bekanntschaft mit Bakterien und anderen Erregern. Trinkt Ihr Kleines gleich nach der Geburt an Ihrer Brust, breiten sich in seinem Magen-Darm-Trakt rasch vertraute und »familiäre« Keime aus, die es vor fremden Bakterien schützen. Mit der ersten Nahrung erhält Ihr Kind die höchste Konzentration von Immunfaktoren und Abwehrkörpern.

Lassen Sie sich bei den ersten Stillversuchen Zeit: Nach dem ersten Beschnuppern sucht Ihr Baby ganz von allein die Brust.

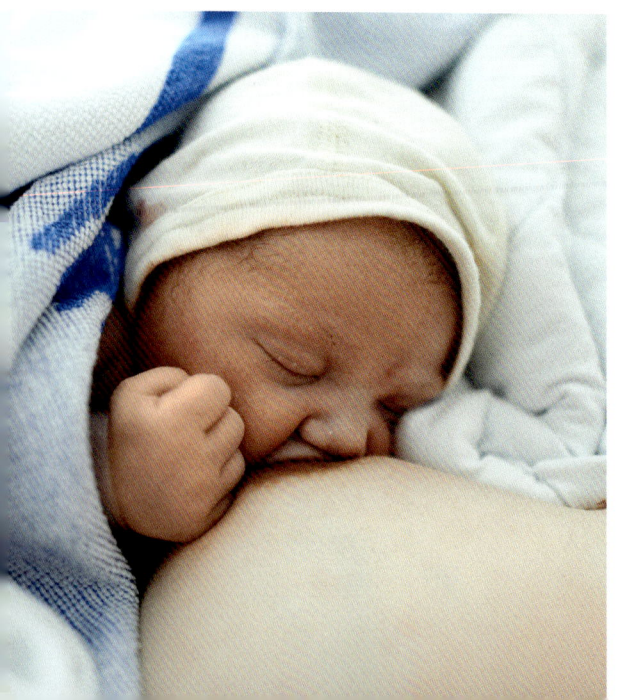

Muttermilch bietet einen unnachahmlichen Schutz vor Infektionen und Allergien und schenkt dem Neugeborenen einen Vorteil für sein ganzes weiteres Leben. Bei der Mutter sorgt das frühe Saugen an der Brust dafür, dass sich die Uterusmuskulatur kräftig zusammenzieht. Die Plazenta löst sich leichter und die Wundflächen schließen sich rascher. Die Rückbildungsprozesse kommen optimal in Gang.

Das erste Mal

Sobald Sie und Ihr Baby sich ausgiebig betrachtet und beschnuppert haben, kommt der besondere Moment für das erste Stillen. Es gehört zum intimen Begrüßungsritual, bei dem der frischgebackene Papa am besten hilft, indem er Kissen zurechtrückt, dafür sorgt, dass es warm genug ist und vor allem, dass niemand stört. Etwa dreißig Minuten nach der Geburt setzt bei den meisten Babys der Saugreflex (siehe Seite 15) ein. Sie erkennen ihn daran, dass Ihr Kind beginnt, sein Köpfchen hin und her zu drehen und an allem zu lecken, das seine Lippen berührt. Dann ist es Zeit, ihm die Brust zu geben. Das geht ganz bequem im Liegen, mit ein paar Kissen hinter dem Rücken (siehe Seite 20). Keine Eile, das Baby darf sich viel Zeit lassen und die Brust erst einmal ungestört beschnuppern und ausgiebig daran lecken. Dabei kommen wichtige innere Reaktionen bei Mutter und Kind in Gang, die sich noch lange positiv auf Babys Immunsystem, Darmgesundheit und allgemeine

Selbstregulation ebenso wie auf Mamas Rückbildung auswirken. Bis das Baby schließlich eine Kleinigkeit getrunken hat und fertig ist, können eineinhalb bis zwei Stunden vergehen.

Wenn Ihr Baby in der ersten Stunde nach der Geburt nicht von selbst die Brust sucht, versuchen Sie alle fünf bis zehn Minuten erneut, seine Such- und Saug-reflexe (siehe Seite 15) auszulösen, indem Sie seine Lippen und Mundwinkel etwa eine Minute lang immer wieder ganz sanft und leicht streicheln.

Manche Babys haben direkt nach der Geburt noch keinen Hunger und sind von den eben erlebten Strapazen so müde und schläfrig, dass sie einfach noch nicht trinken können. Legen Sie Ihr Kind dann nicht ins Babybettchen, sondern gönnen Sie sich und ihm fortwährend hautnahe Kuschelzeit und bleiben Sie dabei, ihm zwanglos immer wieder die Brust anzu-bieten und seinen Mund zu streicheln. Ansonsten helfen Sie ihm nach einigen Stunden nötigenfalls beim Trinken, indem Sie etwas Kolostrum aus Ihrer Brust massieren und dem Baby mit einer Pipette oder Spritze in den Mundwinkel träufeln, wie auf Seite 24 beschrieben.

Bewahren Sie Ihren natürlichen Kör-perduft und waschen Sie sich möglichst nur mit Wasser und unparfümierter Waschlotion. Für Ihr Baby sendet Ihre Brust jetzt unvergleichliche Duftstoffe aus. Davon umgeben fühlt es sich sicher und geborgen. Selbst unruhige Babys lassen sich normalerweise durch diesen Geruch besänftigen.

So klappt das Anlegen

Das Wichtigste beim Anlegen ist, dass Ihre Brustwarze richtig tief im Mund Ihres

Babys liegt und auch während des Trin-kens an Ort und Stelle bleibt. Das bewahrt sie vor dem Wundwerden und sorgt für die beste Milchbildung.

• Unterstützen Sie die Brust, an der Ihr Baby trinken soll, mit Ihrer freien Hand: Ihre Finger liegen geschlossen unter der Brust, der Daumen ohne Druck darüber. Streicheln Sie die Unterlippe Ihres Babys ganz zart mit der Brustwarze, das löst seinen natürlichen Suchreflex aus, es wendet sich der Brust zu und sucht sie mit den Lippen. Keine Eile!

• Sobald Ihr Baby seinen Mund richtig weit wie ein hungriges Vögelchen öffnet, drücken Sie schnell seine Schulterpar-tie ganz eng an sich. So nah an Ihnen bekommt es die Brustwarze richtig tief in den Mund. Achten Sie während des Trinkens darauf, dass nicht nur sein Kinn, sondern auch die kleine Nasen-spitze Ihre Brust ganz sanft berührt, dann bleibt die Brustwarze dort, wo sie sein soll.

Wenn Sie die Brust mit Ihrer freien Hand sanft anheben, fällt es Ihrem Baby leichter, die Brust-warze richtig in den Mund zu nehmen.

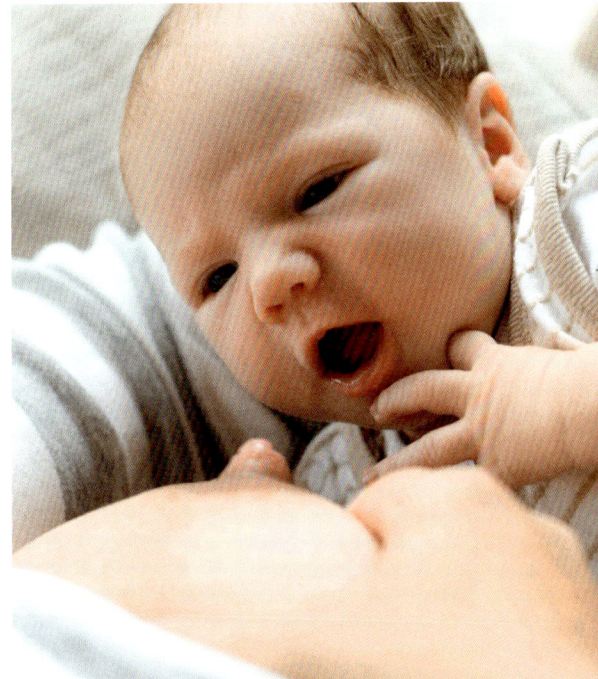

TIPP Entspannt stillen

So machen Sie es sich und Ihrem Baby beim Stillen bequem:

- **Sorgen Sie für Halt:** Ein Stillkissen oder viele feste, passende Kissen oder Handtuchrollen stützen Rücken, Arme, Schultern, Nacken und Kniekehlen. Immer, wenn Sie das Bedürfnis haben, sich ein wenig mehr zu Ihrem Kind zu beugen, ziehen Sie es stattdessen näher zu sich heran und schieben sich noch ein festes Kissen unter.
- **Lagern Sie das Baby gut:** Beim Trinken sollte seine Nasenspitze nur einen Millimeter von Ihrer Brust entfernt sein, dann zieht es beim Saugen die Brust-

warze tief genug in die Mitte seines Mundes. Damit es sein Köpfchen nicht zur Seite drehen muss, um sich der Brust zuzuwenden, stützen Sie seinen Rücken so, dass auch sein oberes Knie Ihren Bauch berührt. So gebettet kann es leichter schlucken.

- **Bleiben Sie entspannt:** Nutzen Sie jede Stillmahlzeit für Ihre eigene Erholung! Spüren Sie zwischendurch immer wieder achtsam nach und lassen Sie jede Anspannung wegschmelzen wie Eiscreme in der Sonne. Je besser Sie sich entspannen können, desto leichter fließt die Milch.

- Anfangs klappt vielleicht nicht alles auf Anhieb – aber das macht nichts. Beginnen Sie noch einmal neu mit dem

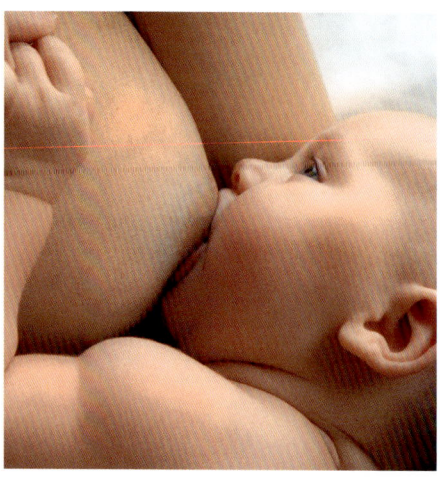

Damit es gut trinken kann, sollte Ihr Baby die Brustwarze und große Teile des Warzenhofs im Mund haben.

Anlegen, wenn Ihr Baby beim Trinken laute Schmatz- oder Klicklaute macht, denn dann hat es die Brustwarze nicht richtig im Mund. Um es sanft von der Brust zu nehmen, schieben Sie einen Finger vorsichtig in seinen Mundwinkel und lösen das Saugvakuum, indem Sie den Mundwinkel leicht zur Wange ziehen. Vergessen Sie nicht, Ihrem Baby zu sagen, dass Sie ihm die Brust nicht wegnehmen, sondern gleich (und viel besser) wieder geben wollen.

- Sobald Ihr Baby gut angelegt ist und rhythmisch trinkt, dürfen Sie eines nicht vergessen: Fühlen Sie bitte nach, ob Sie auch überall entspannt sind. Insbesondere Ihren Nacken sollten Sie jetzt lockern und Ihre Schultern ganz bewusst wieder sinken lassen. Das fördert nicht nur den Milchfluss, sondern hilft, die Stillmahlzeiten als Entspannungspausen im Alltag zu nutzen.

Stillpositionen

Suchen Sie sich beim Stillen die Körperhaltung aus, bei der Sie sich am wohlsten fühlen und sich am besten entspannen können. Zu Hause richten Sie sich mindestens einen schönen Stillplatz ein, wo Sie immer alles zur Hand haben, was Sie brauchen, um sich während der Stillmahlzeiten gut auszuruhen.

Wiegehaltung

Sitzen Sie entspannt aufrecht, mit den Füßen auf einem Fußschemel und genügend festen Kissen im Rücken und unter den Armen. Als Stütze eignet sich auch ein Stillkissen, das sich nicht verformt. Ihr Baby liegt in Ihrem Arm, sein Rücken entlang Ihres Unterarms, das Köpfchen in Ihrer Ellenbeuge. So befindet sich sein Mund direkt vor Ihrer Brustwarze. Sollte die Höhe nicht ganz stimmen, schieben Sie noch ein Kissen unter oder nehmen einen höheren Schemel. Das Baby liegt seitlich Ihnen zugewandt, im Rücken so gestützt, dass es sein Köpfchen nicht zur Seite drehen muss, um an der Brust zu trinken. So kann es mühelos schlucken. Die Position stimmt, wenn auch sein oberes Knie Sie berührt.
Variante für die allerersten Tage oder ein frühgeborenes Baby: Sie halten das Köpfchen nicht in der Ellenbeuge, sondern in Ihrer Hand. So können Sie es besser führen und stützen.

Seitenhaltung

In dieser Position liegt Ihr Baby nicht vor Ihnen, sondern seitlich unter Ihrem Arm. Seine Beinchen zeigen unter Ihrer Achsel nach hinten, sein Köpfchen ruht in Ihrer Hand. Ihr Unterarm gibt seinem Rücken

Halt, damit es stabil auf seiner Seite liegen bleibt. Sie sitzen entspannt und gut abgestützt aufrecht, Ihr Baby liegt auf einem festen und genügend hohen Kissen.

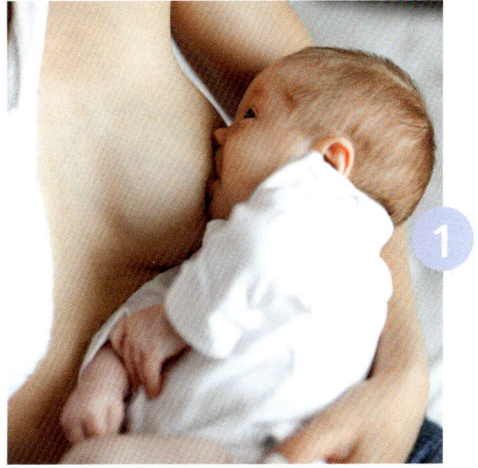

Stillen klappt in verschiedenen Positionen: In der Wiegehaltung (1), in der Seitenhaltung (2) oder im Liegen (3).

Im Liegen stillen ist auch für die Mutter erholsam. Die Rückenlage ist besonders nach einem Kaiserschnitt empfehlenswert.

Im Liegen

Im Liegen ist das Stillen besonders erholsam für Sie - und das nicht nur in der Nacht. Auch tagsüber sollten Sie ruhig so oft wie möglich im Liegen stillen und damit Ihren Beckenorganen die Rückbildung erleichtern. Nicht umsonst spricht man vom »Wochenbett« und nicht vom Wochensessel!

Seitenlage: Sie liegen auf der Seite, Ihr Kopf ruht auf einem festen Kissen. Achten Sie darauf, dass Ihre untere Schulter direkt auf der Matratze und nicht auf Ihrem Kissen liegt. Ihr Baby liegt ebenfalls auf der Seite und ist Ihnen ganz zugewandt, sein oberes Knie an Ihrem Bauch, das Gesichtchen vor Ihrer Brust. Damit die Höhe stimmt, schieben Sie entweder dem Baby oder Ihrer Brust ein entsprechend dick gefaltetes Tuch unter, damit das Baby bequem an die Brustwarze kommt. Im Rücken werden Sie beide von Kissen gestützt. Probieren Sie aus, ob es bequemer ist, wenn Sie Ihren Oberarm unter den Kopf des Babys legen – das hängt von der Größe des Babys und der Brust ab.

Rückenlage: Sie liegen ganz entspannt auf dem Rücken im Bett oder auf der Couch - mit bequem aufgestütztem Oberkörper und einer dicken Rolle unter Ihren Kniekehlen – und Ihr Baby liegt bäuchlings auf Ihnen, mit dem Mund direkt an der Quelle. In dieser Lage kann es sehr gut selbst aktiv werden und mithilfe seiner natürlichen Reflexe die richtige Stelle an der Brust finden, seinen Mund weit öffnen und sich auf diese Weise selbst perfekt andocken. Viel Hautkontakt hilft ihm bei der Aktivierung seiner Fähigkeiten.

Ein guter Start

In den ersten Lebenstagen ist es besonders wichtig, so häufig wie möglich zu stillen. Gerade jetzt sollen Babys ganz oft trinken. Viele Studien haben gezeigt, dass Babys, die in den ersten Tagen überdurchschnittlich viel Kolostrum zu sich nehmen, auch mehr Mekonium (der erste Darminhalt) ausscheiden, mehr Gewicht zulegen und niedrigere Bilirubinwerte haben, also eine mildere oder gar keine Neugeborenengelbsucht (siehe Seite 34) entwickeln.

Rund um die Uhr zusammen sein

Neugeborene Babys, die mit ihrer Mutter zusammen sind und auf Verlangen gestillt werden, trinken während der ersten Lebenstage im Durchschnitt achtmal. Sobald die Brust von Kolostrum auf reife Muttermilch umgestellt hat, verlangt das Baby dann aber innerhalb von 24 Stunden bis zu fünfzehnmal die Brust.

In der zweiten Lebenswoche geht dieser erste große Ansturm deutlich zurück. Von da an wird im Durchschnitt acht- bis zehnmal pro Tag gestillt. Achten Sie möglichst schon auf die ersten zarten Hungeranzeichen (siehe Seite 22). Wenn Babys richtig hungrig sind, krampfen sie die Hände zu Fäustchen zusammen und zittern vor Erregung, wenn sie in den Arm genommen werden. Sie wenden suchend ihren Kopf hin und her, öffnen erwartungsvoll den Mund, und sobald irgendetwas ihre Lippen berührt, versuchen sie daran zu saugen.

Versuchen Sie daher möglichst nicht, Stillmahlzeiten hinauszuzögern und warten Sie mit dem Anlegen nicht zu lange: Wenn Ihr Baby vor Hunger bereits weint, ist der beste Zeitpunkt fürs Anlegen überschritten. Geben Sie ihm die Brust schon bei den allerersten Anzeichen von Hunger und stillen Sie nach Bedarf, dann kann es ruhiger trinken und hat weniger Verdauungsbeschwerden.

Superfood Kolostrum

Sofort nach der Geburt und in den ersten Tagen danach bekommt das Baby an der Brust Kolostrum, die hoch spezialisierte, natürliche Neugeborenen-Nahrung. Sie enthält reichlich Leukozyten und Immunglobuline in stark konzentrierter Form, die Ihr Kind vor Krankheitserregern schützen. Nie wieder ist diese Konzentration von Abwehrkörpern so hoch wie ganz zu Beginn des Lebens. Wie ein unsichtbarer Schutzfilm überziehen diese Stoffe sofort die Schleimhaut des gesamten Verdauungstrakts (Mund, Speiseröhre, Magen, Darm, Harnleiter) sowie der Atemwege (Nase, Luftröhre, Bronchien). Gleichzeitig aktiviert Kolostrum das Lymphsystem des Darms, welches sofort zusätzliche Abwehrkräfte mobilisiert.

Dass das Kolostrum eher spärlich fließt, hat einen guten Grund: Mehr kann der noch sehr kleine Magen Ihres Neugeborenen nicht auf einmal aufnehmen. Das Baby trinkt am ersten und zweiten Tag alle paar Stunden nur etwa einen Fingerhut voll. Es wird aber trotz der geringen Menge satt, weil Kolostrum so konzentriert und gehaltvoll ist. Auf diese Weise werden seine Verdauungsorgane, die in dieser Phase ihre Funktion erstmals voll aufnehmen, nicht überlastet.

Hat das Baby schon wieder Hunger?

Für ein Neugeborenes sind Hunger und Verdauung noch mit ungewohnten und erschreckenden Empfindungen verbunden. Das Saugen beruhigt Babys Magen-Darm-Trakt und die Körpernähe der Mutter sein Nervensystem. Deshalb sollte Ihr Kind möglichst die ganze Zeit bei Ihnen und nicht im Säuglingszimmer liegen. Nur wenn Sie Ihr Baby bei sich haben, bemerken Sie seinen beginnenden Hunger. Wenn es anfängt, die Stirn zu runzeln, das Köpfchen hin-und herzudrehen, mit den Lippen zu schmatzen und seine Fingerchen in den Mund zu stecken, können Sie ihm immer gleich die Brust anbieten. Dann ist sein Hunger noch nicht so groß, dass es ungeduldig wird, und Sie haben beide genug Zeit für vielleicht wiederholte Anläufe.

In der Klinik

Auf der Wochenbett-Station sind viele Mütter überrascht, wenn sie vom wechselnden Personal unterschiedliche Stillanleitungen bekommen. Falls es Ihnen auch so geht: Entscheiden Sie sich innerlich für eine Person und ignorieren Sie widersprüchliche Aussagen. Sollte das Klinikpersonal nicht ausreichend Zeit für Sie haben, rufen Sie am besten gleich Ihre Hebamme an, notfalls kann deren Nachsorge bereits in der Klinik beginnen. Müssen Sie Ihr Baby vorübergehend ins Säuglingszimmer geben, sorgt ein Schild an seinem Bettchen dafür, dass Sie es ausschließlich stillen können. Schreiben Sie darauf: »Bitte kein Fläschchen geben. Wenn ich weine, möchte ich schnell zu meiner Mama.«

Haben Sie sich für die Zeit nach der Klinikentlassung eine gute Versorgung organisiert und steht Ihre Nachsorgehebamme schon bereit, dann ist es unter Umständen sinnvoller, schon vor dem normalen Entlassungstag mit Ihrem Baby nach Hause zu gehen. Zumindest sollte dieser nicht auf den Tag fallen, an dem Sie Ihren Milcheinschuss haben. Denn da brauchen Sie Ihre gesamte Energie.

Der Milcheinschuss

Irgendwann zwischen dem zweiten und sechsten Tag nach der Geburt stellt die Brust von Kolostrum auf Milch um: Die Brustdrüsen werden hormonell stark angeregt, die Brüste werden vermehrt durchblutet und meistens innerhalb

Warten Sie mit dem Anlegen nicht, bis Ihr Baby vor Hunger weint. Seine Körpersprache verrät, wann es soweit ist.

Es bewegt suchend sein Köpfchen hin und her, schmatzt mit den Lippen und steckt seine Fingerchen in den Mund.

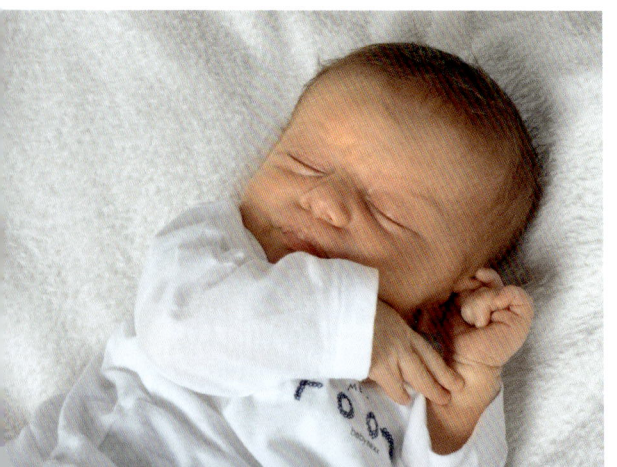

von wenigen Stunden oder über Nacht prallvoll mit Milch. Stillen Sie an diesem Tag so oft und so viel Sie können! Wenn Ihre Brüste so prall sind, dass es dem Baby schwerfällt, die Brustwarzen richtig zu fassen, lassen Sie sich dabei helfen, überschüssige Milch auszustreichen. Drücken Sie davor einen Waschlappen in heißem Wasser aus und legen Sie ihn auf die Brust. Die intensive Wärme hilft, die Anspannung der Schließmuskeln zu lösen, damit die Milch abfließen kann, wenn Sie Ihre Brust anschließend massieren. Oder stellen Sie sich unter die Dusche und massieren Sie Ihre Brust unter dem warmen Wasserstrahl, bis die Milch fließt. Oft genügen schon ein paar Tropfen, damit das Baby besser ansaugen kann.

Ein Tipp für den Vater: Halten Sie heute absolut jeden Stress von Ihrer Partnerin fern. Sorgen Sie dafür, dass sie gut isst, genug trinkt und so viel wie möglich schläft: Sie wird heute doppelt so häufig stillen wie noch am Tag zuvor, dafür braucht sie Kraft und Zeit. Vertrösten Sie Besucher. Sich durch nichts und niemand aus der Ruhe bringen zu lassen, ist heute wichtig.

Anpassung und Rückbildung

In der ersten Woche des Stillens erleben viele Frauen, dass ihre Brustwarzen etwas gereizt auf die ungewohnte Beanspruchung reagieren: Sie röten sich und werden berührungsempfindlich. Manchmal schmerzt die Brust bei den ersten Zügen des Babys, weil die Milchgänge sich weiten. Das sind normale Anpassungserscheinungen. Normalerweise beginnen diese Symptome um die zwanzigste Stillmahlzeit herum, halten ein paar Tage lang an und klingen dann ganz von selbst wieder ab. Auch Gebärmutterkontraktionen, sogenannte Nachwehen, werden beim

Saugen an der Brust verstärkt und können schmerzen, obgleich sie gut für die rasche Rückbildung sind.

Damit Ihre Brustwarzen nur vorübergehend gereizt sind und nicht wund werden, achten Sie darauf, Ihr Baby korrekt anzulegen, sodass es beim Saugen die Brustwarze richtig tief im Mund hat. Sollte die Reizung Ihrer Brustwarzen nicht abnehmen, sondern schlimmer werden, warten Sie nicht ab, sondern holen sich sofort kompetente Hilfe durch eine Stillexpertin (Kontaktadressen im Anhang). Bitten Sie sie, während einer kompletten Mahlzeit zuzusehen und Ihnen dann zu sagen, was Sie noch besser machen könnten. Tipps für die Pflege von gereizten oder wunden Brustwarzen finden Sie auf Seite 71.

Kritische Umstände meistern

Wenn der Start nicht optimal verläuft, dauert es oft ein wenig länger, bis das Stillen Freude macht. Aber die Anfangsmühe lohnt sich! Je früher sich die Eltern um die Unterstützung einer speziell geschulten Still-Fachkraft IBCLC kümmern, desto besser (siehe Adressen Seite 184)!

Stillen nach Kaiserschnitt

Nichts spricht dagegen, Ihr Baby nach der OP so bald wie möglich anzulegen. Bei örtlicher Betäubung können Sie Ihrem Kind die Brust geben, sobald die Operation abgeschlossen ist. Bei Vollnarkose müssen Sie zuerst ausschlafen, danach steht dem Stillen nichts im Weg. Bis zum ersten Stillen liegt Ihr Baby nach einer PDA vielleicht schon nackt auf Ihrer

Hilfe beim Trinken

Babys nehmen in den ersten Tagen normalerweise ein wenig Gewicht ab, auch wenn sie genug trinken. Erreicht dieser Gewichtsverlust jedoch die magische Marke von sieben bis zehn Prozent ihres Geburtsgewichts, muss ihnen beim Trinken etwas geholfen werden: Die kostbaren Kolostrum-Tropfen werden dann per Hand aus der Brust massiert und von einer zweiten Person mit einem Löffelchen aufgefangen oder mit einer (nadellosen) Einweg-Spritze aufgesogen und anschließend dem Baby eingeflößt, während es an der Brust ist. So kann es daran trinken, statt nur zu nuckeln. Das »Ausstreichen« des Kolostrums ist besser als der Versuch, es mit einer Milchpumpe zu gewinnen, weil die kostbaren Tropfen sich im Trichter der Milchpumpe verlieren würden. Solange das Baby nicht selbstständig trinkt, ist es für die Milchbildung gut, wenn diese Brustmassage mit Ausstreichen des Kolostrums etwa acht Mal innerhalb von 24 Stunden erfolgt. Manche Babys sind noch einige Zeit so saugschwach, dass sie diese Hilfe länger brauchen. Sobald die reife Muttermilch fließt, können Sie diese um Zeit zu sparen auch mit einer guten Pumpe gewinnen und sie jeweils nach dem Stillen zufüttern.

Brust, bei Vollnarkose kann hoffentlich sein Papa ihm innige Nähe und Hautkontakt geben. Beim Anlegen muss Ihnen anfangs geholfen werden. Die meisten Mütter stillen nach Kaiserschnitt zunächst aufgestützt auf dem Rücken liegend, mit dem Baby bäuchlings oder seitlich angelegt. Aber auch auf der Seite liegend oder im Sitzen mit einem schützenden Kissen auf der Bauchwunde funktioniert es.

Behalten Sie das Baby am besten in Ihrem Bett. Der Milcheinschuss kann nach einer Schnittentbindung ein paar Tage später kommen, das ist normal.

»Flache« Brustwarzen

Richten sich Ihre Brustwarzen bei Berührung nicht auf, sondern ziehen sich vielleicht sogar eher nach innen, ist dies kein Hindernis für eine glückliche Stillzeit. Doch es wird für Ihr Baby anfangs etwas schwerer sein, die Brust gut zu fassen. Pflegen Sie umso mehr Hautkontakt, das stärkt alle instinktiven Sinne und hormonellen Vorgänge, und lassen Sie Ihr Baby häufig üben, die Brust selbst zu fassen. Bewahren Sie Ihr Kind vor allem vor Saugern jeglicher Art einschließlich Fingerkuppen, damit seine Mundmotorik leichter lernt, unter genau den Bedingungen erfolgreich zu saugen, die es an Ihrer Brust vorfindet. Vielleicht empfiehlt man Ihnen, anfangs regelmäßig vor dem Stillen »Brustwarzenformer« zu tragen. Mit viel Geduld – und fachkompetenter Unterstützung von Anfang an – wird sich alles gut einspielen.

Müde Babys stillen

Ein erhöhter Bilirubinwert (siehe Seite 34) macht das Neugeborene vielleicht schon am zweiten Lebenstag schläfrig – dann muss es zum Trinken angeregt werden. Wenn sich Ihr Baby nicht von selbst meldet, wecken Sie es alle zwei bis drei (nachts vier) Stunden auf, um es anzulegen. Dafür wischen Sie ihm mit einem leicht feuchten Waschlappen das Gesicht ab oder Sie ziehen ihm die Söckchen aus und reiben seine Fußsohlen oder massieren seine Füßchen mit feuchten Händen. Auch beim Wickeln werden Babys meis-

Die Brust von Hand entleeren

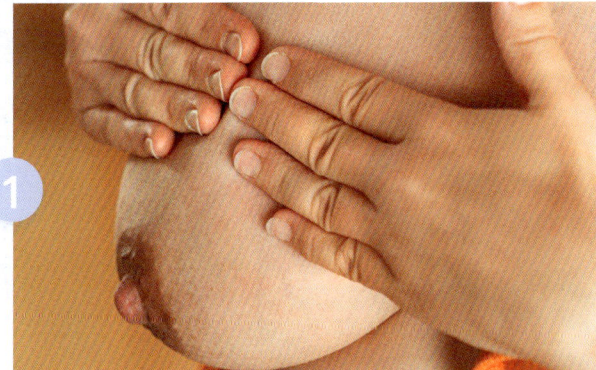

Legen Sie beide Hände flach an die Brust und schieben Sie das Drüsengewebe sanft hin und her.

Um die Milch zum Fließen zu bringen, streichen Sie sanft mit Ihren Fingern vom Brustansatz her über die Brustwarze.

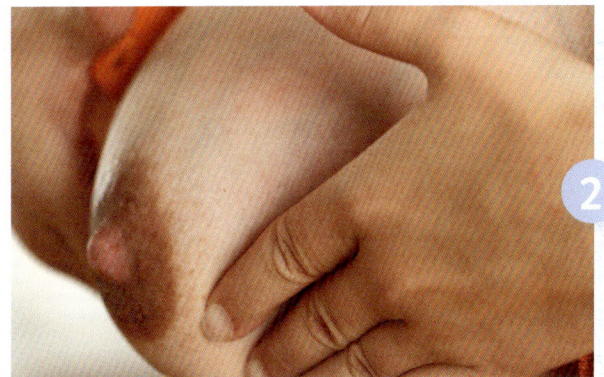

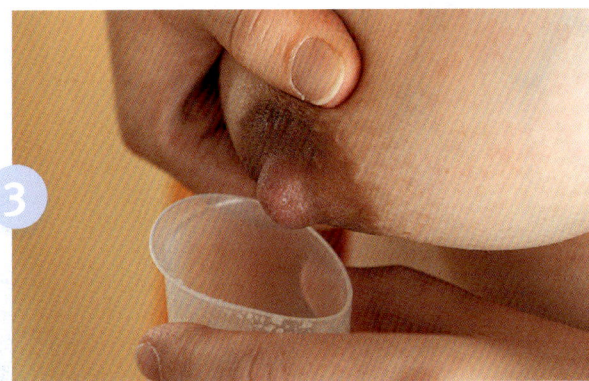

Nun können Sie die Milch tröpfchenweise sanft herausdrücken, indem Sie Daumen und Finger hinter den Warzenhof legen und dann sanft nach vorne in Richtung Brustwarze schieben.

tens wach. Dasselbe hilft, wenn das Baby schon nach wenigen Schlucken Milch wieder wegdöst. Stillen Sie Ihr Baby eventuell wechselseitig (siehe Seite 67), damit es mehr trinkt. Nötigenfalls müssen Sie ihm beim Trinken des Kolostrums helfen oder Zufüttern (siehe Seite 24).

Zufüttern und »Pump«-Stillen

Um zu Kräften zu kommen, brauchen manche Babys vorübergehend zusätzlich zu dem, was sie an der Brust erhalten, noch andere Nahrung, wie Traubenzuckerlösung oder, falls es länger dauert, auch adaptierte Kuhmilch (»Pre-Nahrung«). Das Wichtigste ist jetzt, dass das Baby auf keinen Fall Hunger leidet! Sie werden Ihr Baby trotzdem schon bald voll stillen können, wenn Sie die folgenden Dinge wissen und beachten:

- Zugefüttert wird möglichst nicht mit dem Fläschchen, weil ein normaler Flaschensauger beim Baby jetzt zu einer Saugverwirrung führen kann, die das Stillen beeinträchtigt (eine mögliche Ausnahme ist der spezielle Muttermilchsauger »Calma«). Zufüttern geht mit Spritze oder Pipette, Becher oder auch Brusternährungsset, während das Baby an der Brust oder einem Finger saugt. Eine persönliche Anleitung ist in diesem Fall das Beste, Videos sind kein Ersatz dafür, aber besser als nichts: Unter der Rubrik »Videos« finden Sie auf www.vivian-weigert.de eine stets aktualisierte Link-Liste zu den besten Video-Clips zu diesem Thema.
- Absolut unerlässlich beim Zufüttern von anderer Nahrung ist der Einsatz einer Milchpumpe mit guter Saugkraft, weil die Milchbildung unerbittlich nach dem Prinzip von »Angebot und Nachfrage« funktioniert. Das heißt: So oft und so

lange wie das Baby anderweitig trinkt, wird die fehlende Nachfrage an der Brust einfach durch das Pumpen ersetzt. Die gute Nachricht: Kein Stress! Wenn Ihr Baby lieber schläft, als an der Brust zu saugen, nimmt ihm die Pumpe die Anregung der Milchbildung ab - es kann nichts schiefgehen! Nicht vergessen: Es geht um die Anregung der Milchbildung, deshalb auf keinen Fall aufhören »weil keine Milch kommt«. Lassen Sie es sich dabei gut gehen – entspannen, naschen, trinken, mit Baby schmusen … Gute Milchpumpen werden in Apotheken gegen Rezept ausgeliehen. Mehr zum Thema Abpumpen finden Sie auf Seite 104.

Anfängliche Trennung

Selbst wenn Ihr Baby auf die Intensivstation verlegt werden musste, kann es meistens Ihre Milch bekommen. Das geht sogar bei Sondenernährung, wenn Ihr Baby viel zu früh zur Welt kam. Lassen Sie Ihre Hebamme sofort wissen, dass Sie stillen werden und dass Sie Hilfe dabei brauchen, Ihre Milch vorläufig abzupumpen. Sie können damit beginnen, sobald Sie bei Kräften sind, am besten innerhalb der ersten sechs Stunden nach der Geburt.

Jeder Tropfen Kolostrum ist wertvoll. Es enthält bei einem frühgeborenen Baby noch mehr Schutzfaktoren als sonst; die Milch danach auch. Obgleich Babys mit einem Gewicht unter 1 500 Gramm eine spezielle Frühgeborenennahrung bekommen, ist es sinnvoll, diese so oft wie möglich mit der kostbaren Muttermilch anzureichern. Von den Stillgruppenvereinigungen LLL und AFS gibt es hilfreiche Broschüren für das Stillen in solchen Sonderfällen (siehe Adressen Seite 184).

TIPP Den Milchfluss anregen

Wenn es Ihnen schwerfällt, beim Abpumpen den Milchspendereflex auszulösen, hilft oft ein Trick: Um die Milch zum Fließen zu bringen, betrachten Sie beim Abpumpen ein Foto von Ihrem Baby. Stellen Sie sich dabei vor, wie Sie sich bald Haut an Haut begrüßen werden.

Ernährung mit dem Fläschchen

Stillen ist für Babys die natürlichste Form der Ernährung. Aber auch wenn ein Baby nicht gestillt wird, kann die angenehme Erfahrung des Sattwerdens mit ähnlich viel Nähe wie beim Stillen verbunden sein. Tatsächlich wird von Bindungsforschern empfohlen, auch bei der Ernährung mit der Flasche eine möglichst innige Situation herzustellen. So kann die Mutter sich ihr Neugeborenes beispielsweise während des Fläschchengebens auf die nackte Brust legen und so viel Hautkontakt ermöglichen. Das kann übrigens auch der Papa machen. Für die motorische Entwicklung ist es besser, das Baby während der Fläschchenmahlzeiten abwechselnd im linken und rechten Arm zu halten.

Hygiene ist wichtig

Solange Sie in der Klinik sind, werden alle Gerätschaften, die zum Füttern Ihres Kindes nötig sind, sterilisiert und ebenso zur Verfügung gestellt wie die entsprechende Milch. Zu Hause berät Sie dann

Ihre Nachsorge-Hebamme, auch über das beste Sterilisiergerät. Welche Milch Sie für Ihr Baby kaufen und was bei der Zubereitung des Fläschchens alles zu beachten ist, diese Fragen finden Sie im nächsten Kapitel ausführlich beantwortet.

Auch wenn Sie Ihr Baby mit dem Fläschchen füttern, kann es während der Mahlzeiten viel Nähe und Körperkontakt tanken.

Alles für gesunden Schlaf

Babys schlafen anders

Nie wieder unterscheidet sich der Schlaf eines Babys so stark vom Schlaf der Großen wie in den ersten Wochen nach der Geburt: Die Schlafphasen eines Neugeborenen ebenso wie seine Wachperioden verteilen sich noch relativ gleichmäßig rund um die Uhr – vorläufig unbeeindruckt vom Tag-Nacht-Rhythmus, der unser Leben beherrscht. Mit seinen ungewöhnlichen Schlafgewohnheiten stellt das Baby auf diese Weise das Leben seiner Eltern von Anfang an ziemlich ordentlich auf den Kopf.

Ein Baby träumt von Anfang an

Bis zu einem Zeitpunkt etwa vier Wochen vor ihrer Geburt schweben alle Babys die meiste Zeit noch in einer Art träumerischem Zustand zwischen Schlafen und Wachen. Aber schon im Mutterleib verfügen sie offenbar über die Fähigkeit zum Träumen, sogar lange bevor sie die Fähigkeit ausbilden, traumlos zu schlafen. Zu diesem Ergebnis kamen verschiedene Studien, die die Muster der Gehirnwellen von ungeborenen Babys untersucht haben. Bereits im sechsten oder siebten Schwangerschaftsmonat zeigen sich unter Beobachtung im Schlaflabor die typischen Traumschlafgehirnwellen, die vor allem durch schnelle Augenbewegungen gekennzeichnet sind (rapid eye movement – REM). Noch erstaunlicher ist es, dass der Mensch umso mehr träumt, je jünger er ist. Ein zu früh geborenes Baby verbringt volle 80 Prozent seiner Schlafzeit im Traumzustand, während nach neun Monaten geborene Babys »nur« noch die halbe Zeit ihres Schlafs träumen. Mit drei Jahren verträumt ein Kind noch 20 Minuten pro Schlafstunde, also ein Drittel. Zum Vergleich: Beim Erwachsenen beträgt der Traumschlafanteil ein Viertel der gesamten Schlafzeit.

Wieso wir gerade am Beginn des Lebens am meisten träumen? Die moderne Gehirnforschung sagt, dass das tagsüber Erlebte vor allem im Traumschlaf in tiefere Schichten des Gehirns verlagert wird, um dort später der Erinnerung zugänglich zu sein. Und weil wir umso schneller lernen, je jünger wir sind, ist klar, warum wir umso mehr Zeit zum Träumen brauchen, je weniger Lebenserfahrung wir besitzen. Für Eltern ist es von Vorteil, dass Babys so viel träumen. Im Traumschlaf können Babys nämlich trinken, also gefüttert werden. Das ist möglich, weil das Gehirn im Traum aktiv ist und bestimmte Bewegungen zulässt. Im traumlosen Schlaf funktioniert dies nicht. Wann und wieso es nützlich sein kann, das Baby im Traumschlaf zu füttern, lesen Sie ab Seite 114.

Lerche oder Nachteule?

Ob ein Mensch Frühaufsteher oder Nachteule ist, ob er viel Schlaf oder wenig braucht, all das wird ihm in die Wiege gelegt. Dementsprechend variiert der Schlafrhythmus auch von Baby zu Baby.

TIPP **In der Klinik**

Der Schlafrhythmus Ihres Babys bringt den Ihren zunächst einmal ganz schön durcheinander. Da hilft nur eins: Co-Sleeping! Schlafen, wann immer das Baby schläft. Selbstverständlich im selben Bett, denn wer immerzu aufsteht, hat bald keine Kraft mehr. Was brauchen Sie dazu? Ganz viel Ruhe! Im Kliniktrubel sorgt dafür ein (mitgebrachtes) Schild an Ihrer Zimmertür: »Bitte nicht stören. Wir möchten schlafen. Danke.« Auf Wunsch kann man normalerweise ein Einzelzimmer bekommen, die Zuzahlung, die man als gesetzlich Versicherter privat bezahlt, variiert von Klinik zu Klinik. Bitten Sie Ihren Partner, die meisten Besucher noch ein wenig zu vertrösten. Oft überschätzen Mütter in der ersten Euphorie die eigenen Kräfte, was sie hinterher bereuen könnten.

Das Nest erweitern: Wo Babys schlafen

Der beste Schlafplatz für Ihr Kind

Am besten schlafen Babys im selben Zimmer wie ihre Eltern. Dort haben die meisten Kinder bei uns heute von Anfang an ihr eigenes, sorgfältig ausgestattetes Gitterbettchen – und verbringen trotzdem den größten Teil der Nacht im Bett ihrer Eltern. Das zeigen Umfragen in stetiger Regelmäßigkeit. Warum ist das so? Babys empfinden nah bei ihren Eltern so viel

Sicherheit, dass sie in ihrer unmittelbaren Nähe deutlich besser schlafen als allein in ihrem Bettchen. Und wenn das Baby gut schläft, schlafen auch die Eltern besser. »Sobald unsere Maus das erste Mal aufwacht, holen wir sie zu uns ins Bett«, erklären uns viele Eltern in der Beratung, »denn das ständige Hin und Her bringt einfach zu viel Unruhe.«

Diese Eltern haben recht, doch sie betrachten den kleinen Mitschläfer in ihrem Bett als eine vorübergehende Notlösung. Bald wird das Baby ja nachts durchschlafen, meinen sie, in seinem schönen, eigenen Bettchen. In der Schlafberatung kommen wir dann nicht umhin zu erwähnen, dass zu diesem fernen Zeitpunkt aber die Zähnchen kommen, eines nach dem anderen, und eines Nachts der unvermeidliche erste Husten ... und immer wieder werden vernünftige Eltern ihr Kind zu sich ins Bett holen. Bis das Baby verlässlich durchschläft, ist ihm sein Gitterbettchen oft zu klein geworden. So stellt sich die Frage: Spricht eigentlich etwas dagegen, aus der Notlösung eine Tugend zu machen und das große Elternbett von Anfang an zum Familienbett umzufunktionieren? Sehr wahrscheinlich wäre es sicherer und gesünder, ein Nachtlager zu schaffen, auf dem die ganze Familie Ruhe findet.

Das Familienbett

Das Familienbett ist keine unpädagogische Erfindung, sondern nur ein neuer Name für die älteste und bewährteste aller Schlaftraditionen. Wenn Ihnen das Elternbett mit 140 cm Breite für drei zu eng ist, können Sie statt einer kleinen Baby-Matratze eine gute Matratze in Normalgröße kaufen und Ihr Bett damit zum Familienbett erweitern. Das ist eine Lösung mit Zukunft, denn auf seiner normal großen

Matratze wird das Baby auch später noch schlafen – im Kinderzimmer. Das gesparte Geld fürs Gitterbett lässt sich in die Qualität der Matratze investieren. Wenn ein Bettrahmen im Weg ist, kann der vorübergehend auf den Speicher geräumt werden, dieser kleine Aufwand wird durch ruhigere Nächte über viele Monate hinweg mehr als wettgemacht. Außerdem: Je näher das große, gemeinsame Nachtlager dem Boden ist – ein Lattenrost gehört unbedingt unter jede Matratze –, umso geringer ist die Gefahr, dass sich Ihr Baby verletzt, wenn es es sich dreht und dabei über den Rand kullert.

Mehr Schlaf für alle: Im Familienbett finden Babys nah bei ihren Eltern, die Sicherheit und Geborgenheit, die sie zum Wohlfühlen brauchen.

TIPP Gemeinsam schlafen? Aber sicher!

Gemeinsam mit dem Baby ein großes Bett zu teilen, gilt heute als gesund und sicher, vorausgesetzt folgende Punkte sind erfüllt:

- Das Baby schläft in Rückenlage. Schläft es so nicht gerne, hilft ihm vielleicht das Pucken (siehe Seite 85).
- Die Matratze ist so fest, dass das Baby nicht einsinkt. Sehr weiche Matratzen, Sofas, Klappbetten und Wasserbetten sind absolut ungeeignet.
- Das Bett hat nirgends einen Spalt, der so groß ist, dass das Kind hineinrutschen könnte – weder am Rand noch zwischen zwei Matratzen.
- Es gibt kein schweres Bettzeug in der Nähe des Babys, unter dem es sich ungewollt verkriechen könnte.
- Das Baby liegt im eigenen Schlafsack. Geeignete Nachtwäsche (siehe Seite 83) sorgt dafür, dass ihm weder zu warm noch zu kalt wird.
- Das Baby liegt nicht unter der Decke seiner Eltern. Die Körperwärme, die sie ausstrahlen, könnte es überhitzen.
- Bei mehreren Kindern im Familienbett liegt immer ein Erwachsener zwischen zwei Kindern.
- Für Haustiere ist das Bett tabu.
- Nur Nichtraucher schlafen in der Nähe des Babys. Die Atemluft von Rauchern ist mit Nikotin- und Schadstoffresten belastet, die einem Säugling schaden.
- Nur gesunde und nicht alkoholisierte Eltern teilen ihr Bett mit dem Baby. Hat ein Elternteil starke Medikamente, insbesondere Schlafmittel, eingenommen, schläft er in dieser Nacht in einem separaten Bett.

Uralte Schutzmechanismen

Und machen Sie sich keine Sorgen darüber, dass Sie nachts versehentlich auf Ihr Baby rollen könnten: Derselbe Mechanismus in Ihrem Schlafbewusstsein, der Sie davon abhält, jede Nacht mehrmals aus dem Bett zu fallen, hält Sie auch davon ab, sich auf Ihr Baby zu legen. Sie dürfen sicher sein, dass Ihr Kind nah bei Ihnen gut gebettet ist. Diese Schutzfunktion wurde mit Tausenden von Filmaufnahmen überprüft. Außerdem: Hätte die Menschheit im Zuge der Evolution nicht diesen sicheren Mechanismus entwickelt, wäre sie wahrscheinlich schon längst ausgestorben. Getrennte Betten sind dagegen eine vergleichsweise »moderne« Erfindung.

Der Babybalkon

Alternativ zum Familienbett arrangieren sich viele Eltern damit, ihre Matratze durch ein Baby-Beistellbett zu erweitern. Allerdings erfüllen diese Bettchen oft nur wenige Monate lang ihren Zweck. Deutlich länger kann das übliche Gitterbettchen als Babybalkon dienen, wenn sich eine Gitter-Längsseite abmontieren und die Matratzenhöhe auf die Höhe des Elternbetts verstellen lässt. Dann können beide Betten sicher und »barrierefrei« verbunden aneinanderstehen. Aus dem selbst geschaffenen Babybalkon wird später wieder ein normales Gitterbettchen, mit dem das Baby eines Tages ins Kinderzimmer umzieht.

Schutz vor dem Plötzlichen Säuglingstod

Es ist eine gute Nachricht: Der Plötzliche Säuglingstod (SID, englisch: Sudden Infant Death) nimmt seit 1990 beständig ab. Im Jahr 1991 wurden in Deutschland 1285 Fälle gezählt, im Jahr 2009 waren es nur noch 193 Fälle. Die Frage, worauf diese positive Entwicklung zurückgeht, ist noch nicht geklärt, da auch die Ursachen nicht restlos enträtselt sind. Ziemlich sicher weiß man jedoch, dass ein grundsätzlich erhöhtes Risiko bei Säuglingen gegeben ist,
• die in Bauchlage schlafen,
• die weniger als sechs Wochen lang gestillt werden,
• deren Eltern rauchen.
Diese drei Risikofaktoren haben seit Anfang der 1990er-Jahre immer mehr abgenommen. In den 1980er-Jahren wurde Eltern die Bauchlage für ihr Baby noch vehement empfohlen, seit 1990 rät man von dieser Schlafstellung mit derselben Vehemenz ab. Und das Stillen? Im Jahr 1982 wurden nur zwei von 100 Säuglingen im Alter von vier Monaten noch voll gestillt. Dass es heute 49 von 100 sind, ist in erster Linie der Stillberatungsbewegung zu verdanken, die sich immer mehr durchsetzte. Niedrige Stillraten gehen nachweislich auf falsche Stillempfehlungen zurück, nicht auf mütterliches Versagen. Und das Rauchen? Das ist aufgrund der heutigen Gesetze zum Nichtraucherschutz stark rückläufig. Sollten Sie übrigens zu den Vätern und Müttern gehören, denen es schwerfällt, mit dem Rauchen aufzuhören, achten Sie vor allem darauf, nicht in der Wohnung zu rauchen und suchen Sie sich Hilfe. Wir wissen aus eigener Erfahrung, dass es wirklich nicht leicht ist – aber es geht und man kann es schaffen.

Pflege und Gesundheit

Typisch Neugeborenes

Wenn Sie Ihr Neugeborenes beobachten, werden Sie mit Erstaunen wahrnehmen, dass ständig etwas »los« ist: Das Baby zuckt, blinzelt, stöhnt, schnauft, niest, stößt auf, seufzt, atmet mal tief und laut, dann wieder ganz flach. Alle diese Phänomene sind ein vollkommen normaler Ausdruck dafür, dass der Organismus des Kindes sich den veränderten Lebensbedingungen anpasst. Ein neugeborenes Baby hat körperlich enorme Umstellungen zu bewältigen. Und ein bisschen sieht man ihm das auch an.

Vernix caseosa

Seine erste Pflegecreme bringt das Baby mit. Wenn Erwachsene einmal länger in der Badewanne bleiben, sieht ihre Haut bald schrumpelig aus – das Baby jedoch kommt mit weicher, gesunder Haut zur Welt, obwohl es monatelang im Fruchtwasser schwamm. Das liegt an den schützenden und heilenden Eigenschaften der Vernix caseosa, auch Käseschmiere genannt, die sich bereits im fünften Schwangerschaftsmonat entwickelt hat. Darunter hat die Haut des Babys bis zum Zeitpunkt der Geburt ihre spätere Barrierefunktion ausgebildet. Die Vernix wirkt in den Stunden nach der Geburt als zusätzliche Wärmehülle und schützt die Haut noch bei der ersten Umstellung vom Leben im nassen Milieu zum Dasein an der trockenen Luft. Deshalb soll man sie auch gar nicht beim ersten Bad entfernen – besser lässt man

sie allmählich in die Haut einziehen und unterstützt das vielleicht mit Streicheleinheiten. Wenn nach einer Woche noch an manchen Stellen Reste davon zu finden sind, können Sie diese mit einem weichen, feuchten Tuch sanft entfernen. Bei Ihrem Neugeborenen ist keine Vernix da? Dann wurde sie sozusagen schon im Mutterleib aufgebraucht und das bedeutet, dass es Ihrem Baby dort so gut gefallen hat, dass es lieber noch ein wenig länger geblieben ist.

Lanugobehaarung

Als Lanugohaar (lateinisch Lana = Wolle) bezeichnet man die flaumige Körperbehaarung, die sich im fünften Schwangerschaftsmonat als Hautschutz gemeinsam mit der Vernix entwickelt hat. Normalerweise verschwindet das Lanugohaar zum Ende der Schwangerschaft, während auch die Vernix abnimmt. Zusammen mit dieser hilft es, die kindliche Reife bei der Geburt zu beurteilen – je weniger noch vorhanden ist, desto reifer wird das Kind eingeschätzt.

Hautflecken

Die Haut gehört zu den wichtigsten Stoffwechselorganen des menschlichen Körpers. So zeigen sich die vielen inneren Anpassungsvorgänge auf das Leben nach der Geburt eben auch in erster Linie auf der Haut Ihres Babys.
- **Das Neugeborenen-Exanthem** ist ein rotfleckiger, leichter Ausschlag, der innerhalb der ersten Lebenswoche am

ganzen Körper auftreten kann, manchmal schon Stunden nach der Geburt. Die hellroten Stellen haben manchmal auch gelbe Pusteln und erinnern vielleicht ein wenig an Mückenstiche. Das Exanthem ist kein Grund zur Sorge und verschwindet nach kurzer Zeit wieder.

- **Storchenbiss** (Nävus) nennt man harmlose rote Flecken, die bei sechs von zehn Neugeborenen auftreten, meist an der unteren Haargrenze am Hinterkopf. Manchmal sieht man sie auch auf der Stirn oder den Augenlidern. Die Flecken entstehen durch vermehrte, erweiterte Kapillargefäße, die innerhalb der ersten Lebensjahre verblassen werden.
- **Blutschwämmchen** (Hämangiom, eine Ansammlung von Blutgefäßen) sind bei zwei von hundert Kindern irgendwo am Körper zu finden, meist im Kopf-Hals-Bereich: flächige rote Stellen, vielleicht ein wenig erhöht, die vollkommen harmlos sind. Anfangs wachsen sie vielleicht, verschwinden aber so gut wie immer im Kleinkindalter von selber. An einer störenden, verletzlichen Stelle im Gesicht kann ein Blutschwämmchen mit Lasertechnik behandelt werden.
- **Mongolenflecken** (Melanozytennävus) finden sich eher bei dunkelhäutigen Babys, meistens auf dem Po oder Rücken. Diese graublauen, unregelmäßigen Flecken entstehen durch eine harmlose Ansammlung von Pigmentzellen unter der Haut. Sie verblassen im ersten Lebensjahr und vergehen nach einigen Jahren, spätestens bis zur Pubertät. Der Name leitet sich davon ab, dass das Mal nur in einem von hundert Fällen bei hellhäutigen und hellhaarigen Kindern erscheint, er ist aber keine ethnische Eigenheit und deshalb auch kein Beweis für eine afrikanische oder asiatische Abstammungslinie.

Hautwechsel

Nicht erschrecken: Wenige Tage nach der Geburt kann sich die oberste Hautschicht des Neugeborenen abschälen. Besonders im Bauch- und Brustbereich, an den Händen und Füßen löst sich dann die oberste Hautschicht großflächig ab. Das ist vollkommen normal und bedeutet keineswegs, die Haut sei zu trocken geworden oder Sie hätten sie nicht richtig gepflegt! Es ist einfach eine natürliche Anpassung: Nachdem das Baby neun Monate im Fruchtwasser zugebracht hat, stellt seine Haut sich auf die neuen, luftigen Umweltbedingungen um.

Neugeborenen-Akne

Kaum auf der Welt, bekommen manche Babys schon bald erste kleine Pickelchen im Gesicht und Brustbereich. Man nennt diese Hauterscheinung Neugeborenen-Akne, weil die Pustelbildung tatsächlich mit einer hormonellen Umstellung zu tun hat: Der Organismus des Babys ist jetzt unermüdlich damit beschäftigt, alle Schwangerschaftshormone, die es vorerst noch im Blut hat, abzubauen und allmählich auszuscheiden.

Die Neugeborenen-Akne ist aber vollkommen harmlos und heilt nach wenigen Tagen von ganz alleine wieder ab. Sollten sich einige Stellen einmal entzünden und Eiter absondern, können Sie diese mit einem bewährten Hausmittel versorgen: Betupfen Sie die betroffenen Stellen mit verdünnter Calendula-Tinktur (1 bis 2 Teelöffel auf 250 ml abgekochtes Wasser) und fragen Sie bei Unsicherheit Ihre Hebamme oder den Kinderarzt. Auch wenn sie optisch etwas störend sein mag, dürfen Sie sicher sein: die Neugeborenen-Akne wird von selbst vergehen.

Schwellung der Geschlechtsorgane und Brustdrüsen

Hormonell bedingt können die äußeren Geschlechtsorgane Ihres Neugeborenen geschwollen sein. Bei kleinen Jungen ist oft der Hodensack überproportional groß, bei kleinen Mädchen sind es die äußeren Schamlippen. Manchmal ist auch ein vaginaler Ausfluss, sehr selten sogar eine leichte Blutung in den ersten Tagen zu bemerken. Bei beiden Geschlechtern können die Brustdrüsen vergrößert sein und sogar ein wenig Milch absondern. All das ist vollkommen harmlos und wird vom kleinen Organismus im Verlauf der Anpassungsvorgänge seines Stoffwechsels innerhalb einiger Zeit normalisiert.

Dunkler Stuhl und Urin

Am ersten Tag nach der Geburt ist der Stuhl Ihres Neugeborenen schwarz wie Pech – man nennt ihn deshalb auch »Kindspech«, in der Fachsprache Mekonium. Er ist noch kein Verdauungsprodukt, sondern hat sich vor der Geburt im

Trinkt das Baby genug?

Wenn der Stuhl länger dunkel bleibt und ein Baby täglich weniger als drei Stuhlwindeln hat, könnte das bedeuten, dass es nicht genug trinkt. Lassen Sie das Stillen deshalb von einer Fachfrau begleiten.
Auch dunkelgelber Urin kann auf Flüssigkeitsmangel hinweisen, wenn Ihr Baby weniger als sechs richtig nasse Windeln in 24 Stunden hat. Dann müssen Sie unbedingt öfter anlegen und sollten das Stillen und die Milchbildung mit der Hebamme oder einer Stillberaterin abklären.

Darm angesammelt. Mekonium ist fast geruchlos und sehr klebrig.
Schon ab dem zweiten Tag wird der Stuhl allmählich heller und nach drei bis fünf Tagen hat das Baby dann den typischen Muttermilchstuhl: senfgelb oder grünlich-gelb mit sämiger, flüssig-körniger (wie Erbsensuppe) oder auch flockiger Konsistenz, ungeformt, vielleicht mit ein wenig Schleim, von mildem, nicht unangenehmem Geruch. Bekommt das Baby statt Muttermilch aber Pre-Nahrung, ist der Stuhl grünlich und von lehmiger Konsistenz und er riecht eher fäkal.
Ab dem zweiten Lebenstag ist es normal, dass das Baby täglich mindestens drei und eher bis zu zehn Stuhlwindeln hat. Erst nach vier bis sechs Wochen wird der Stuhlgang seltener.
Nasse Windeln hat das Neugeborene zuerst etwa zweimal am Tag, doch schon am dritten Tag wird es mehr und ab dem vierten Tag sind es mindestens sechs bis acht nasse Windeln täglich, sein Pipi ist klar bis strohgelb. Rötliche Harnsedimente (Ziegelmehlsediment) können in den allerersten Tagen einmal vorkommen, da die Nieren und die Blase entschlacken. Sie sind in der Regel völlig harmlos.

Neugeborenengelbsucht

Bei der Geburt haben Neugeborene rund doppelt so viele rote Blutkörperchen im Blut, wie sie außerhalb des Mutterleibs benötigen. Diesen Überschuss müssen sie in den ersten Lebenstagen abbauen. Der dabei freigesetzte Farbstoff Bilirubin wird von der Leber über die Galle abtransportiert und über den Darm ausgeschieden. Bei etwa jedem zweiten gesunden Neugeborenen (und fast allen Frühgeborenen) geht dieser Transport nicht rasch genug – der Bilirubinwert im Blut steigt an. So entsteht eine gelbliche Verfärbung der Haut und der Augen-Bindehaut. Eine zu hohe Bilirubinkonzentration ist riskant für das Gehirn, deshalb misst man bei Gelbfärbung der Haut den Bilirubinwert und behandelt das Neugeborene ab einem Wert von 20 mg / dl mit Lichttherapie in der Klinik, das ist ungefähr bei 2 von 100 Babys nötig.

Die Neugeborenengelbsucht (Hyper-Bilirubinämie) erreicht ihren Höhepunkt normalerweise zwischen dem zweiten und fünften Lebenstag und dauert etwa zehn Tage an. So können Sie den Stoffwechsel Ihres Babys bei der Bilirubin-Ausscheidung unterstützen:

- **Häufig anlegen:** Viel Kolostrum beschleunigt die nötige Ausscheidung des Mekoniums stärker als Tee oder Zuckerlösung, deshalb sollten Sie Ihrem Baby gleich vom ersten Tag an so viel wie möglich die Brust geben. »Gelbe« Neugeborene sind meist müde, müssen zum Trinken geweckt werden und brauchen dabei oft Hilfe (siehe Seite 24).
- **Viel Licht:** Der beste Platz für das Neugeborene ist nah am Fenster. Es darf auch mal ein Stündchen nach draußen, sofern das Wetter mitspielt.
- **Viel Wärme:** Abkühlung sollte beim Baby sowieso stets vermieden werden – wickeln Sie Ihr Neugeborenes grundsätzlich unter dem Wärmestrahler, ziehen Sie ihm vorgewärmte Sachen an und baden Sie es vorerst noch nicht. Körperwärme unterstützt die Leberfunktion, Abkühlung schwächt sie.

Schonende Hautpflege

Babyhaut ist viel dünner als die von Erwachsenen. Ihre Funktion als Schutzbarriere ist noch nicht voll entwickelt.

Die Wissenschaft sagt, dass dieser Reifungsprozess auch mit einem Jahr noch nicht abgeschlossen ist. Bis dahin produziert die Hornschicht der Haut eher wenig Talg und die Haut des Babys kann bei Wind und Wetter leichter austrocknen. Sie ist vor allem durchlässiger für schädliche Substanzen. Achten Sie deshalb beim Kauf von Baby-Pflegeprodukten besonders darauf, dass sie frei sind von unnatürlichen Duftstoffen und von jeglichen Chemikalien, wie Konservierungsmitteln und Emulgatoren. Auch ist beispielsweise eine Lotions- oder Creme-Grundlage auf Mineralölbasis nicht wünschenswert, denn mineralische Fette integrieren sich schlechter ins natürliche Gleichgewicht der Haut. Besonders hautverträglich sind hingegen reine, naturbelassene Pflanzenöle, wie Sesamöl oder Mandelöl, gerne mit den pflegenden Pflanzenzusätzen der Calendula (Ringelblume). Davon sollten Sie nach jedem Waschen und später nach dem Baden ein paar Tropfen in Babys Haut »einstreicheln«, um die noch unzureichende Rückfettung auszugleichen. Eine Babycreme, die aus Pflanzenölen mit Bienenwachs oder dem hautverwandten Wollwachs besteht, schützt sein Gesichtchen vor Wind und Wetter.

Nabelpflege

Wenn das Neugeborene abgenabelt ist, wird der am Körper bleibende kleine Rest der Nabelschnur mit einer Klemme verschlossen, um ein Nachbluten zu verhindern. Innerhalb der ersten oder zweiten Woche nach der Geburt trocknet er ein, verfärbt sich dunkel und fällt ab. Bis dahin ist seine Pflege zwar unkompliziert, sie erfordert aber große Sorgfalt, denn der Nabel sollte sich nicht entzünden. Reinigen Sie ihn jeden Tag einmal sehr aufmerksam und sanft mit einem weichen Tuch, das sie in handwarmes Wasser oder in verdünnte Calendula-Tinktur (1 bis 2 TL auf ¼ l Wasser) getunkt haben - die wirkt wundheilend und entzündungshemmend - und tupfen Sie den Nabel anschließend sachte mit einem sauberen weichen Läppchen trocken. Waschen Sie sich jeweils vor- und nachher gründlich die Hände mit einer desinfizierenden Seife. Ansonsten sollte der Nabel möglichst komplett in Ruhe gelassen werden und vor allem trocken liegen.

Achten Sie deshalb beim Wickeln darauf, dass der Nabel nicht von der Windel bedeckt ist, sie sollte auch nicht daran reiben, damit er sich nicht infiziert. Schlagen Sie die Windel beim Wickeln einfach vorne nach innen um, damit sie nicht an den Nabel heranreicht. Sollte sich der Nabel stark röten, sehr viel Sekret absondern, eitern, anschwellen oder unangenehm riechen, muss er von der Hebamme oder dem Kinderarzt behandelt werden.

Bis die Nabelwunde vollständig verheilt, können drei Wochen vergehen. Solange der Nabel aber gut aussieht und keine Entzündungszeichen auftreten, darf das Baby auch davor schon gebadet werden.

So wickeln Sie Ihr Baby

• Legen Sie sich vor dem Wickeln bereits alles zurecht, und schalten Sie rechtzeitig den Heizstrahler an. Lassen Sie Ihr Kind nie unbeaufsichtigt auf dem Wickeltisch

TIPP Zeit für uns – achtsam-liebevolle Pflege

Wie erlebt Ihr kleines Baby wohl die Minuten, in denen Sie es pflegen, umziehen, wickeln? Es macht dabei wichtige Erfahrungen mit seinem Körper, mit sich selbst und mit Ihnen. Während Sie es waschen, weiß Ihr Baby nichts von seinen Halsfalten, die in der Tiefe gesäubert werden müssen, aber es spürt, wie Sie es dabei anfassen, ob Sie zärtlich und innig mit ihm umgehen oder ob Sie gerade unachtsam, sachlich und hastig sind – dieses Erleben erfüllt sein ganzes Bewusstsein. Ihre Berührungen beim Wickeln und Waschen sind für Ihr Baby intimer als bei anderen Gelegenheiten. Ihre Umgehensweise mit ihm teilt ihm viel über sich selbst und über den Wert mit, den es für Sie hat, darüber erfährt es sich als Mensch und es formt aus diesen Erfahrungen mit der Zeit sein Selbstwertgefühl.

Die schönsten Anregungen zum Umgang mit dem Baby während der Säuglingspflege kommen von der ungarischen Kinderärztin Emmi Pikler. Sie empfiehlt, schon die Kleinsten stets respektvoll zu behandeln. Das bedeutet, dass Sie Ihr Baby ansprechen, während Sie es anfassen, dass Sie Blickkontakt herstellen und ihm sagen, was Sie vorhaben, bevor Sie seine Körperlage verändern. Sagen Sie ihm auch immer vorher, was Sie gleich mit ihm machen möchten, damit es sich darauf einstellen kann, und laden Sie es von Anfang an zum Mitmachen ein. Schon das kleinste Baby kann sein Ärmchen entspannen und bald heben oder entgegenstrecken und sich so kompetent und kooperativ fühlen. Und das Miteinander genießen – ganz besonders bei seiner Körperpflege!

liegen, auch wenn sich die meisten Babys erst nach dem dritten Monat drehen können – es gibt immer unerwartete Ausnahmen von dieser Regel.

- Legen Sie Ihr Baby auf den Rücken. Greifen Sie mit Ihrer Hand samt Unterarm unter einem seiner Oberschenkel durch und fassen Sie nun mit derselben Hand den anderen Oberschenkel von oben. So können Sie den Po Ihres Babys hochheben, ohne seine zarten Hüftgelenke zu belasten.
- Halten Sie Blickkontakt und erklären Sie Ihrem Kind, was Sie mit ihm tun.
- Wischen Sie den Po Ihres Babys immer von vorne nach hinten sauber. Dieses Vorgehen ist besonders bei Mädchen wichtig, damit keine Keime vom After in die Scheide gelangen können. Bei Jungen heben Sie den Hodensack vorsichtig an und reinigen Sie auch den darunter liegenden Teil gründlich.
- Legen Sie nun die frische Windel unter und schließen Sie sie so, dass sie nicht zu locker, aber auch nicht zu fest sitzt.

Hautpflege im Windelbereich

Um den Windelbereich zu säubern, wäre es besser, auf Feuchttücher zu verzichten, da deren chemische Zusatzstoffe die dünne Babyhaut leicht angreifen können. Für unterwegs können Sie kleine Stofflappen anfeuchten und in Plastikbeuteln mitnehmen. Zu Hause gönnen Sie dem Babypopo ein kurzes Tauchbad im Waschbecken oder säubern ihn unter fließendem Wasser. Ist trotz aller Vorsicht einmal Stuhl angetrocknet, lösen Sie ihn mit neutralem Pflanzen- oder Calendulaöl ohne Zusatzstoffe. Vermeiden Sie, dass Ihr Baby in einer feuchten Windel liegt, lassen Sie Stuhl und Urin möglichst nicht zusammenkommen, beziehungsweise

wechseln Sie dann die Windel rasch, denn diese Kombination ist um ein Vielfaches hautreizender. Das können Sie tun, wenn Ihr Baby wund ist:

- Wickeln Sie häufiger, damit Ihr Baby kaum im Nassen liegt.
- Waschen Sie beim Wickeln die Haut gründlich – am besten unter fließendem Wasser. Danach tupfen Sie besonders die tiefen Hautfalten sorgfältig trocken.
- Lassen Sie Ihr Baby nackt strampeln, damit Luft an die Haut kommt.
- Behandeln Sie gerötete Haut mit Calendula-Babycreme.
- Kommt Wundsein trotz häufigen Wickelns öfter vor, hilft vielleicht ein Wechsel der Fertigwindelmarke oder bei Stoffwindeln ein anderes Waschmittel.

Um die Hüftgelenke Ihres Babys zu schonen, greifen Sie mit einer Hand unter seinem Oberschenkel durch und fassen den anderen Oberschenkel von oben.

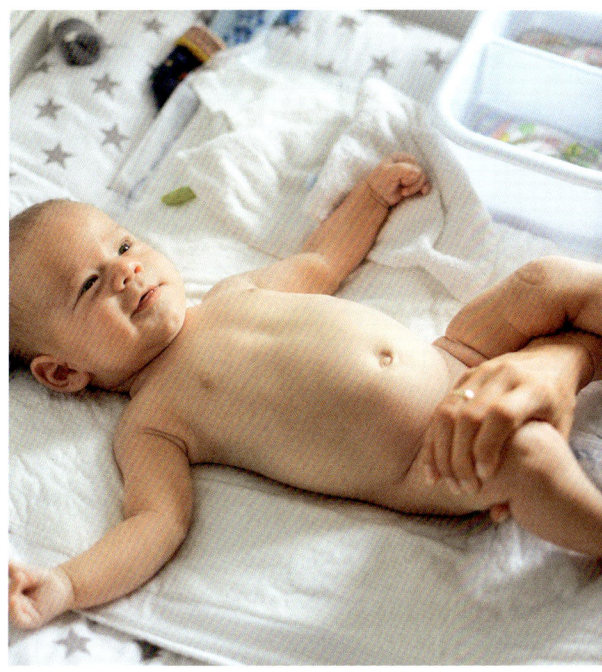

Die richtige Windel

Das Angebot an Windeln ist riesig: Es gibt Stoff- und Wegwerfwindeln in unterschiedlichsten Formen und Farben, verschiedene ausgeklügelte Wickelsysteme und Windeldienste, die ein ganzes Servicepaket anbieten. Für welche Windeln Sie sich entscheiden, ist eine Frage, bei der recht viele Faktoren eine Rolle spielen – die Auswirkungen auf Babys Haut und Gesundheit, der praktische Umgang im Alltag, die Kosten, die Belastung der Umwelt und nicht zuletzt die eigene Philosophie in Bezug auf jeden einzelnen dieser Faktoren.

Es ist sicher sinnvoll, sich die Sache gleich am Anfang gut zu überlegen. Denn es geht um mehr als nur rein praktische Überlegungen: Für das Baby ist das Tragen der Windeln mit vielfachen Empfindungen verbunden. Die Windeln sollen sich gut und weich anfühlen und trotzdem dicht halten, auch in der Nacht. Für Sie als Eltern geht es um praktische Erwägungen, schließlich wickeln Sie jeden Tag viele Male, mehr als zwei Jahre lang. Also ist es wichtig, dass es schnell und einfach geht.

Stoffwindeln

Windeln aus Stoff sparen der Gesellschaft sehr viel Müll und Ihnen selbst einiges an Geld. Wickeln mit Stoffwindeln bedeutet immer, dass die Familie ein Gegenmodell zur Wegwerfgesellschaft lebt und ihren Kindern von Anfang an ressourcenschonendes Verhalten und Umweltbewusstsein nahebringt. Deshalb gewähren immer mehr Gemeinden einen »Zuschuss für Mehrwegwindeln«. Fragen Sie bei Ihrem Umweltamt nach oder beim Abfallwirtschaftsamt, oder suchen Sie im Internet nach »Zuschuss Mehrwegwindeln«.

Die Auswahl an Stoffwindeln ist riesig. Mit überraschend viel Kreativität hat hier eine ganze Elterngeneration am traditionellen Stoffwindel-System getüftelt und es wesentlich verbessert. Zwar ist dieses Windelparadies bisher nur selten im örtlichen Fachhandel zu finden, dafür bequem und vielfältig in Internet-Shops. Antworten auf Fragen rund um Stoffwindeln für Babys und Kleinkinder – welche es gibt, wie man sie benutzt, wo man sie bekommt, welche Vorteile sie haben – gibt die spezielle Stoffwindel-Infoseite (siehe Seite 185). Unser Tipp: Diverse Windeln und Testpakete zur Probe bestellen und sich dann für ein passendes System entscheiden. Babypopos haben nicht nur verschiedene Größen, sondern auch verschiedene Formen, sodass die Windel, die bei einem Baby total dicht hält, beim anderen vielleicht nicht richtig sitzt.

Windelservice

Ein professioneller Windeldienst – sofern es an Ihrem Wohnort einen gibt – holt die gebrauchten Windeln einmal pro Woche ab und liefert dabei gleichzeitig auch wieder frische. Die Windeln selbst muss man nicht kaufen, sondern kann sie vom Windeldienst leasen.

Nachteile dieser Methode: Die gebrauchten Windeln liegen ganz schön lange zu Hause herum. Der Service ist nicht gerade billig und man muss mit dem Windelsystem wickeln, das der Windeldienst anbietet. Zudem muss man immer zu Hause sein, wenn der Abholdienst kommt. Vorteile: Windelwaschen und -trocknen entfällt, ebenso wie Einkauf, Transport und Müllentsorgung für Wegwerfwindeln.

Wegwerfwindeln

Wegwerfwindeln sind schnell gewechselt und sparen jungen Eltern viel Zeit, die bei Stoffwindeln für waschen und trocknen aufgewendet werden muss. Mit der »atmungsaktiven« Variante ist überdies das Risiko einer Soor-Erkrankung (Candida, siehe Seite 120) beim Baby geringer. Aber eines ist sicher: Die Entscheidung für Einwegwindeln führt zu Müll in riesigen Mengen. Das Versprechen, das die »Ökowindeln« mit dem Hinweis »100 Prozent biologisch abbaubar« geben, halten sie bei näherem Hinsehen leider nicht: Die Kompostwerke nehmen keine beschmutzten Windeln an, deshalb gehören sie nicht in die Bio-, sondern in die Restmüll-Tonne und landen ebenso in der Müllverbrennung wie alle anderen Wegwerfwindeln. Zudem bedeuten Wegwerfwindeln beim Einkauf eine Menge Schlepperei. Abhilfe kann da ein Windel-Abo schaffen, das es von diversen Anbietern im Internet gibt.

TIPP Baby ohne Windel

Eine spannende Alternative ist die Windelfrei-Methode, bei der Babys von Anfang an keine Windel tragen. Buchempfehlung siehe Seite 186.

Drinnen und draußen

Mit dem Baby ins Freie

Mit einem Baby, das jünger als ein halbes Jahr ist, sollten Sie weder bei Frost noch bei Nebel, Sturm oder großer Mittagshitze spazieren gehen. An kalten Tagen schützen Sie die Gesichtshaut Ihres Kindes vor dem Spaziergang mit einer fetthaltigen Creme, an sonnigen Sommertagen mit Sonnenschirm, Schirmmütze oder Kleidung aus einem speziell gewebten Tuch, das vor UV-Strahlung schützt.

Direkte Sonne ist jetzt noch komplett tabu für die zarte Babyhaut, sie soll immer leicht bekleidet und beschattet sein. Sonnencreme muss speziell fürs Baby sein und sollte dennoch nur wenn es wirklich nötig ist, sehr sparsam auf Gesicht und Händchen aufgetragen werden, um es auf kurzen Wegen von einem Schattenplatz zum anderen zu schützen. Von den positiven Eigenschaften des Sonnenlichts profitiert das Baby auch im Schatten. Bereits eine Viertelstunde indirekte Sonne täglich hilft gegen Vitamin-D-Mangel.

Autofahrten

Viele Babys fahren gerne Auto. Das Brummen und die gleichmäßige Bewegung beruhigen sie. Beachten Sie aber folgende Sicherheitsregeln: Lassen Sie Ihr Baby niemals alleine im geparkten Auto, auch nicht für kurze Zeit! Unternehmen Sie im Sommer möglichst keine längeren Fahrten in der heißen Mittagszeit ohne Klimaanlage. Ist die Klimaanlage an, schützen Sie das Baby vor Zug. Im Winter: Wärmen Sie das Auto und den Kindersitz gut vor, wenn Sie Ihr Kleines mitnehmen.

Gleichmäßige Wärme

Ein Baby wird generell zufriedener sein, wenn es in den ersten Lebenswochen gleichmäßig warm gehalten wird. Der kleine Körper kann sich anfangs nach einer Abkühlung nur schwer wieder erwärmen – hier liegt oft die Ursache für Koliken oder Quengeligkeit. Wie lange es für Ihr Kind wichtig ist, aufmerksam auf den Wärmehaushalt zu achten, hängt von seiner Gewichtsentwicklung und von der Jahreszeit ab. Sicher haben Sie das bald im Gespür. So vermeiden Sie Abkühlung:

- Wickeln Sie Ihr Baby immer unter dem Wärmestrahler und ziehen Sie es nur dort um. Wärmen Sie Windeln und Kleidung zum Beispiel auf der Heizung oder mit einer Wärmflasche vor.
- Umhüllen Sie Ihr kleines Baby mit seiner leichten Babydecke, wenn Sie es aus dem Bettchen oder Tragetuch nehmen oder mit ihm von einem wärmeren in einen kühleren Raum gehen.
- Setzen Sie Ihrem Baby in den ersten Monaten immer ein leichtes Mützchen auf, solange es noch keine dichten Haare besitzt. Es schützt drinnen wie draußen vor Wärmeverlust durch den vergleichsweise großen Kopf und bewahrt die noch empfindlichen Ohren vor Zugluft. Im Sommer genügt Ihrem Kind ein dünnes Baumwoll- oder Seiden-Mützchen, für draußen ist ein Baumwoll-Käppchen mit Sonnenschutz ideal. Im Winter ziehen Sie dem Baby ein dünnes

Ein dünnes Mützchen hilft dem Baby, seine gleichmäßige Körpertemperatur zu behalten.

Woll-Mützchen an und für draußen noch ein etwas dickeres darüber.

- Um die Füße Ihres Babys warm zu halten, ziehen Sie die Söckchen am besten unter dem Strampler an, so gehen sie nicht verloren. Auch wenn das Baby länger herumgetragen oder gefahren wird, können seine Füße kalt werden. Hier sind häufige Checks empfehlenswert.
- Abkühlung ist oft der Grund dafür, dass das Baby aufwacht: Wenn Sie Ihr schlafendes Kind ablegen, ersetzen Sie die Körperwärme mit einer Decke.
- Wenn Sie mit ihm von draußen hereinkommen, decken Sie das schlafende Baby lieber nach und nach ab.

Ist dem Baby zu kalt oder zu warm?

Auf den ersten Blick sehen Sie schon an der Hautfarbe, ob es Ihrem Baby gut geht: Hat es rosige Wangen und Händchen, dann ist alles in Ordnung. Hat es aber einen roten Kopf oder ist es besonders blass, dann sollten Sie seine Temperatur überprüfen. Fühlen Sie dazu nicht nur die Stirn des Babys, sondern berühren Sie es an seinem Nacken und schieben Sie zwei Finger zwischen seine Schulterblätter.

- Ist die Haut des Babys weder wärmer noch kühler als Ihre Hand, dann hat es die ideale Körpertemperatur, ist richtig angezogen und warm genug zugedeckt.
- Ist es dem Baby zu warm, dann fühlt sich die Haut an dieser bedeckten Stelle eher heiß oder sogar feucht an.
- Fühlt es sich zwischen den Schulterblättern kälter an als Ihre Hand, dann braucht das Baby mehr Wärme. Seine Händchen sind im ersten Lebesjahr übrigens immer etwas kühler als alles andere. Sie sind auch etwas weniger rosig als sein Gesicht.
- Wichtig: Wenn Sie bisher des Guten zu viel getan und Ihr Baby zu warm eingepackt haben, achten Sie bitte darauf, nicht ins andere Extrem zu gehen. Für das Wohlbefinden Ihres Babys ist meistens nur eine kleine Veränderung nötig.

Die Hebammen-Nachsorge

Die Nachsorge-Hebamme ist die wichtigste Ansprechpartnerin in der Neugeborenenperiode und im Wochenbett. Sie beobachtet neben der Rückbildung und der Milchbildung bei der Mutter ganz aufmerksam, wie sich das Baby an sein Leben anpasst. Sie schaut, ob etwaige geburtsbedingte Kopfverformungen rasch zurückgehen, ob der Nabel problemlos abheilt, wie zuverlässig es seine Temperatur schon reguliert und vor allem, ob das Baby gut trinkt und ausscheidet und entsprechend zunimmt. Sie beobachtet auch seine Haut und sein Aussehen und hilft zu vermeiden, dass sich eine Neugeborenengelbsucht entwickelt oder verstärkt.

Am besten hat man die Hebamme bereits vor der Geburt kennengelernt und benachrichtigt, sobald das Baby auf der Welt ist. Sie kann selbst mit der Krankenkasse abrechnen und zwar: mindestens einen Besuch pro Tag bis zum 10. Lebenstag, weitere 16 Besuche in den ersten 8 Wochen und bei Still- oder Fütterproblemen zusätzliche 8 Besuche. Nach ärztlicher Verordnung ist ihre Betreuung auch darüberhinaus eine Kassenleistung.

Wir gehen heim!

Der Tag, an dem Sie mit Ihrem Baby nach Hause gehen, ist ein aufregendes Ereignis! Falls es Ihnen in der Klinik zu unruhig ist, können Sie schon etwas früher heimgehen. Vorausgesetzt, es geht Ihnen beiden gut und Sie werden bestens versorgt.

Papa holt uns ab

Wenn sie nicht ohnehin schon im Klinikkoffer eingepackt wurde, bringt der Vater die erste Ausfahrgarnitur zur Entlassung mit: Body, Strampler, Jäckchen, Mützchen und eine leichte Wolldecke zum Einhüllen. Auch den Autositz fürs Baby hat er dabei: entweder als Babyschale oder als Babywanne (siehe Seite 176 im Anhang). Tipp: Schon vorher üben, wie das Ding funktioniert und sicher befestigt wird – die Babyschale immer rückwärtsgerichtet! Das Baby muss entgegengesetzt zur Fahrtrichtung sitzen damit es bei einer starken Bremsung in seinen Sitz gedrückt wird. Möchten Sie die Babyschale vorne befestigen, muss der Beifahrer-Airbag ausgeschaltet werden. Aber der sicherste Platz für das Baby ist rechts hinten.

Babys Kleiderschrank

Endlich können Sie dem Baby seine süßen Sachen anziehen, die schon seit Monaten darauf warten. Ob es ihm warm genug ist? Mit einer leichten Wolldecke, in die Sie Ihr Baby mehr oder weniger einhüllen, lässt sich die Wärme einfach regulieren.

Bodys

Weil Bodys nicht nach oben rutschen sind sie besser als Unterhemdchen, so bleibt der kleine Bauch immer angezogen.

Nehmen Sie Wickelbodys zum seitlichen Zuknüpfen, damit Sie sie nicht über Babys Kopf ziehen müssen, dann wird es beim Anziehen weniger weinen. Langarm-Bodys sind für die ersten Monate besser und ein Wolle-Seide-Gewebe ist besser als Baumwolle für alles, was direkt auf der Haut getragen wird. Es ist temperaturausgleichend und hilft damit dem Baby, sich wohl zu fühlen. Zwar sind Wolle-Seide-Bodys etwas teurer, aber man braucht davon weniger weil sie mit leichter Handwäsche rasch wieder sauber sind. Eine große Auswahl an hübschen Wolle-Seide-Babysachen finden Sie zum Beispiel bei www.wollkids.de

Strampler, Hosen

Strampler sind anfangs fürs Baby besser als Hosen, weil sie rund um das empfindliche Bäuchlein nirgends einengen. Hosen sind später okay wenn sie einen breiten, weichen Strickbund haben. Der Strampler gehört über den Body und kann aus Baumwolle sein. Sehr praktisch wenn er sich am Po aufknöpfen lässt für das leichte Wechseln der Windeln.

Söckchen

Söckchen halten die kleinen Füßchen warm. Ziehen Sie Ihrem Baby zuerst die Söckchen an und dann den Strampler, so gehen sie nicht verloren!

Mützchen

Eine Kopfbedeckung braucht das Baby anfangs immer, weil es über den Kopf viel Körperwärme verliert. Drinnen genügt ein dünnes Baumwollmützchen, draußen braucht es je nach Saison einen Sonnenhut oder eine Wollmütze.

Die kinderärztliche Vorsorge

Von der Geburt bis zum ersten Geburtstag bezahlt die Krankenkasse insgesamt sechs umfassende kinderärztliche Untersuchungen zur Gesundheitsvorsorge. Bei jedem Termin wird anhand von verschiedenen Standard-Tests und Messungen überprüft, ob sich das Kind auf allen Ebenen altersgemäß entwickelt. Die Ergebnisse werden in ein spezielles gelbes Heft eingetragen: Ihr U-Heft.

Der erste Termin: U1

Die erste Vorsorgeuntersuchung beginnt direkt nach der Geburt – im Normalfall kann Ihr Baby dabei auf Ihrem Bauch liegen bleiben. Denn zunächst wird beobachtet, wie sich Ihr Neugeborenes an das Leben außerhalb des Mutterleibs anpasst: Wird es bald rosig? Wie reagiert es auf Berührungen? Ist seine Atmung gleichmäßig oder dauert das ein wenig? Meist werden Mund und Nase routinemäßig abgesaugt. Herzfrequenz, Atmung, Reflexe, Muskeltonus und Hautfarbe werden in der ersten, fünften und zehnten Lebensminute nach der Apgar-Skala von 0 bis 10 Punkten eingestuft. Mithilfe dieses Standard-Schemas wird rasch deutlich, ob ein Neugeborenes Unterstützung bei der ersten Anpassung benötigt. Der Apgar-Wert – optimal ist 9 bis 10, bei weniger als 5 brauchen Neugeborene meist Intensivbetreuung – wird ins gelbe Untersuchungsheft eingetragen. Aus der durchtrennten Nabelschnur wird außerdem etwas Blut entnommen, um den pH-Wert zu bestimmen, der zeigt, ob das Baby während der Geburt gut mit Sauerstoff versorgt war. Verständnisvolle Kinderärzte warten mit dem zweiten Teil der U1, damit Eltern und Kind so lange ungestört Zeit füreinander haben, wie sie möchten. Das Wiegen und Messen von Körperlänge und Kopfumfang sowie die Feststellung der Geburtsreife hat ja eigentlich keine Eile. Mit Einverständnis der Eltern werden abschließend zwei Prophylaxe-Maßnahmen durchgeführt, die Vitamin-K-Gabe und die Augenprophylaxe (siehe Seite 180).

Der zweite Termin: U2

Zwischen dem dritten und zehnten Lebenstag – meist kurz vor Entlassung aus der Entbindungsklinik – wird die erste Basisuntersuchung durchgeführt, die U2. Wenn Sie mit Ihrem Baby schon zu Hause sind, vereinbaren Sie rechtzeitig einen Termin in Ihrer Kinderarztpraxis. Nachdem sich der Organismus des Babys jetzt auf sein eigenständiges Dasein umgestellt hat, werden alle Organfunktionen noch einmal aufmerksam untersucht sowie Reflexe, Bewegungsfähigkeit und Hüftgelenke überprüft. Bei diesem Termin wird auch das Neugeborenen-Screening angeboten, eine Blutuntersuchung auf 14 seltene, angeborene Stoffwechsel- und Hormonstörungen mit schwerwiegenden Folgen, die sich nur durch Früherkennung meiden oder mindern lassen. Die Blutabnahme wird ab der 36. Lebensstunde gemacht: Ein kleiner Stich in die Ferse des Babys genügt, um ein paar Tropfen Blut auf eine Testkarte zu tropfen und im Screening-Labor auswerten zu lassen.
Zur Standard-Vorsorge gehört jetzt die Verordnung von Vitamin-D-Tabletten zur Rachitis-Prophylaxe (siehe Service Seite 180). Außerdem sollte ausreichend Zeit sein, um alle Ihre Fragen zur Säuglingspflege zu beantworten.

Die ersten drei Monate

Erstaunlich, wie vielfältig die Umstellung ist auf den vollkommen neuen Alltag – für Ihr Baby ebenso wie für Sie. Nie wieder wächst das Baby so schnell, und manchmal dreht sich alles nur ums Trinken und Verdauen. Auch die unterbrochenen Nächte kosten Kraft. Aber die kommt sofort zurück, wenn das Baby zum ersten Mal richtig lächelt.

Mit allen Sinnen in Beziehung sein

So nimmt Ihr Baby die Welt wahr

Im Vergleich mit Kindern und Erwachsenen ist die Wahrnehmung Ihres Babys im Augenblick noch ganz anders – manches nimmt es weniger in seinen Fokus, aber vieles andere bemerkt es jetzt wesentlich deutlicher als später im Leben. Diese wunderbaren Fähigkeiten im Einzelnen:

Sehen

Von Geburt an sind Babys von Gesichtern fasziniert. Es gibt nichts, was ihre Aufmerksamkeit mehr fesselt. Schon in der zweiten Lebenswoche können sie die Gesichter fremder Menschen von denen ihrer Eltern unterscheiden und versuchen schon bald, ihre Mimik zu imitieren – auch wenn man dies nur mit sehr viel Aufmerksamkeit und Geduld wahrnehmen kann. Unterschiedliche Formen und Muster erkennen Babys bereits im ersten Lebensmonat, Helligkeitsunterschiede nehmen sie zunächst nicht so deutlich wahr, aber schon mit zwei Monaten erkennen sie Kontraste wesentlich besser und können dann auch schon Farben unterscheiden. Sehschärfe und Formwahrnehmung sind eng verwoben, deshalb können Babys anfangs besser die kontrastreichen Formen sehen als die kontrastarmen und interessieren sich mehr für klare Konturen.

Visuelle Wahrnehmung und Bewegungsentwicklung

Dass die visuelle Wahrnehmung besonders eng verbunden ist mit der Bewegungsentwicklung, wird daran deutlich, dass ein Baby von Anfang an so weit wie möglich Augen, Kopf und Oberkörper bewegt, um ein Gesicht oder Objekt im Blick zu behalten und ihm nachzuschauen. Das tun Babys lange bevor sie sich selbstständig vorwärts bewegen oder etwas ergreifen können: Schon am zweiten Lebenstag verfolgen sie etwas mit den Augen, mit einem Monat bereits bis zu einem Winkel von 90 Grad. In den ersten drei Monaten schauen Babys bewegte Objekte länger an als unbewegte.
Bunte Mobiles über dem Wickeltisch oder dem Babybettchen stehen ab jetzt hoch im Kurs! Überall wo Ihr Kleines längere Zeit auf dem Rücken liegt, können Sie eines hinhängen, dabei sollte es mindestens einen halben Meter, besser noch etwas weiter von seinem Gesicht entfernt sein. Sehr interessiert und aufmerksam betrachten Babys anfangs auch ihre eigenen Hände und Arme, die wie zufällig in ihrem Blickfeld auftauchen und wieder verschwinden. Dabei helfen Sie Ihrem Kind sehr, wenn Sie ihm immer, wenn es auf dem Rücken liegt, ein »Nestchen«

bauen (siehe Seite 14). So erhalten seine Arme einen besseren Halt und Sie fördern seine Auge-Hand-Mund-Koordination (siehe Seite 59).

Hören

Von Anfang an sucht Ihr Baby mit den Augen den Ursprung eines Klangs oder einer Stimme und kann Ihnen mit dem Blick folgen, wenn sich beispielsweise Ihr Gesicht bewegt, während Sie mit ihm sprechen. Das zeigt, dass Sehen und Hören bereits koordiniert sind, wenn ein Kind auf die Welt kommt. Schon im Mutterleib entsteht offenbar Vertrautheit mit der mütterlichen Stimme. Durch die Analyse von Videoaufnahmen konnte man erkennen, dass kleine Babys auf ganz bestimmte Weisen reagieren, wenn ihre Mutter zu ihnen spricht – sie bewegen sich rhythmisch synchron mit den Lautmustern ihrer Stimme. Dass das Geräusch eines Staubsaugers oder der Waschmaschine auf kleine Babys so beruhigend wirkt, hängt damit zusammen, dass es sie an die Klangkulisse erinnert (siehe Seite 10), die sie in der vorgeburtlichen Geborgenheit des Körpers ihrer Mutter ständig umgab.

Riechen, Schmecken

Der Geruchssinn ist bereits bei der Geburt ausgebildet. Wenn Sie eine Körperseite mit Seife und die andere nur mit Wasser, das Körpergeruch nicht entfernt, waschen, zieht Ihr Baby die nach Mama duftende Seite eindeutig vor.

Auch die Geschmacksknospen von Babys sind bestens entwickelt: In einer Studie wurde festgestellt, dass Babys ab der zweiten Lebenswoche unterschiedlich auf Zucker, Salz, Zitrone und Wasser reagie-ren und Süßes eindeutig bevorzugen. Das ist physiologisch auch sinnvoll, denn Zucker geht unmittelbar ins Blut über und gibt Energie.

Fühlen

Für Babys spielt der Spürsinn anfangs die größte Rolle und steht eindeutig im Mittelpunkt ihrer Sinneserfahrungen. Für die frühkindliche Entwicklung ist die Anregung der drei Basissinne (siehe Seite 11) besonders wertvoll. Sein wacher Tastsinn signalisiert Ihrem Baby, ob sich etwas angenehm oder unangenehm anfühlt – es unterscheidet zwischen weichen, glatten oder rauen Stoffen auf seiner Haut und nimmt unterschiedliche Temperaturen wahr, beispielsweise warme oder kalte Hände. Über den Tastsinn entsteht mit der Zeit ein inneres Bild vom eigenen Körper, denn Haut und Haare bilden die körperliche Grenze.

Der Tiefensinn, dessen Sensoren in den Muskeln und Gelenken sowie unter der Haut liegen, vermittelt Ihrem Baby Halt und hilft ihm, die Muskelspannung zu regulieren und seine Muskelkraft zu dosieren. Sie stimulieren ihn, indem Sie Ihr Baby halten und tragen. Wie Sie das am besten machen, erfahren Sie ab Seite 61. Beim Tragen helfen Sie ihm gleichzeitig, sich zu entspannen, denn alle Babys beruhigen sich, wenn sie in den Arm genommen werden – das vermittelt ihnen Halt, Zuwendung und Wärme.

Der Gleichgewichtssinn hat seinen Sitz im Innenohr und gibt dem Gehirn Auskunft über Richtung, Ausmaß oder Beschleunigung einer Bewegung. Er vermittelt eine Beziehung zur Schwerkraft. Auch den Gleichgewichtssinn bringt das Baby schon gut entwickelt mit auf die Welt, denn es reagiert auf Positionsveränderungen mit

Bewegungen seines ganzen Körpers. Eine Stimulation des Gleichgewichtssinns wird noch lange Zeit ganz besonders beruhigend wirken: Schaukeln und Wiegen. Es besänftigt das Nervensystem eines jeden Babys. Wenn Sie Ihr Kind hin- und hertragen und herumgehen, ist das viel beruhigender, als wenn Sie mit ihm stehen oder sitzen bleiben.

Sprachentwicklung: Lautmalereien

Babys reagieren schon früh sehr stark auf Sprache. Es macht für ihre sprachliche Entwicklung und für ihr Wohlbefinden einen großen Unterschied, ob viel mit ihnen gesprochen wird. Eltern können einfach alles kommentieren, was sie mit ihrem Kind tun – »so, jetzt noch das linke Bein in die Hose« – oder auch bestimmte Lieder dabei singen. Babys haben ein angeborenes Musikempfinden: Sie erkennen sogar Melodien wieder, die sie im Mutterleib gehört haben. Singen und Reimen ist eine wunderbare Unterstützung für die kleinen Sprachanfänger: Dabei werden Worte und Silben nämlich viel stärker betont und rhythmisch gesprochen als beim normalen Reden.

Mit zwei bis drei Monaten versuchen sich Babys in gewisser Weise schon im Dialog mit ihren Eltern – sie glucksen und »gurren« mit Begeisterung, wenn sich ihnen jemand zuwendet. Als Eltern machen Sie Ihrem Kind die größte Freude, wenn Sie mit ihm plaudern, indem Sie seine Laute nachmachen und wiederholen. Auf diese Weise spiegeln Sie Ihr Kind, und es lernt sich besser kennen. Außerdem haben Sie beide sehr viel Spaß bei diesem Spiel.

Nähe durch Berührung

Das Baby ist noch ganz »Sinneswesen«. Welche Erfahrungen verbinden sich wohl für den Säugling damit, von Händen angefasst zu werden, die so groß sind wie sein Rücken? Kann man sich das überhaupt vorstellen? Sicher macht es einen riesigen Unterschied, ob diese Hände gut in Kontakt mit ihm sind, während sie ihm beispielsweise die Windel wechseln oder ein Jäckchen anziehen, oder ob sie das Baby schier vergessen, während sie angespannt versuchen, irgendwie die Windel unter seinen Po zu bekommen oder einen Ärmel über seinen Arm zu streifen. Eltern eines kleinen Babys sind sich dessen meist sehr bewusst, sie behandeln es behutsam und mit viel Aufmerksamkeit. Behalten Sie diese liebevolle Achtsamkeit bei, denn die Qualität Ihres Familienlebens leidet, wenn Ihr Baby sich nicht wohlfühlt.

Ihr Baby reagiert auf die Art der Berührung

Ein Baby drückt mit seinem ganzen Körper aus, was es empfindet. Ist ihm die Berührung angenehm, wird es sich den Händen seiner Bezugspersonen gerne überlassen, wird sich entspannen und anschmiegen. Wird es jedoch plötzlich und unerwartet angefasst, oder gar grob und unachtsam, dann sperrt es sich gegen die unangenehme Berührung. Schon ein Neugeborenes kann seine Körperspannung einsetzen, zum Beispiel, wenn ihm Vater oder Mutter ein Jäckchen anziehen möchte. So kann es seinen Arm lockern oder ihn versteifen, wenn sie ihm den Ärmel überziehen. Es ist immer ein Dialog von Körper zu Körper. Das Baby hört auch Ihre Stimme gerne. Sprechen

Sie es an, bevor Sie es anfassen, und sagen Sie ihm, was Sie gleich mit ihm tun möchten. Wenn Sie Ihr Kleines dann berühren, suchen Sie zunächst seinen Blick und »horchen« Sie dann mit Ihren Händen hin, spüren Sie, wie Ihr Baby auf die Berührung eingeht. So erfährt es Ihre Liebe und Ihr Interesse an seinem Befinden. Beim Waschen können Sie Ihrem Kind beispielsweise den Waschlappen erst zeigen, bevor Sie es damit berühren und ihm dann erklären, was Sie damit vorhaben. Geben Sie ihm ein wenig Zeit, um wahrzunehmen, was geschieht und es wird sich darauf einstellen, es wird bereit sein, daran teilzunehmen.

Babymassage

Eine sanfte Massage ist für alle Babys eine besondere Wohltat. Als eine von vielen Möglichkeiten beschreiben wir hier die Schmetterlings-Massage, die gut zu kleinen Babys und sogar Frühgeborenen passt und ihnen hilft, auf dieser Welt anzukommen. Durch minimale Stimulation mit schmetterlingszarten, langsamen Berührungen lösen sich Spannungen auf. Etwas kräftiger wäre hingegen die indische Shantala-Babymassage (siehe Buchempfehlungen Seite 186), die größere Babys gern mögen. Lassen Sie sich einfach anregen und entwickeln Sie vielleicht eine ganz eigene »Methode« zusammen mit Ihrem Baby. An manchen Tagen wird die komplette Massage möglich sein, an anderen genügt Ihrem Baby vielleicht schon das einfache Ausstreichen oder eine einzelne Massagefrequenz. Sind Sie mit Ihrer ganzen Aufmerksamkeit bei Ihrem Kind, erkennen Sie sofort, wann es genug hat. Kombinieren Sie die einzelnen Elemente so, wie es Ihnen gerade richtig erscheint und Ihrem Baby guttut.

TIPP Berührungen, die Babys mögen

- **Streichen Sie über die Haut** mit langen, verbindenden Berührungen, ganz zart vom Kopf bis zu den Füßen oder Händen. Die Bewegung geht von oben nach unten, von innen nach außen – mit leicht gespreizten Fingern. Zart, aber zügig, als ob Sie Wassertropfen von einer Oberfläche abstreifen wollten.
- **Lockern Sie die Muskulatur** durch ein zartes Anschwingen – mit weich aufgelegter, entspannter Hand oder nur zwei Fingern ganz leicht schütteln wie einen Wackelpudding.
- **Kreisen Sie auf der Stelle:** Setzen Sie die Fingerkuppen zart auf und verweilen Sie eine kleine Weile am selben Fleck, dann wandern Sie ein kleines Stückchen weiter, so als ob Sie einen Tupfen neben den anderen malen würden.

Die Schmetterlings-Massage

- **Begrüßung:** Sprechen Sie mit Ihrem Baby, bevor Sie mit der Massage beginnen und sagen Sie ihm, was Sie vorhaben. Fragen Sie Ihr Kind, ob es bereit ist. Reiben Sie Ihre Hände warm. Streichen Sie drei Mal ganz leicht vom Scheitel Ihres Babys bis zu seinen Zehen.
- **Kopf und Gesicht:** Lockern Sie durch zartes Anschwingen die Kopfhaut. Dann streichen Sie über Stirn und Nase. Anschließend kreisen Sie zart über Stirn und Wangen und um den Mund. Gefällt das Ihrem Baby? Wenn nicht, massieren Sie Kopf und Gesicht lieber zum Abschluss oder lassen diese Sequenz aus.

Kombinieren Sie die Massageelemente immer so, wie es Ihrem Baby gefällt und guttut.

- **Schultern, Arme, Hände:** Streichen Sie über Schultern, Arme und Hände. Lockern Sie erst einen Ober- und dann einen Unterarm. Dann streichen Sie um das Handgelenk, über Handrücken und Handfläche. Die Fingerchen streichen Sie einzeln aus wie Blütenblätter.
- Brust und Bauch: Streichen Sie im Verlauf der Rippen ganz zart von der Mitte nach außen, beginnen Sie oben und setzen Sie das behutsame Streichen Rippe um Rippe nach unten fort. Dann kreisen Sie auf dem Zwerchfell von innen nach außen. Lockern Sie nun die Brustmuskeln von der Brust zur Achselhöhle hin. Dann kreisen Sie im Uhrzeigersinn auf dem Bauch und ziehen vom Nabel aus immer weitere Kreise. Streichen Sie nun zart über Babys Leisten.
- **Becken, Beine, Füße:** Streichen Sie von der Taille zart bis zu den Zehen und darüber hinaus. Lockern Sie erst an einem Bein Ober- und Unterschenkel. Streichen Sie um Fußgelenk und Ferse, von Fußoberseite und Fußsohle zu den Zehen hin, und streichen Sie die kleinen Zehen aus. Dann folgt das zweite Bein. Streichen Sie anschließend vom Kopf bis zu den Füßen, insgesamt drei Mal.
- **Rücken:** Jetzt liegt das Baby auf dem Bauch. Streichen Sie drei Mal vom Kopf bis zu den Füßen und anschließend über die Schulterblätter von oben nach unten und von der Mitte nach außen. Lockern Sie die Muskulatur um die Schulterblätter. Streichen Sie im Verlauf der Rippen ganz zart von der Mitte nach außen hin. Beginnen Sie oben und setzen Sie es Rippe um Rippe nach unten fort. Lockern Sie dann die Muskelstränge rechts und links der Wirbelsäule, vom Nacken bis zum Po. Streichen Sie über den Po sternförmig von der Mitte nach außen. Lockern Sie beide Pobacken gleichzei-

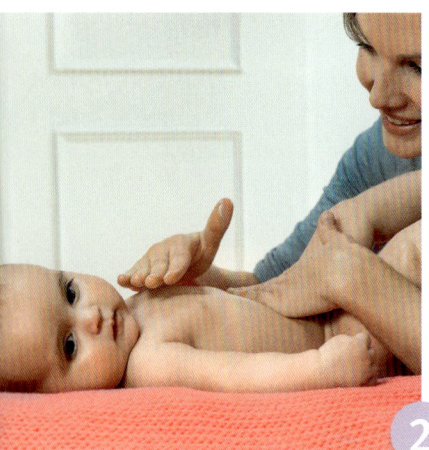

TIPP Wichtiges rund um die Massage

- **Wann:** Massieren Sie Ihr Baby so lange es munter und satt ist, aber besser nicht direkt nach einer Mahlzeit, sonst spuckt es vielleicht. Sorgen Sie dafür, dass Sie nicht gestört werden.
- **Wo:** Achten Sie darauf, dass Ihrem Baby auf keinen Fall kühl wird. Sofern Sie nicht eine Raumtemperatur von 32 °C haben, ist in den ersten drei Monaten der geeignetste Platz unter der Wärmelampe auf dem Wickeltisch.
- **Wer:** Könnte Babymassage nicht ein Papa-Privileg sein? Kuscheloasen haben Mutter und Baby durch das Stillen automatisch, der Vater muss sie sich erst schaffen. Bei der regelmäßigen Massage erlebt das Baby die zärtlichen und einfühlsamen Seiten seines Papas – und dieser spürt, wie sehr das Baby seine Berührung genießt. Aber egal wer massiert: Es stärkt die Beziehung und verhilft rasch zu einem vertrauteren Umgang miteinander.
- **Wie:** Gut vorbereitet! Wärmen Sie ein flauschiges Badetuch als Unterlage für Ihr Baby vor. Dann wärmen Sie im Wasserbad ein Schälchen Massageöl an und stellen es in sicherer Reichweite auf.

tig mit der ganzen Hand. Streichen Sie schließlich die Beinrückseiten vom Po zu den Zehen aus.

- **Ausklang:** Streichen Sie vom Kopf bis zu den Füßen, drei Mal. Damit beenden Sie die Massage immer, egal, an welcher Stelle Sie angekommen sind. Hüllen Sie Ihr Baby anschließend kuschelig ein.

Wichtig: Körperkontakt

In den ersten zwölf Lebenswochen fühlen sich die meisten Babys am Körper von Mutter oder Vater am wohlsten und das hat einen guten Grund: Die ersten drei Monate im Leben sind gewissermaßen eine »Nachbrüte-Phase«, weil Kinder physiologisch unreif zur Welt kommen. Überall auf der Welt und zu allen Zeiten wussten Eltern intuitiv, was heute auch wissenschaftlich erwiesen ist: Babys profitieren vom Getragensein, denn es stimuliert ihre soziale, neurologisch-geis-

tige und motorische Entwicklung. In der Sicherheit des unmittelbaren Körperkon-

Viel Haut- und Körperkontakt tut allen Babys gut. Und auch die Mütter können sich über eine innige Eltern-Kind-Bindung freuen.

takts kann sich das Baby besser auf eine wechselnde Kulisse von Geräuschen, Gerüchen und Lichtverhältnissen einlassen, es kann seine Sinne so weit wie möglich öffnen und so viele Eindrücke aufnehmen, wie es will. Hat es genug, wendet es sich einfach von der Welt ab und kuschelt sein Köpfchen an. Neun Monate ist das Kind in Ihrem Körper gewesen, kein Wunder, dass es anfangs so gerne an Ihrem Körper ist. Je mehr Zeit Sie ihm dort gewähren, desto zuverlässiger wird es bald voller Selbstvertrauen die Welt jenseits des Körperkontakts erforschen. So ist es vollkommen richtig, wenn Sie Ihr Baby in den ersten drei Monaten noch nicht lange ablegen. Um Babys Kontaktbedürfnis zu genügen, und auch mal die Hände freizuhaben, ist ein Tragetuch ideal (siehe ab Seite 63).

So kann sich Ihr Baby mitteilen

Mithilfe seiner Körpersprache kann Ihr Baby sich schon sehr klar ausdrücken und zeigen, wenn ihm etwas nicht gefällt oder zu viel wird, indem es sich abwendet oder versteift. Auch durch unterschiedliche Gesichtsausdrücke macht es deutlich, ob es zufrieden oder unzufrieden ist. Doch am eindeutigsten und schönsten teilt es sich mit, wenn es Sie zum ersten Mal bewusst mit seinem großen und unwiderstehlichen Lächeln anstrahlt. Die Fähigkeit gezielt zu lächeln, erreichen Babys meistens ausgerechnet um die anstrengende sechste Woche herum – wo Eltern sie als willkommenen Ausgleich am nötigsten brauchen, weil hier die längsten und heftigsten Schreiphasen vorkommen (siehe Seite 55). Im Unterschied zum »Engelslächeln« der

ersten Wochen huscht dieses Lächeln nicht mehr als Reflex über das Gesichtchen, sondern entsteht eindeutig aus dem Kontakt heraus und zeigt, dass das Baby sich freut und wohlfühlt. Dabei macht es in dieser Gunst zunächst noch keine Unterschiede. Wenn es zufrieden ist, lächelt es jeden an, der sich ihm freundlich zuwendet und kaum jemand kann sich diesem Zauber entziehen.

Faszination Stimme

Kein anderes Geräusch und kein Klang zieht die Aufmerksamkeit eines kleinen Babys so sehr auf sich wie die menschliche Stimme. Vorerst interessieren sich Babys am meisten für die Stimmung, die sich ihnen durch die Lautstärke und die Sprachmelodie übermittelt. Aber schon bald achten sie auch auf den Mund des Sprechenden, als wollten sie von den Lippen ablesen und durch Beobachtung lernen, wie man diese Laute formt und hervorbringt. Im zweiten und dritten Monat entwickeln sie sichtlich immer mehr Freude daran, die vielfältigsten Laute zu erzeugen, zu gurren oder Vokale zu wiederholen – ob allein oder im Zwiegespräch mit Mama oder Papa.

Die ersten Plauderstündchen

Wenn sie mit ihrem Baby »plaudern«, passen sich Eltern normalerweise intuitiv seiner Wahrnehmungsbereitschaft an, und das ist vollkommen richtig. Sie richten ihren Blick von oben aus der Mitte auf ihr Kleines, suchen dabei Augenkontakt, heben die Augenbrauen, lächeln und sprechen in einem helleren Tonfall mit ihm. Auch wenn Sie sich dabei vielleicht albern vorkommen, diese vereinfachte »Babysprache« mit hoher Stimme, dieses übertrieben wirkende »Eideidei« ist genau das, was Ihr Baby jetzt braucht, und woran es auch spürbar am meisten Spaß hat. In diesem Alter ermüdet es allerdings bei diesem Spiel noch recht schnell und braucht häufige kleine Ruhepausen. Wenn Sie Ihr Baby einfühlsam beobachten, nehmen Sie deutlich wahr, wann es zum Kommunizieren bereit ist und wann es müde wird und in Ruhe gelassen werden möchte. Orientieren Sie sich in diesen ersten »Plauderstündchen« ganz an der Stimmung Ihres Babys und bewahren Sie es vor Sinneseindrücken, wenn es genug hat. So können Sie ihm von Anfang an beim Abschalten helfen und für Ruhe sorgen, sobald es sich lustlos abwendet, statt fröhlich zugewandt auf Sie zu reagieren.

Warum weinen Babys?

Aus Sicht der Evolution ist das Schreien ein »Distanz-Signal« und deshalb unüberhörbar laut. Unsere jagend und sammelnd umherziehenden Vorfahren trugen ihre Babys noch ständig mit sich herum und das bedeutete, dass sie schon allererste Anzeichen von beginnendem Unbehagen spürten und sofort darauf eingehen konnten (ein Grund, warum das Tragetuch bei vielen Eltern auch heute wieder so beliebt ist, siehe auch ab Seite 63). In unserer Entwicklungsgeschichte kam es also nur dann zum Schreien, wenn sich niemand in unmittelbarer Nähe befand – denn das war für ein Baby gleichbedeutend mit Lebensgefahr.

So gesehen ist Schreien die intensivste Art des Babys, auf sich aufmerksam zu machen, um sich in Sicherheit zu bringen. Das erklärt auch, warum sich normales Babyschreien so blitzartig abstellen lässt, indem man das Baby an sich nimmt. Im Grunde ist es die natürlichste Reaktion,

auf das Weinen von Babys unmittelbar einzugehen. Sie entspringt einem angeborenen Schutzinstinkt. Müttern verursacht es geradezu Schmerzen, wenn sie ihr Baby weinen hören, ohne ihm sofort helfen zu können. Babys, deren Schreien wiederholt ignoriert wird, entwickeln die Tendenz, nicht nur häufiger zu schreien, sondern auch ausdauernder, sie hören nicht mehr sofort auf, wenn Hilfe gekommen ist. Das wiederum ist verwirrend für die Eltern, denn wenn das Baby nicht aufhört zu schreien, fehlt die Bestätigung dafür, dass sie das Richtige tun. Verständlicherweise wachsen daraus Frustration und Enttäuschung auf beiden Seiten. Wenn ein Baby immer wieder die Erfahrung macht, dass sein Schreien nicht gehört wird, kann es jedoch auch vorkommen, dass es dieses ganz einstellt. In diesem Fall entsteht bei den Eltern manchmal die falsche Gewissheit, dass ihr Baby zufrieden ist.

Macht das Baby aber die Erfahrung, dass es immer gleich gehört wird, bekommt es Vertrauen in seine Fähigkeit, sich mitzuteilen. Das beeinflusst seine gesamte Entwicklung positiv. Wissenschaftler haben zum Beispiel festgestellt, dass Babys dann viel früher eine größere Vielfalt an Gesichtsausdrücken entwickeln. So fällt es den Eltern leichter, ihr Baby zu verstehen, und es braucht weniger Geschrei zu machen.

Hunger, Durst, Verdauung

• Wenn die ersten Hungeranzeichen übergangen werden, kommt ein Baby schnell an den Punkt, wo es vor Hunger schreit. Doch dieses Weinen dauert nur so lang, bis es seine Milch bekommt. Es ist immer besser, wenn Sie Ihrem Baby schon bei den ersten Anzeichen von Hunger die Brust oder Flasche geben

TIPP Alles wieder gut!

Viele Eltern wissen intuitiv, wie sie ihr Baby beruhigen können und trösten es mit einer der folgenden Methoden:
- hochnehmen, es festhalten und streicheln, auf dem Arm tragen oder wiegen,
- rhythmische »Schhhh«-Laute oder leise monotone Worte ins Ohr flüstern,
- mit dem Baby rhythmisch auf- und abgehen oder leicht auf dem Pezziball auf- und abschwingen,
- Schnuller oder Fingerchen zum Saugen anbieten.

und nicht warten, bis es schreit. Dann kann es ruhiger und entspannter trinken und bekommt dadurch weniger Bauchweh. Ab Seite 21 erfahren Sie, woran Sie erkennen, ob Ihr Baby Hunger hat.
- Manchmal schreit ein Baby, anstatt zu trinken, oder es weint während der Mahlzeit, oder auch direkt danach. Ab Seite 102 finden Sie Tipps, woran Sie erkennen, was die Ursache ist und wie Sie Ihrem Baby helfen können. Was ihm bei Blähungen guttut, lesen Sie auf Seite 91.

Unbehagen

- Ist das Baby unruhig und weinerlich, obwohl es satt ist, kommen mehrere Ursachen in Frage. Überprüfen Sie als Erstes seine Windeln: Sie sollten trocken sein, nirgends einschnüren, kneifen oder drücken. Tipps, wie Sie einen wunden Babypopo vermeiden beziehungsweise behandeln, finden sich auf Seite 37. Auf Seite 41 steht, wie Sie erkennen, ob es Ihrem Baby zu warm oder zu kalt ist.

- Steht dem Baby ein Entwicklungssprung bevor? Jedem größeren Entwicklungsschub geht eine kleine Krise voraus: Dabei sind Babys unruhiger und weinen mehr. Wenn Eltern wissen, wie anstrengend es für ihr Baby ist, eine neue Entwicklungsstufe zu erklimmen, hilft ihnen das, Verständnis zu entwickeln. Herausgefunden hat das Dr. T. Berry Brazelton, Professor für Kinderheilkunde. Die typischen »Wachstums-Krisen« im ersten Jahr: Mit sechs bis acht Wochen – wenn der Alltag wieder einkehrt. Mit vier Monaten – wenn die erste Zeit der intensivsten Nähe vorüber ist. Mit sieben bis neuen Monaten – wenn das Baby mobil wird. Mit zwölf Monaten – wenn das Baby neue Dimensionen erobert und zu laufen beginnt.

Bedürfnis nach Nähe

- Körperkontakt ist ein Bedürfnis von Babys, das ähnliche Priorität besitzt wie Nahrung. Je kleiner ein Baby ist, desto stärker ist dieses Verlangen, weil die Welt noch so fremd ist und entsprechend ängstigen kann. Das Bedürfnis nach Körperkontakt ist jedoch nicht dasselbe wie nach Zuwendung. Sehr oft braucht ein Baby Körperkontakt, um abzuschalten, beispielsweise wenn es müde ist und schlafen möchte. Es will dann zwar herumgetragen, aber gleichzeitig auch in Ruhe gelassen werden.
- Zuwendung ist ein weiteres lebenswichtiges Bedürfnis von Babys. Wenn sie nicht gerade müde oder hungrig sind oder die Welt studieren, haben sie es am liebsten, wenn sich jemand mit ihnen beschäftigt. Um dieses Bedürfnis zu erfüllen, müssen Sie Ihr Baby nicht immerzu »bespielen«, denn Zeiten der Zuwendung sind automatisch gegeben

beim An- und Ausziehen, Wickeln, Waschen oder Baden, Stillen oder Füttern. Machen Sie daraus Zeiten des besonders aufmerksamen Miteinanders – »Quality-time«– wird sich Ihr Kind anschließend auch gerne wieder eine Weile alleine auf seiner Spieldecke beschäftigen.

Überreizung, Langeweile, Furcht

- Einem überreizten Baby hilft Körperkontakt in ruhiger und entspannter Atmosphäre. Versuchen Sie generell zu viel Hektik im Alltag zu vermeiden und den Tagesablauf so regelmäßig und ruhig wie möglich für Sie beide zu gestalten.
- Einem Baby, das sich langweilt, hilft am besten die Zuwendung seiner Eltern. Aber auch wenn Sie sich Ihrem Kind gerade nicht mit voller Aufmerksamkeit widmen können, beruhigt es sich normalerweise durch Körperkontakt und findet es interessant mitzuerleben, was Sie machen. Deshalb sind Tragehilfen ideal (siehe Seite 63). Ihr Baby ist darin zufrieden, weil sein Bedürfnis nach Nähe und Abwechslung gestillt wird, und Sie selbst können den Umstand genießen, beide Hände freizuhaben und ziemlich ungestört Ihren Erledigungen nachgehen zu können.
- Hat sich das Baby erschreckt? Kleine Babys haben sehr feine Antennen für ihre Umgebung und vieles wirkt auf sie beängstigend. Auch eine hektische Atmosphäre kann auf sie übergreifen, dann werden sie nervös und schreien. Wenn Ihr Baby vor Schreck weint, wird es dabei vielleicht auch zittern und blass oder rot werden. Wiegen Sie es in den Armen, sagen Sie ihm, dass alles in Ordnung ist, und singen oder summen Sie ihm ein besänftigendes Lied.

Schmerzen

- Wenn alle anderen Ursachen ausgeschlossen sind und Ihr Baby nicht aufhört zu weinen, könnte es Schmerzen haben. Daran sollten Sie vor allem denken, wenn Ihr Baby besonders schrill oder jämmerlich weint, wenn es sich auch auf dem Arm nicht oder nur sehr kurz getröstet fühlt, und sich allenfalls für ein paar Sekunden vom Schreien ablenken lässt. Auf Seite 170 finden Sie eine Liste von Anzeichen dafür, dass Ihr Baby unter Schmerzen leidet.
- Der Schmerzensschrei ist schrill und durchdringend, umso mehr, je größer der Schmerz ist. Er dauert so lange, bis die ganze Atemluft verbraucht ist. Deshalb folgt auf jeden langen Schrei ein rascher, tiefer Atemzug, während dem eine kurze, beunruhigende Stille herrscht.

Ist Ihr Kind ein »Schreibaby«?

Schreit Ihr Baby mehr als andere?

Die Statistik zum normalen Schreiverhalten von Säuglingen zeigt, dass manche Babys dreimal so viel schreien wie andere. Auch die aufmerksamsten Eltern können ein Baby haben, das sehr viel mehr schreit als andere Babys – und das liegt ganz gewiss nicht daran, dass sie es »verwöhnt« haben. In Phasen, in denen Ihr Baby viel schreit, ist es wichtig, dass Sie sich in regelmäßigen Abständen von den nervlichen Strapazen dieser anstrengenden Zeit erholen können.

Laut Statistik schreien Babys im zweiten Lebensmonat am meisten. Wahrscheinlich entwicklungsbedingt steigert sich die durchschnittliche Schreidauer nach der Geburt allmählich, erreicht in der sechsten Woche einen Höhepunkt im Bereich zwischen eineinhalb und drei Stunden pro Tag und nimmt in den nächsten sechs Wochen allmählich wieder ab. Etwa mit Beginn des vierten Monats lassen längere Schreiphasen zum Glück immer mehr nach, bis sie schließlich ganz aufhören.

Die abendliche(n) Schreistunde(n)

Die Statistik zeigt auch, dass Babys im zweiten Lebensmonat zwischen 19 und 23 Uhr mehr schreien als sonst – unter diesem »abendliche Schreistunde« genannten Phänomen leiden sehr viele Familien. Eine der plausibelsten Erklärungen lautet, dass ein Baby nach einem Tag voller neuer Eindrücke eben abends überreizt ist und durch das Schreien versucht, sich körperlich abzureagieren. Allerdings beobachten wir seit einigen Jahren, dass Mütter, die zu dieser Tageszeit in sehr häufigen kurzen Abständen stillen, nur selten eine abendliche Schreistunde erleben. Lesen Sie mehr darüber auf Seite 62. Auffällig ist jedoch, dass Babys im zweiten Lebensmonat gerne fast bis Mitternacht aufbleiben. Mehr dazu ebenfalls auf Seite 62.

Alle Babys schreien, manche mehr, manche weniger, und das ist für Eltern sehr anstrengend. Aber normalerweise lassen sich aufgeregte Babys durch das natürliche Repertoire beruhigen, auf das alle Eltern intuitiv zugreifen (siehe Seite 54). Von einem Schreibaby spricht man erst, wenn es sich dadurch nicht wirklich beruhigen lässt, zwar vom Schreien abgehalten wird, aber sehr unruhig bleibt. Auch wenn ein Baby täglich mehrmals längere Zeit solche Beruhigungshilfen braucht, um nicht anhaltend lauthals zu schreien, oder sich im Extremfall auch davon nicht vom Schreien abhalten lässt, allenfalls die Lautstärke gedämpft wird, spricht das für ein Schreibaby-Syndrom. Diese Form des Schreiens wird als untröstliches oder exzessives Schreien bezeichnet. Zwar kann diese Beschreibung auch auf das Verhalten während der abendlichen Schreistunde passen, die im zweiten Lebensmonat ihren Höhepunkt hat, aber bei einem »Schreibaby« ist dieses Verhalten nicht an feste Tageszeiten gebunden. Betroffene Babys sind oft auch sehr schreckhaft und reagieren auf jede Veränderung mit Geschrei. Normalerweise wenden sich Babys von der Welt ab und lassen die Augen zufallen, wenn sie müde werden. Typische Schreibabys aber geben nur dann einigermaßen Ruhe, wenn sie in aufrechter Körperhaltung herumgetragen werden, um sich mit großen Augen in der Wohnung umzuschauen. Sogar dabei finden sie nur schwer zur Entspannung. Oft sind sie tagsüber so müde, dass sie

Niemals schütteln!

Ein Baby darf auf gar keinen Fall geschüttelt werden, das ist für den kleinen Körper absolut lebensbedrohlich!

eine halbe Stunde oder länger herumgetragen werden müssen, bis sie einschlafen. So vergeht der Tag mit Unruhe, Quengeln und Schreien, unterbrochen von der kurzen Ruhe der Mahlzeiten. Mütter von Schreibabys fühlen sich von ihrem Kind komplett in Anspruch genommen. Sie erleben eine unvorstellbar anstrengende Zeit, gehen kaum aus dem Haus, sind durch den Schlafmangel und die dauernde Anspannung völlig erschöpft und zweifeln an ihren mütterlichen Fähigkeiten.

Hilfe in der Not

Wenn Sie am Verzweifeln sind, weil Sie Ihr Baby nicht trösten können, und niemand da ist, der Sie zwischendurch entlasten kann, dann legen Sie es am besten kurz in sein Bettchen und gehen in ein anderes Zimmer, um Kraft zu schöpfen. Sobald Sie etwas Ruhe gefunden haben, können Sie sich ihm wieder zuwenden. Bevor Ihnen die Kraft ausgeht, holen Sie sich Hilfe. Je eher Sie eine Schreiambulanz in Anspruch nehmen, desto besser. Die Ursachen reichen generell von einfach bis vielschichtig, beispielsweise von übermäßigen Gewebespannungen oder einer Verrenkung auf Ebene der Halswirbelsäule über die Refluxkrankheit bis hin zur Stressbelastung während der Schwangerschaft oder Geburt. Entsprechend vielfältig sind mögliche Therapieansätze. Adressen von Beratungsstellen sowie weitere Informationen rund um Schreibabys finden Sie auf Seite 184. Auf jeden Fall stehen verzweifelten Eltern vielfältige Hilfsangebote zur Verfügung. Als Erstes kann zum Beispiel eine telefonische Ad-hoc-Beratung als Krisenintervention in Anspruch genommen werden. Sie erhalten dann konkrete hilfreiche Anleitungen, um mit der unmittelbaren Situation besser umgehen zu können.

Ein Fels in der Brandung sein

Wenn Ihr Baby weiterschreit, nachdem Sie alle hier aufgeführten Gründe durchgegangen sind und alles in Ihrer Macht stehende getan haben, um es zu trösten, gibt es nur noch eins: Bemühen Sie sich um ein Gefühl von Verständnis und Respekt. Sollte Ihnen selbst zum Weinen zumute sein: nur zu! Weinen ist eine sehr heilsame Reaktion auf Stress und Weltschmerz, daran besteht überhaupt kein Zweifel. Wahrscheinlich erleichtert es auch Ihr Baby, wenn es laut schreiend weint. Wie fühlt es sich wohl, wenn ihm ständig vermittelt wird, dass es das nicht tun soll? Versuchen Sie, Ihre innere Haltung zu ändern. Sagen Sie ihm nicht mehr: »Hör doch bitte, bitte auf«, sondern: »Weine dich ruhig aus, ich verstehe dich!« Ihr Baby demonstriert durch sein Schreien schließlich eine kraftvolle Kompetenz. Sagen Sie ihm: »Du kannst dich ganz toll bemerkbar machen!« Ganz wichtig: Geben Sie Ihrem Baby

Zum Arzt!

Es muss immer ausgeschlossen sein, dass es sich um eine medizinische Notsituation handelt! Im Zweifelsfall klären Sie Ihre Bedenken mit dem kinderärztlichen Notdienst telefonisch ab. Dafür gibt es keine bundesweit einheitliche Nummer, am besten hängen Sie Ihre örtliche Nummer zusammen mit der Ihrer Hebamme und Ihres Kinderarztes irgendwo gut sichtbar auf.

durch Ihre innere Ruhe Halt in Ihren Armen, so sind Sie ihm ein Fels in der Brandung. Eine Mutter erzählte mir: »Ich betrachte dann einfach das Gesicht meines Kleinen und höre interessiert zu. Oft schreit er dann erst einmal noch lauter, als würde er sich jetzt richtig Gehör verschaffen. Aber er beruhigt sich auch viel schneller, ganz anders, als wenn ich versuche, ihn unbedingt »ruhig zu stellen«.

Die motorische Entwicklung

Bewegung: Die Basics üben

Wenn Sie Ihr winziges Baby ansehen, das erst seit wenigen Wochen auf der Welt ist, erscheint es kaum vorstellbar, dass es in einem Jahr schon auf seinen eigenen kleinen Füßen stehen wird. Und doch eignet es sich von Anfang an die Grundlagen dafür an. Systematisch und unermüdlich probiert das Baby seine körperlichen Möglichkeiten aus. Die erste motorische Herausforderung für Ihr Baby: Es versucht, während es beispielsweise mit den Beinchen strampelt, seinen Körperschwerpunkt immer wieder neu auszubalancieren, um Kopf, Schultern und Becken in mittiger Balance zu halten. Erst wenn es in der stabilen Mittellage verweilen kann, ist es in der Lage, seine Bewegungen gezielt einzusetzen. Auch die allmähliche »Ent-Faltung« des kleinen Körpers erlaubt den bewussteren Einsatz mehr und mehr: die Wirbelsäule und die großen Gelenke – Hüften, Knie, Ellbogen – strecken sich zusehends, die Händchen öffnen sich immer öfter. Die Neugeborenen-Reflexe in den Gliedmaßen lassen nach, was eine weitere Voraussetzung für gezieltere Bewegungen ist.

Erste Übungen in der Rückenlage

Die größte Bewegungsfreiheit hat Ihr Baby jetzt, wenn Sie es auf den Rücken legen. Obwohl Ihr Kind dabei anfangs von der Schwerkraft noch in asymmetrische Lagen gezogen wird, gelingt es ihm bald auch ohne die Begrenzung des Babynests (siehe Seite 14), sich immer mehr in Balance zu halten. Viele zunächst unkoordinierte Bewegungen werden im zweiten Monat gezielter. Nach Herzenslust wird es jetzt mehr oder weniger lebhaft strampeln und damit seine Muskulatur kräftigen. Am Ende des dritten Monats sind schon harmonische freie Arm- und Beinbewegungen möglich, weil Ihr Baby gelernt hat, seinen Rumpf zu stabilisieren. Bald hält Ihr Kind seinen Kopf stabil in der Mitte, wenn es auf dem Rücken liegt – diese Kopfkontrolle ist eine besondere Errungenschaft und ein Meilenstein im ersten

TIPP **Wie ein Fähnchen auf dem Turme**

Im Alter von zwei bis drei Monaten liebt Ihr Baby es, seine Händchen vor seinen Augen hin und her zu bewegen und fasziniert zu beobachten. Zur Abwechslung schaut es aber gerne auch einmal Ihnen dabei zu, wie Sie Ihre Hände langsam und harmonisch über seinem Kopf hin und her drehen und wenden. Dazu passt sehr schön das Lied vom Fähnchen auf dem Turme: »Wie ein Fähnchen auf dem Turme, sich kann drehn bei Wind und Sturme, so kann sich mein Händchen drehn, dass es eine Lust ist, anzusehn.« (Volksweise, Melodie aus »Zehn kleine Krabbelfinger«, siehe Seite 186).

In der Bauchlage muss sich das Baby anfangs sehr anstrengen, um den Kopf zu heben.

Füße und Rumpf

Ebenso wie die Hände können sich die Füße beim Strampeln gegenseitig betasten. Kräftiger werdende Bauchmuskeln erlauben dem Baby bald, beide Fersen von der Unterlage abzuheben – anfangs nur ganz kurz, aber da es sich immer mehr aus den Beugehaltungen streckt und seine Muskeln kräftigt, wird es mit etwa drei Monaten seine Beine rechtwinklig von der Unterlage abheben, über dem Bauch halten und interessiert die Bewegungen seiner Füße betrachten können. Das geht natürlich besser, wenn es weiche Strampler trägt, statt straffer Jeans. Mit zunehmender Gelenkstreckung begegnen die Füße auch öfter dem Boden. In diesen Kontakten entdeckt das Baby allmählich die Möglichkeit, die Fersen fester aufzustützen, und es spürt, wie sein Rumpf sich dabei minimal vom Boden abhebt.

Vierteljahr. Jetzt kann sich Ihr Kleines von der Rückenlage aus andere Haltungen und Bewegungsmöglichkeiten aneignen.

Handkoordination

Anfangs geraten die eigenen Händchen nur zufällig in das Blickfeld Ihres Babys, doch wenn es sie gezielt betrachten und dabei drehen und wenden kann, werden sie rasch zum ersten Lieblingsspielzeug. Dann übt es, beide Hände mittig vor dem Körper zusammenzubringen, um die Fingerchen gegenseitig zu betasten (Hand-Hand-Koordination).
Dreht es den Kopf zur Seite, kann es ein Händchen gezielt zum Mund führen (Hand-Mund-Koordination), und später funktioniert das auch in der mittigen Kopfhaltung, wo es beide Händchen sehen und oral »untersuchen« kann (Auge-Hand-Mund-Koordination). Bei diesen Übungen hat das Baby in den allerersten Lebenswochen mehr Erfolg, wenn es im »Nestchen« liegt (siehe Seite 14).

Anfangs unbequem: Die Bauchlage

Nicht alle Babys mögen die Bauchlage, aber für sportlich veranlagte Babys ist es eine willkommene Abwechslung, sich mit ganzer Kraft auf die Unterarme zu stützen und aus der Bauchlage heraus den Kopf in die Höhe zu recken. Dabei werden die Füße und Zehen in den Boden gestemmt, wie später beim Kriechen, und der ganze Körper, von den Zehen bis zum Hals, erarbeitet die nötige Spannung. Das Gesichtsfeld bleibt trotzdem zunächst noch klein. Erlösen Sie Ihr Baby, bevor es sich überanstrengt und unglücklich wird. Weniger anstrengend ist die Bauchlage für Ihr Baby mit einer Handtuchrolle unter der Brust. Oder Sie legen es sich selbst bäuchlings auf den Bauch, um ein kleines Plauderstündchen einzulegen.

Die Spieldecke

Bald braucht Ihr Baby mehr Platz, um seine ausgedehnten Bewegungsübungen zu absolvieren. Auf einer großen, doppelt gefalteten Baumwolldecke, die Sie auf den Boden oder in ein geräumiges Spielgitter legen, bereiten Sie ihm dafür die ideale Umgebung vor. Sofa und Bett sind dafür zu weich. Die Unterlage muss fest sein und Ihrem Baby Widerstand geben, damit es sich bei seinen ersten Versuchen, das Becken anzuheben oder sich seitlich zu drehen, abstemmen kann.

Als Spielsachen legen Sie ihm interessante, dreidimensionale Dinge in Reichweite, die es sehr leicht greifen kann. Gut geeignet sind kleine Gefrierbeutelchen, die Sie mit unterschiedlichen Dingen füllen – Nüsse, Korken, kleine Nudeln – und zuknoten. Sie rascheln bei Berührung, lassen sich leicht aufheben und bieten verschiedene Tasterfahrungen. Später befüllen Sie

Die Spieldecke bietet schon ganz kleinen Babys Raum zum selbstständigen Spielen und Entdecken.

manche Beutelchen etwas schwerer, zum Beispiel mit Reis oder Linsen.

Sehr abraten möchten wir von einem sogenannten Spieltrapez, Spielbogen oder Babytrainer, wenn dabei Dinge frontal über dem Gesicht des Babys hängen, vor allem, wenn es sie nicht einmal in die Hand nehmen und zum Mund führen kann. Das ist für die motorische Entwicklung eine Sackgasse, denn die Aufrichtung gelingt am besten über die Seitwärtsbewegung. Diese wird angeregt, indem Ihr Baby links und rechts in Reichweite neben sich Dinge entdeckt, die es greifen und zum Mund führen kann, um sie mit den Lippen zu erforschen. Wenn Sie eine gerollte Decke halbmondförmig um den Spielplatz legen, können die Spielsachen nicht außer Reichweite geraten, während Ihr Baby sie zu greifen übt.

Wo Ihr Baby nicht gut liegt

- **Alleine auf erhöhter Fläche:** Die meisten Eltern sind nicht auf die ersten Drehversuche ihres Kindes gefasst. 80 Prozent aller Babys stürzen einmal vom Sofa oder Wickeltisch! Obwohl das meistens glimpflich ausgeht: Halten Sie Ihr Baby mit einer Hand fest, wenn Sie sich bücken oder wegdrehen. Aber wenn Sie sich auch nur einen einzigen Schritt entfernen müssen, legen Sie es besser kurz auf den Boden.
- **Im Schalensitz:** Der ist für die Sicherheit im Auto konzipiert. Abgesehen von der Autofahrt sollte das Baby nicht darin »geparkt« werden.
- **In der Babywippe:** Sie zwingt das Baby in eine ungute Körperhaltung. Brauchen Sie beide Arme frei – beispielsweise beim Kochen? Dann ist Ihr Kleines im Tragetuch auf Ihrem Rücken gut aufgehoben (siehe Seite 64).

Das Baby tragen

Die motorische Entwicklung Ihres Babys profitiert sehr davon, wenn Sie es tagsüber viel am Körper tragen. Die ständige Bewegung unterstützt die Gehirnentwicklung und schult den Gleichgewichtssinn. Sprechen Sie Ihr Baby immer an, bevor Sie es berühren, und lassen Sie ihm einen Augenblick Zeit, sich auf Sie einzustellen. Ist es wach genug, um Ihnen in die Augen zu schauen? Begleiten Sie jeden Schritt damit, dass Sie Ihrem Baby jeweils sagen, was Sie gerade tun, denn Ihr Kleines spürt dadurch Ihre gesammelte Aufmerksamkeit. So fühlt es sich in Ihren Händen bestens aufgehoben.

Das Hochheben und Ablegen Ihres Babys erfolgt am besten in einer fließenden Bewegung. Es kommt darauf an, ihm überall Halt zu geben und zu verhindern, dass Köpfchen, Arme oder Beine plötzlich »fallen«. Gehen Sie vor allem ohne Eile mit Ihrem Kind um. Je kleiner ein Baby ist, desto mehr erschrickt es durch hastige Bewegungen.

Das Baby hochnehmen

- Schieben Sie eine Hand unter Babys Po, legen Sie die andere auf seinen Unterbauch und umfassen Sie mit Daumen und Zeigefinger dieser Hand Babys Oberschenkel nah am Hüftgelenks. Mit einer sanften Bewegung beider Hände drehen Sie Ihr Baby leicht auf seine rechte Seite.
- Dann gleiten Ihre beide Hände zu Babys Schultern und umfassen sie mit Daumen und Zeigefinger, die anderen Finger liegen jetzt ausgestreckt unter seinem Kopf.
- So heben Sie Ihr Baby hoch, während es sicher in Ihren Händen liegt und Ihre Finger sein Köpfchen stützen. Beugen Sie sich dabei Ihrem Baby entgegen, bis Sie sich Brust an Brust berühren und halten es zunächst mit beiden Händen eng an Ihre Brust geschmiegt. Das ist die Ausgangsposition für bequemere Haltungen.

Sicher halten und tragen

Um Ihr Kind in der vielleicht typischsten Weise in den Armen zu wiegen: Während Sie eine Schulter Ihres Babys sicher im Griff behalten, lassen Sie die andere Hand zu seinem Po gleiten und schieben es mit der Schulter so auf diesen Arm, dass sein Köpfchen in der Ellenbeuge zu liegen kommt. Umfassen Sie Babys oberen Oberschenkel mit Daumen und Zeigefinger, nah an der Hüfte. Ihre andere Hand kann nun die Schulter loslassen und entspannt auf Babys Bauch liegen. Das ist eine wunderschöne Haltung, um sich anzusehen und miteinander zu plaudern.

Das Baby ablegen

- Nehmen Sie Ihr Baby zunächst wieder aufrecht an Ihre Brust, sodass es sich anschmiegen kann. Um es abzulegen, beugen Sie sich tief zu der Unterlage hinab, auf die Sie das Baby legen wollen. Wenn diese Unterlage nicht mindestens Tischhöhe hat, sollten Sie Ihrem Rücken zuliebe dabei in die Hocke gehen oder sich hinknien.
- Legen Sie das Baby auf seine Seite zurück, indem Sie zuerst seinen Po seitlich aufsetzen, und stützen Sie mit einer Hand während des Ablegens sachte bis zuletzt sein Köpfchen. So vermeiden Sie ruckartige Bewegungen. Nehmen Sie Ihre Hände unter seinem Körper erst weg, wenn Ihr Kind wieder auf der Unterlage liegt.

Haltungen bei Müdigkeit und Blähungen

Alle Babys lieben es, getragen zu werden. Aber nicht immer wünschen sie einen möglichst großen Überblick. Wenn sie müde sind oder Bauchweh haben, hilft eine spezielle Lagerung.

- **Ist Ihr Baby müde**, wird es sich besser entspannen können, wenn Sie es so halten, dass es seitwärts auf Ihrem Arm liegt und bäuchlings an Ihrem Oberkörper (Bild 1). Schläfrigen Babys hilft oft ein Tuch beim Abschalten und Einschlafen: Drapieren Sie ein dünnes Mullwindeltuch so, dass es von Ihrer Schulter herab wie ein Vorhang über den Arm fließt, in dem Sie Ihr Baby halten, und seinen Augen visuelle Ruhe schenkt.

Kleinen Babys schenkt Körperkontakt pure Geborgenheit, das bringt Ruhe und Entspannung.

- **Muss Ihr Baby aufstoßen**, wird es sich unruhig hin und her winden und ruckartig nach hinten strecken. Legen Sie es dann einfach auf Ihre Schulter, vielleicht tut ihm das gut. Schieben Sie es dabei so weit über eine Ihrer Schultern, dass sein Köpfchen sich an Ihren Nacken schmiegt. Diese Haltung entspannt seinen Bauch und Rücken (Bild 2). Achtung: Spucktuch nicht vergessen, denn beim Aufstoßen bleibt man selten trocken (siehe auch Seite 68).

- **Hat Ihr Baby Blähungen**, kann ihm die Fliegerhaltung Erleichterung verschaffen (Bild 3). Sie ist vielleicht nichts für die allerersten Tage, aber schon in der zweiten oder dritten Woche, wenn Sie im Umgang mit dem Baby sicherer sind, können Sie mal ausprobieren, ob diese Haltung Ihrem Baby gefällt. Damit Sie Ihr Baby sicher im Griff haben, halten Sie seinen linken Oberschenkel wieder in der Nähe seines Hüftgelenks fest. Ihre freie Hand kann warm auf seinem Rücken liegen oder ihn behutsam reiben.

»Bewegte« Babys gedeihen besser

Die moderne Forschung zeigt, dass Eltern die Entwicklung ihres Babys optimal fördern, wenn sie es tagsüber häufig in aufrechter Haltung am Körper tragen, insbesondere in den ersten Monaten. Die aufrechte Haltung schadet seinem Rücken nicht, wenn er von einer korrekten Tragehilfe gut gestützt wird. (Das Baby wird ja auch im Mutterleib zuletzt in aufrechter und optimal gestützter Körperhaltung getragen.) Dabei können sich die noch unreifen Hüftgelenke ebenso wie die noch leicht gerundete Wirbelsäule gut weiterentwickeln. Als Eltern tun Sie damit das Beste, um späteren Skelettbeschwerden oder Haltungsschäden Ihres Kindes vorzubeugen. Gleichzeitig stillen Sie das Nähebedürfnis Ihres Babys und machen sich das Leben einfacher.

Die richtige Tragehilfe

Ist das Baby richtig an den Körper gebunden, bleiben beide Hände frei, denn man spürt kein Bedürfnis, das Kind zusätzlich zu halten und zu stützen. Die Eltern können zu Hause ihrer Beschäftigung nachgehen und gleichzeitig ohne weiteren Aufwand ihrem Baby die Nähe geben, die es braucht. Unterwegs ist es oft viel praktischer, das Kind am Körper zu tragen – das gilt für öffentliche Verkehrsmittel ebenso wie auf Treppen und holprigen Park- oder Waldwegen.

- **Tragetuch:** Es tut Babys von Geburt an gut, aufrecht im richtig gebundenen Tuch getragen zu werden. Tragetücher werden in einer speziellen Webtechnik diagonal elastisch gewebt, damit das Baby an jeder Stelle gleichmäßig gestützt wird und der Stoff sich nicht mit der Zeit dehnt. Material und Färbemittel sollten selbstverständlich schadstofffrei sein. Die Anschaffung eines hochwertigen Tuches lohnt sich, denn es erlaubt viele verschiedene Bindeweisen, wie sie je nach Alter und Gewicht des Kindes gerade am günstigsten sind. Das Tuch »wächst« mit und passt sich sowohl an das größer werdende Kind als auch an unterschiedliche Erwachsene an. Anfangs genügt es, sich eine Bindeweise gründlich anzueignen, beispielsweise die »Wickelkreuztrage«. Das hat man schnell raus und das Baby hockt darin in der optimalen Körperhaltung. Spezielle »elastische« Tragetücher sind nur für die ersten Monate und auch schon für Frühchen geeignet.
- **Fertigtrage / Komforttrage:** Ergonomische Komforttragen ersparen im Vergleich mit dem Tuch das anfangs oft kompliziert wirkende Binden. Einige Tragen sind schon von Geburt an geeignet, andere erst für Babys ab einem gewissen Körpergewicht – bitte beim Kauf darauf achten. Damit das kleine Baby darin die optimale Körperhaltung hat, muss sein Kopf gut gestützt und sein Rücken in seiner leichten Rundung eng umschlossen sein. Die wichtige Spreiz-Anhock-Haltung der Beinchen klappt in einer Tragehilfe nur durch einen Steg, der breit und fest genug ist, um zu verhindern, dass die Beinchen sich nach unten strecken. Vorsicht: Diese Voraussetzungen sind nur bei sehr wenigen Modellen auf dem Markt gegeben (siehe Service Seite 176). Eine Tragehilfe muss nicht nur mit dem Baby »mitwachsen« können, sondern auch flexible Einstellungen für unterschiedlich große Erwachsene zulassen.

Günstige Trageweisen

- Aufrecht bäuchlings am Erwachsenen, Blick zu ihm: Das Baby kann sich mit gerundetem Rücken und Spreiz-An-hock-Haltung der Beinchen anschmiegen. In der richtigen Höhe getragen, liegt sein Köpfchen so weit oben, dass man ihm ohne Weiteres ein Küsschen aufs Haupt drücken könnte. Der Kopf des Babys ist hinten und seitlich gut gestützt, es kann sich nach Belieben der Welt zu- oder abwenden. Diese Trageweise ist von Geburt an geeignet, kann jedoch mit einem größeren, schweren Baby nach längerer Zeit anstrengend werden.
- Aufrecht bäuchlings auf dem Rücken des Erwachsenen, Blick zu ihm: Ideal, sobald einem das Baby beim Tragen bäuchlings am Körper zu schwer wird. Es kann sich mit gerundetem Rücken und Spreiz-An-hock-Haltung der Beinchen anschmiegen. Außerdem erlebt es die alltäglichen Handlungen in der richtigen Richtung, das ist hilfreich bezüglich Gleichgewicht und Motorik.

Tragetuch-Binden

Wie kommt das kleine Baby in das lange Tuch? Jedem neuen Tuch sind ausführliche Anleitungen beigelegt und auch im Internet gibt es sie auf Video (siehe Websites Seite 184). Vielen erscheint das Binden anfangs kompliziert. Aber sobald man den Bogen raus hat, wird aus unbeholfenen Bindeversuchen schnell eine kinderleichte, sichere Routine. Da es viele verschiedene Tragetechniken gibt, können Sie einen Tragetuchkurs besuchen. Wer zu schneller Entmutigung neigt, sollte sich eine Einzelberatung gönnen. Dabei werden viele hilfreiche Kniffe vermittelt. Dann fehlt nur noch ein wenig Übung. Die meisten Babys genießen das Getragenwerden nach kürzester Zeit.
Ausnahme: Manche Kinder haben anfangs im Nacken- und Schulterbereich geburtsbedingte Verspannungen. Hilfreich: Schmetterlingsmassage (siehe ab Seite 49) und eine manuelle Behandlung (Chiropraktik, Craniosacraltherapie, Osteopathie, Bobath-Therapie: siehe Seite 184).

Mit der richtigen Anleitung stellt sich schnell eine kinderleichte, sichere Routine ein.

Für Babys wird der Platz im Tragetuch bald zum Lieblingsplatz, besonders wenn sie müde sind.

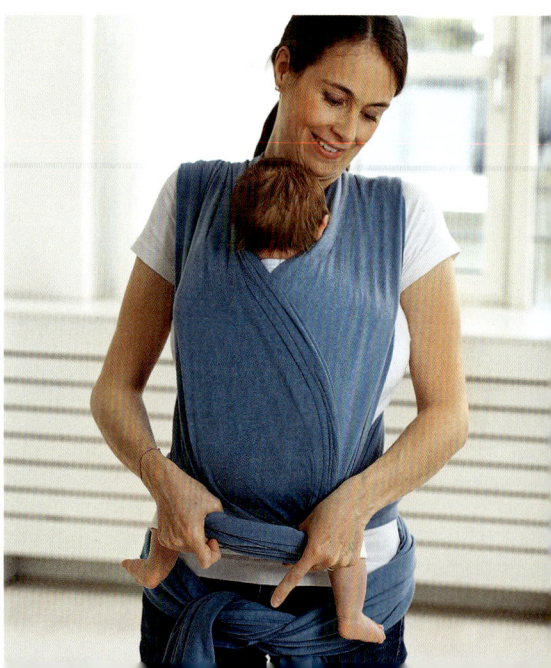

So tragen Sie richtig

Das Tragen im Tragetuch ist kinderleicht. Damit die zarten Knochen und Gelenke Ihres Babys bestmöglich gestützt werden, gilt es einige Punkte zu beachten.

Der Rücken

In den ersten Monaten entspricht ein leicht gerundeter Rücken der natürlichen Haltung eines Babys. Richtig getragen, kann es diese Haltung eng an den Körper der Mutter geschmiegt beibehalten. Sein Rumpf wird rundherum stabilisiert und die weichen Bandscheiben gestützt. Falsch getragen ist das Kind vom Tuch nicht fest genug umschlossen, es »sitzt« dann mehr auf dem Po, und sein Rücken sinkt in sich zusammen. Erst mit sechs bis acht Monaten ist die Rückenmuskulatur des Babys so weit ausgebildet, dass die Wirbelsäule in der aufrechten Haltung von selbst aufgerichtet bleibt. Sie haben das Tragetuch eng genug gebunden, wenn Sie nicht mehr das automatische Bedürfnis haben, Ihr Baby zusätzlich mit den Händen zu stützen.

Das Köpfchen

Das Köpfchen Ihres Babys braucht in den ersten Monaten stets eine Stütze, die verhindert, dass es unkontrolliert nach hinten oder zur Seite wegkippt. Im richtig gebundenen Tuch ist das Köpfchen nur ganz leicht nach vorne geneigt und liegt an Ihrer Brust. Wenn das Köpfchen von der Tragehilfe gegen die Schwerkraft stabilisiert ist und das

Baby es nicht selbst aufrecht halten muss, ist es schon früh zu Kopfbewegungen fähig, die ihm sonst erst Monate später gelingen würden. So kann schon ein ganz kleines Baby sein Köpfchen eigenständig hin und her wenden, um beispielsweise seine kleine Nase dahin zu stecken, wo es am angenehmsten riecht. Vor allen Dingen kann es sich abwenden, wenn ihm die Eindrücke zu viel werden.

Die Hüftgelenke

Die Hüftgelenke werden beim richtigen Tragen in ihrer gesunden Entwicklung unterstützt. Genau genommen sollen dabei die Beinchen des Babys zu etwa 90 Grad angezogen sein – wie in der Hocke – und gleichzeitig zu etwa 40 Grad gespreizt. Diese Beinhaltung nehmen Babys spontan ein, wenn sie hochgehoben werden. Sie tragen Ihr Baby also richtig, wenn seine Knie deutlich höher liegen als sein Po und es sich mit gespreizten Beinchen bäuchlings anschmiegt. Die beiden Hüftgelenkspfannen können in dieser Position gut ausreifen, weil die Oberschenkelköpfe richtig darin positioniert sind und nicht gegen den hinteren und oberen Teil der noch weichen Pfannenwände drücken und sie damit abflachen. In diesem Sinn wirkt das richtige Tragen sogar als Vorbeugung gegen Folgen einer angeborenen Hüftdysplasie, ja es kann auch als Behandlung von leichten Formen dieser angeborenen Problematik verstanden werden.

Babys spielerisch fördern

Eine spielerische Entwicklungsförderung ist vielen jungen Eltern ein wichtiges Anliegen. Sie wollen nicht nur die Bewegungsentwicklung ihres Kindes unterstützen, sondern ihm auch ein soziales Umfeld bieten, das ihm erlaubt, erste zarte Kontakte zu anderen Kindern zu knüpfen. Zu diesem Zweck ideal ist der Besuch von Babykursen oder Mutter-Kind-Gruppen. Wann der Zeitpunkt dafür gekommen ist, ist individuell sehr verschieden. Viele Mütter freuen sich schon nach Ablauf des Wochenbetts auf etwas Abwechslung und besuchen zum Beispiel einen Babymassagekurs. Andere lassen sich mehr Zeit und steigen vielleicht erst mit ihrem Krabbelkind in eine Musikgruppe ein. Hier wie dort bekommen sie interessante und hilfreiche Anregungen für das Leben mit Kind. Darüber hinaus ergeben sich aus dem Kreis der Teilnehmer vielfach auch Freundschaften, die weit über das Babyalter hinaus halten.

Welche Kurse gibt es?

Die Auswahl ist groß, sodass jeder eine Gruppe finden kann, die seinen Interessen entspricht (siehe Kasten rechts). Das Angebot reicht von Babyschwimmen, über PEKiP, verschiedene Musik- und Singgruppen bis zu Mutter-Kind-Yoga. Nicht alle Kurse sind für alle Altersstufen empfehlenswert. Es lohnt sich daher, sich möglichst früh über die verschiedenen Angebote zu informieren. Wenn Sie sich für einen bestimmten Kurs entschieden haben, sollten Sie sich frühzeitig anmelden, da die Plätze meist sehr begehrt sind.

Und darauf kommt es an

Die Gruppengröße sollte acht Babys möglichst nicht überschreiten und ein Termin nicht länger als 90 Minuten dauern. Idealerweise verfügt die Kursleiterin über eine besondere Qualifikation. Fragen Sie danach! Schön ist es, wenn alle teilnehmenden Babys ungefähr gleich alt sind, das macht die Gruppe homogen und beugt Konflikten vor. Idealerweise besteht eine Mutter-Kind-Gruppe über einen Zeitraum von mindestens einem Jahr, aber es ist natürlich toll, wenn sie bis zum Kindergartenalter fortgeführt wird.

Babys erster Freundeskreis

Es ist wahr: Um sich gesund entwickeln zu können, brauchen Babys nicht zwingend Kontakt zu Gleichaltrigen. Das heißt aber nicht, dass sie die Gesellschaft anderer Babys nicht genießen. Es ist rührend zu beobachten, wie die Kleinen versuchen miteinander in Kontakt zu kommen: Sie lächeln sich an, berühren sich vorsichtig und brabbeln ihrem Gegenüber freundlich zu. Finden die Krabbelgruppen regelmäßig statt, erkennen sich die Babys schon nach kurzer Zeit wieder und können so allererste Beziehungen knüpfen.

Vorsicht Falle!

Damit Sie und Ihr Baby möglichst viel Spaß an der Gruppe haben, ist es wichtig, dass Sie nicht in die Vergleichs-Falle tappen. Sich mit anderen zu vergleichen, schafft oft ungute Gefühle. Wenn Sie anfällig dafür sind, können Sie Ihrem Wohlbefinden zuliebe die Gruppenstunde einfach ausfallen lassen, wenn Sie oder Ihr Kind einmal einen schlechten Tag haben.

Babykurse im Überblick

Die Auswahl an unterschiedlichsten Eltern-Kind-Kursen ist riesengroß. Hier finden Sie einen raschen Überblick über die beliebtesten und häufigsten Konzepte. Je nach persönlicher Neigung können Sie aus eher musisch- oder bewegungsorientierten Angeboten auswählen.

- **Babymassage:** Babymassage ist schon für ganz kleine Babys ein Genuss. Die liebevollen Berührungen vermitteln den Kleinen Sicherheit und Geborgenheit. Und ganz nebenbei vertieft sich auch die Eltern-Kind-Bindung. Kurse können bereits ab der sechsten Lebenswoche besucht werden und machen bis zum sechsten Monat Spaß. Danach wollen die Babys sich lieber selbst bewegen.
- **Babyschwimmen:** Im beheizten Wasser können die Babys spielerisch ihre Muskulatur und den Gleichgewichtssinn trainieren. Zudem stärkt der enge Hautkontakt die Eltern-Kind-Bindung, für Väter eine tolle Gelegenheit, ihrem Kind nah zu sein. Diese Kurse eignen sich ab drei Monaten, wenn die Kopfkontrolle sicher klappt.
- **Emmi-Pikler-Kurse:** »SpielRaum«-Gruppen, die auf dem pädagogischen Konzept von Emmi Pikler beruhen, sind besonders für Eltern geeignet, die sich in ihrer Rolle noch unsicher fühlen, da ihr Fokus darauf liegt, das eigene Kind besser verstehen zu lernen. Die Gruppen finden in einem Raum statt, in dem speziell vorbereitete Spiel- und Bewegungsmaterialien zur Verfügung stehen. Die Kinder dürfen alles selbstständig erkunden, während die Eltern sich in der Rolle der Beobachter im Hintergrund aufhalten. Die Gruppen beginnen im Alter von drei Monaten und laufen weiter bis zum Kindergartenalter.
- **FenKid:** Der Kurs basiert auf pädagogisch erprobten Konzepten von Emmi Pikler, Maria Montessori, Elfriede Hengstenberg und Jesper Juul. In der Gruppe können junge Eltern lernen, wie sie die Bewegungs- und Persönlichkeitsentwicklung ihres Kindes verstehen und feinfühlig unterstützen können. Die Kurse gibt es für unterschiedliche Altersstufen von 3 bis 18 Monaten.
- **Musikgarten oder Babysingen:** Gemeinsames Singen und Musizieren fördert nicht nur die Sprachentwicklung, sondern auch den Gleichgewichtssinn, das Rhythmusgefühl und die emotionale Ausgeglichenheit. Ideal sind Musikgruppen für alle Eltern, die Spaß am gemeinsamen Singen und Musizieren haben. Je nach Anbieter gibt es Kurse vom Säuglings- bis zum Kindergartenalter.
- **PEKiP:** Das bekannte Prager-Eltern-Kind-Programm ist ein fortlaufender Kurs für das gesamte erste Lebensjahr. Ziel der Gruppe ist es, die Eltern für die kindliche Entwicklung und ihre Bedürfnisse zu sensibilisieren. Eine Besonderheit des Konzepts besteht darin, dass die Kinder in der Gruppenstunde nackt in einem gut geheizten Raum spielen dürfen. Dadurch soll die motorische Entwicklung optimal gefördert werden.

Stillen und Ernährung

Stillen – das Beste für Ihr Kind

Wie schön, dass Sie Ihr Baby einfach nur an die Brust zu nehmen brauchen, wenn es Zeit für seine Mahlzeit ist! Fix und fertig und optimal temperiert bekommt es augenblicklich seine Milch und Sie können sicher sein: Die Nährstoffe darin sind jederzeit optimal auf die Bedürfnisse Ihres Babys abgestimmt. Es erhält Eiweiß, Fette und Kohlenhydrate in genau der Zusammensetzung, die seinem Geschlecht und seiner Entwicklung entsprechen und die sein Stoffwechsel am besten verwerten kann. Die Zusammensetzung der Muttermilch orientiert sich von Natur aus an den individuellen Bedürfnissen eines jeden Babys in jedem Alter. So variiert der Nährstoffgehalt nicht nur je nach Tageszeit, selbst im Verlauf jeder einzelnen Mahlzeit verändert er sich auf eine für das Baby ganz und gar optimale Weise. Jede einzelne Mahlzeit besteht sozusagen aus Vorspeise, Hauptgericht und Nachtisch, und das Frühstück Ihres Babys setzt sich an der Brust etwas anders zusammen als sein Mittag- oder Abendessen.

Wie oft trinkt das Baby?

Am Anfang sind alle Eltern überrascht, wie oft ihr kleines Baby trinken will. Wenn es weint, fragen sie sich natürlich als Erstes: Kann mein Kind denn schon wieder Hunger haben? Selbst wenn gerade erst eineinhalb oder zwei Stunden vergan-

gen sind, seit das Baby gefüttert wurde, lautet die Antwort: Es kann (siehe auch Seite 22)!

Muttermilch ist sehr leicht verdaulich, deshalb meldet sich im Durchschnitt alle zweieinhalb Stunden der Hunger, anfangs rund um die Uhr. Sie werden jedoch feststellen, dass Ihr Baby nicht in absolut regelmäßigen Abständen trinkt, kein Baby tut das. Im Tagesverlauf sind die Pausen zwischen den Mahlzeiten unterschiedlich lang. Da gibt es beispielsweise das sogenannte »Cluster-Feeding«, die gehäuften kleinen Abendmahlzeiten, die im zweiten und dritten Lebensmonat typisch sind und sich auch über ein paar Stunden hinziehen (siehe Seite 79). Dafür kann das Baby zur Mittagszeit auch einmal drei Stunden Pause machen. So ergibt sich oft ein individuelles Muster, das mehrere Tage ähnlich verläuft – bis es wieder auf den Kopf gestellt wird, wenn das Baby einen Wachstumsschub und plötzlich wieder »ständig« Hunger hat.

Je jünger ein Kind ist, desto häufiger kommt dies vor, anfangs etwa alle vier Wochen: Das Baby muss dann zwei bis fünf Tage lang häufiger als sonst trinken, um die Milchproduktion anzukurbeln. Erst wenn sich ein neues Gleichgewicht von Angebot und Nachfrage eingestellt hat, ist die Welt wieder in Ordnung. In der Milchbildung gilt: Die Nachfrage regelt das Angebot. Stillen Sie deshalb Ihr Baby nach Bedarf. Einfacher geht es nicht! Wenn Ihr Kind rund um die Uhr trinken will und Sie das Gefühl haben, Ihr Leben besteht nur noch aus Stillen, trösten Sie sich: Diese Phase durchleben alle stillen-

TIPP Achten Sie gut auf sich

Milchbildung und Milchfluss werden sowohl hormonell als auch vegetativ gesteuert. Deshalb funktioniert alles viel besser, wenn Sie sich in der Stillzeit gut um sich selbst kümmern. Legen Sie sich, so oft es geht, gemeinsam mit Ihrem Baby tagsüber hin, versuchen Sie Haushaltspflichten zu delegieren, ausgewogen zu essen und viel zu trinken. In der Pflanzenheilkunde gelten Anis, Fenchel, Kümmel, Dill, Brennnesseln und Bockshornkleesamen milchbildungsfördernd. Auch B-Vitamine, Lecithin, Calcium und Malz tun erfahrungsgemäß während der Stillzeit gut. Entspannen Sie sich beim Stillen: Ist es nicht wundervoll, Ihr zufrieden saugendes Baby zu betrachten? Genießen Sie die zeitlosen, intensiven Momente mit ihm, darin liegt eine Kraftquelle für Sie.

den Mütter. Sie geht wieder vorbei und bald spielt sich alles wieder ein!

Eine oder beide Seiten geben?

Lassen Sie Ihr Baby grundsätzlich an einer Seite trinken, bis es damit aufhört, und bieten Sie ihm daraufhin die zweite Seite an. An der kann es trinken, wie es möchte: lange, kurz oder gar nicht. In der Stillberatungspraxis passen wir diese Grundregel allerdings der individuellen Situation an, je nachdem, ob die Brust einer Mutter eher viel oder wenig Milch bildet.

Die Milchmenge verringern

Neigt die Brust dazu, ein Überangebot an Milch zu bilden, ist das für das Baby nicht immer ganz einfach und kann Trinkprobleme verursachen. Wenn ihm die Milch zu stark in den Mund spritzt, fällt es ihm schwer, seinen Saug-Schluck-Atem-Rhythmus zu koordinieren. Es verschluckt sich leicht, dabei gelangt auch viel Luft in den Bauch, sodass es sich hinterher aufgebläht fühlt und immer wieder aufstoßen muss. Dann ist es besser, ihm bei jeder Mahlzeit nur eine Seite zu geben. Das reduziert die Milchmenge ganz sanft und hilft dem Baby, ruhiger zu trinken. Braucht Ihr Baby sehr häufige kleine Mahlzeiten, legen Sie es innerhalb von zwei bis drei Stunden immer wieder an derselben Brust an, danach genauso lange an der anderen.

Die Milchmenge steigern

Neigt die Brust dazu, eher wenig Milch zu bilden, sollte das Baby bei jeder Mahlzeit an beiden Brüsten angelegt werden und an jeder Seite so viel und so lange wie möglich trinken dürfen. So wird die Milchbildung an jeder Brust häufiger stimuliert und darauf kommt es in diesem Fall ganz wesentlich an.
Dabei gehen Sie so vor: Beobachten Sie Ihr Baby beim Trinken an der ersten Seite. Sobald es vom konzentrierten und intensiven Saug-Schluck-Rhythmus auf ein langsameres Trinkmuster übergeht und weniger häufig schluckt, lösen Sie sanft das Saugvakuum (siehe Seite 18) und legen das Baby an die andere Brust. An der zweiten Seite wird Ihr Kind zuerst noch einmal eine gute, konzentrierte Trinkphase haben, danach wird es langsamer trinken und schließlich nur noch nuckeln – das darf es dann so lange es will. Bei Bedarf können Sie auch mehrmals während einer Mahlzeit die Seiten wechseln, damit Ihr Baby mehr trinkt.

TIPP **Die Milchmenge regulieren**

Je mehr Milch Ihr Baby beim Stillen trinkt, um so mehr Milch wird Ihr Körper bilden. Die Nachfrage regelt das Angebot, ganz automatisch. Dafür sorgt ein komplexes Nachrichtensystem zwischen Hormonen und Nerven: Während das Baby trinkt, melden die Nervenenden in den Brustwarzen den Saugreiz an das hormonelle Zentrum im Gehirn. Dieses schickt milchbildende Hormone zu den Brustdrüsen, die daraufhin bereit sind, die entsprechende Menge Milch zu bilden. Das heißt: viel Saugreiz, viel Milch – kein Saugreiz, keine Milch. Dieser hormonelle Regelkreis funktioniert absolut verlässlich, aber er wirkt nicht unmittelbar, sondern zeigt seinen Effekt erst nach einigen Tagen. Das ist eine Eigenart aller hormonellen Regelkreise unseres Körpers. Wenn sich also während eines Wachstumsschubs der Bedarf des Babys plötzlich stark verändert, dauert es ein paar Tage, bis die mütterliche Brust sich auf den Mehrbedarf eingestellt hat und mehr Milch bildet. Lassen Sie Ihr Kind vorübergehend einfach entsprechend häufiger trinken und haben Sie Geduld – innerhalb weniger Tage passt sich die Milchmenge neu an, die anstrengende Zeit ist vorüber und Ihr Kleines wird wieder satt und zufrieden sein.

Umgekehrt reguliert sich die Milchmenge natürlich auch: Wenn es öfters vorkommt, dass Ihr Baby durchschläft, eine Mahlzeit ausfallen lässt und Ihre Brust daher nachts zu prall wird, drosselt Ihr Körper um diese Zeit die Milchproduktion automatisch.

Ist das Bäuerchen wichtig?

Meistens schluckt ein Baby bei jeder Stillmahlzeit auch ein wenig Luft, die es nach dem Stillen aufstoßen muss. Vielleicht braucht es auch schon mal zwischendurch eine kurze Pause für das Bäuerchen. Nehmen Sie Ihr Baby dazu so auf den Arm, dass es aufrecht sitzend über Ihre Schulter schaut. Klopfen Sie mit der flachen Hand immer wieder leicht von unten nach oben über seinen Rücken. Schützen Sie Ihre Kleidung mit einer Mullwindel, denn oft kommt mit dem Bäuerchen auch ein wenig Milch.

Wenn das Baby sehr viel Luft geschluckt hat, bekommt es nach dem Aufstoßen vielleicht noch einmal Hunger, denn mit der Luft verschwindet auch das Völlegefühl. Sind erst ein paar Minuten vergangen, seit es getrunken hat, sollten Sie ihm in diesem Fall noch einmal die Brust anbieten. Andernfalls können Sie damit rechnen, dass es sich früher als sonst zur nächsten Mahlzeit melden wird.

Wenn Sie keinen Erfolg haben, hören Sie ruhig nach etwa einer Minute damit auf, dem Baby auf den Rücken zu klopfen. Wenn es dann etwas später bereit zum Aufstoßen ist, sehen Sie ihm das an: Es fühlt sich deutlich unwohl, wird unruhig, macht ein unbehagliches Gesicht, weint, kann nicht einschlafen. Wenn Sie es nun wieder in »Bäuerchen«-Haltung nehmen, stößt es wahrscheinlich mühelos auf und fühlt sich wieder gut.

Diese Art der Unruhe zeigt es auch schon während der Mahlzeit, wenn es aufstoßen muss. Grundsätzlich gilt: Je hastiger ein Baby trinken muss – also je intensiver die Milch ihm zufließt –, desto mehr Luft schluckt es automatisch während des Trinkens. Und umgekehrt: Je entspannter es trinken kann, desto weniger dringend wird es anschließend ein Bäuerchen machen müssen. Nachts ist das Bäuerchen danach deshalb oft überhaupt kein Thema. Wenn Ihr Baby satt an Ihrer Brust eingeschlafen ist, lassen Sie es einfach weiterschlafen.

Was tun, wenn das Baby nach dem Trinken spuckt?

Spucken ist in den ersten Monaten vollkommen normal und kein Anlass zur Sorge, egal ob die Milch dabei sanft aus dem Mund rinnt oder in einem kleinen Schwall nach oben kommt. Durch die zunehmende Entwicklung des Babys gibt sich das Spucken mit der Zeit ganz von selbst – ab dem vierten bis sechsten Monat werden Sie bemerken, dass das Baby immer seltener spuckt. Übrigens: Spucken bedeutet nicht, dass Ihr Baby zu viel getrunken hat.

Auch wenn es nach jeder Mahlzeit einen Teil der Milch wieder ausspuckt, sollten Sie Ihr Kind immer so lange trinken lassen, bis es die Brust von selbst loslässt und damit zeigt, dass es genug hat. Spuckt Ihr Baby kurz nach der Mahlzeit, legen Sie es am besten gleich noch einmal an.

Solte Ihr Baby regelmäßig sehr viel Milch spucken, können Sie es mit folgenden Tricks versuchen: Stillen Sie Ihr Baby bevorzugt in der Wiegehaltung (siehe Seite 19) und halten Sie es während der Stillmahlzeit ein wenig aufrechter als gewohnt, sodass sein Po tiefer liegt als sein Oberkörper. Vermeiden Sie nach dem Stillen jede abrupte Lageveränderung, schnelle Bewegungen und Hopsen. Auch die Bauchlage ist jetzt ungeeignet.

Extrem starkes Spucken

Im Unterschied zum Spucken handelt es sich um Erbrechen, wenn der gesamte Mageninhalt in hohem Bogen herausschießt, manchmal einen Meter weit. Das kann gelegentlich passieren und ist bei einem gesunden Baby, das gut gedeiht, kein Grund zur Besorgnis. Solange ein Baby normal zunimmt, gelangt auch genügend Nahrung in seinen Darm. Schlechtes Gedeihen und geringe Gewichtszunahme hingegen können darauf hinweisen, dass hinter dem Spucken eine Erkrankung steht, zum Beispiel ein Reflux oder ein Magenpförtnerkrampf (Pylorusstenose). Dann braucht das Baby medizinische Hilfe. Vielen Babys, die zwar gut gedeihen, aber übermäßig viel und lange spucken, kann homöopathisch oder osteopathisch geholfen werden. Diese naturheilkundlichen Therapien behandeln das Spucken auf einer tieferen Ebene des Organismus, beseitigen dieses Symptom und fördern insgesamt die Gesundheit des Babys.

Bekommt das Baby auch genug?

Alle jungen Eltern fragen sich, ob ihr Baby wirklich satt wird. Sie können diese Frage auch ohne Waage beantworten: seine Windeln geben eine verlässliche Antwort. Zählen Sie, wie viele nasse Windeln und wie viele Stuhlwindeln Ihr Baby im Verlauf von 24 Stunden produziert. Das Baby bekommt genug Milch:

- Wenn es ab dem dritten bis vierten Lebenstag sechs bis acht nasse Stoff- oder fünf bis sechs Wegwerfwindeln hat.
- Wenn darunter ab dem vierten Tag in den ersten vier bis sechs Wochen mindestens drei volle Stuhlwindeln sind. Danach nimmt die Häufigkeit des Stuhlgangs bei gestillten Babys ab.

71

Trinkt das Baby genug?

Ihr Baby muss unbedingt mehr trinken, wenn die Windeln seltener nass werden oder der Urin dunkelgelb ist und intensiv riecht. Stillen Sie dann öfter und länger, auch nachts. Lassen Sie sich von Ihrer Hebamme dabei helfen, Ihre Milchmenge zu steigern. Scheuen Sie sich niemals, Ihre Hebamme oder Kinderärztin anzurufen, wenn das Verhalten Ihres Babys Ihnen Sorgen macht. Ein Baby, das viel zu wenig getrunken hat, kann sogar zum Weinen zu kraftlos sein und auffällig viel schlafen. Auf Seite 90 lesen Sie mehr über die normale Gewichtszunahme.

Gestillte Babys kann man nicht überfüttern

Manche Mütter fragen sich unsicher, ob sie ihr Baby zu häufig anlegen, wenn sie die Speckfalten an Händen und Beinchen betrachten. Aber selbst wenn Ihr Baby ziemlich rundlich wirkt, dürfen Sie sicher sein: Bei ausschließlich gestillten Babys gibt es keine Überernährung. Es ist schlicht unmöglich, einem Baby an der Brust mehr zu geben, als es benötigt. Beim Stillen regulieren Babys ihre Nahrungsmenge so, wie sie es benötigen, und vor allem passt sich der Nährwert- und Kaloriengehalt der Muttermilch automatisch haargenau an den altersgerechten Bedarf des Babys an. Kommt nach der Mahlzeit Milch wieder hoch und fließt dem Baby aus dem Mund, heißt das nicht, dass es »überfüllt« ist, sondern dass zu viel Luft im Bauch ist, die das Spucken verursacht. Kinder wachsen abwechselnd in die Breite und in die Länge, in einem Ausmaß, das ihre Erbanlagen bestimmen.

Braucht ein gestilltes Baby auch Tee oder Wasser?

Wenn Ihr Baby gesund ist und Sie es nach Bedarf stillen, wird es durch Ihre Brust mit allem versorgt, was es braucht – mit ausreichend Nährstoffen für den Hunger und genügend Flüssigkeit für den Durst. Das gilt ebenso in der trockenen Heizungsluft des Winters wie in der größten Sommerhitze – allerdings hat Ihr Kind dann einen erhöhten Flüssigkeitsbedarf und will öfter und kürzer trinken. Auf diese Weise stillt es seinen Durst mit dem gesündesten Getränk, das die Welt ihm bietet.

Der natürliche Stillrhythmus

Beim »Stillen nach Bedarf« wird nicht nach der Uhr gestillt und auch nicht nach irgendwelchen anderen Regeln. Wenn ein Baby immer dann an die Brust gelegt wird, wenn es danach verlangt, finden Mutter und Kind ihren eigenen, gerade passenden Rhythmus. Das heißt aber nicht, dass Sie Ihr ganzes Leben nur nach den Bedürfnissen Ihres Babys ausrichten müssen. Denn natürlich ist es möglich, den Stillrhythmus sanft zu beeinflussen und Ihr Baby auch einmal anzulegen, ohne dass es von selbst nach der Brust verlangt: zum Beispiel bevor Sie beide aus dem Haus gehen, wenn Sie unterwegs nicht stillen möchten oder bevor das Baby einschläft, damit es nicht vorzeitig von Hunger geweckt wird. Auch wenn Ihr Kleines beispielsweise nachts fünfzehn Mal trinkt und tagsüber nur drei Mal, ist es schon allein Ihrem Nervenkostüm zuliebe besser, darauf Einfluss zu nehmen, wann Ihr Baby seinen Bedarf stillt und es in diesem Fall tagsüber häufiger anzulegen (siehe auch ab Seite 138).

Unterwegs stillen

Gerade unterwegs zeigt sich, wie unkompliziert und hygienisch das Stillen im Vergleich zum Fläschchen geben ist! Hunger und Durst stillt das Baby einfach an der Brust der Mutter – jederzeit und überall kann es seine wohltemperierte und reine Milch bekommen. Was muss nicht schon alles mitgeschleppt werden, damit das Baby sich unterwegs wohlfühlt! Doch wo immer Sie sind, Sie können Ihr Still-Baby an der Brust sättigen und beruhigen und müssen dafür nicht den geringsten Extra-Aufwand in Kauf nehmen.

Am besten planen Sie bei jedem Ausflug mindestens eine Stillmahlzeit mit ein. Praktisch ist stillfreundliche Kleidung, die es Ihnen erlaubt, Ihrem Baby fast unbemerkt die Brust zu geben. Das klappt besonders gut, wenn Sie Ihr T-Shirt oder Ihre Bluse von unten her anheben. Zusätzlich können Sie ein dünnes Schaltuch um Oberkörper und Baby drapieren und sich so vor neugierigen Blicken schützen.

Brustprobleme? So schaffen Sie Abhilfe

Wenn die Brust einmal schmerzt oder sich rötet, ist rasche Hilfe nötig. Gönnen Sie sich unbedingt mehr Ruhe, nehmen Sie jede Unterstützung an und suchen Sie gemeinsam mit Ihrem Partner nach Entlastungsmöglichkeiten.

Wunde Brustwarzen

Empfindliche oder wunde Brustwarzen entstehen meist dadurch, dass das Baby die Brustwarze beim Trinken nicht ganz

richtig im Mund hat. Lassen Sie sich deshalb von einer Fachfrau bei einer ganzen Stillmahlzeit zusehen, um herauszufinden, was Sie besser machen könnten.

Schützen Sie die zarte Haut beim Stillen vor unnötiger Reibung, die schnell zu feinen Rissen führen kann: Wenn Brustwarze und Vorhof durch die Stilleinlage sehr trocken sind, können die Lippen Ihres Babys vielleicht nicht gut gleiten, dann werden sie beim Ansaugen nach innen gezogen und reiben. Feuchten Sie die Haut mit ein paar Tropfen Ihrer Milch an oder fetten Sie sie mit ein klein wenig Mamillen-Lanolin (»Purelan«, in der Apotheke erhältlich) ein, um das richtige Ansaugen zu erleichtern.

Grundlegende Pflege: Lassen Sie nach dem Stillen den Milch-Speichel-Rest auf der Haut trocknen, denn er schützt und wirkt leicht antibakteriell. Wolle-Seide-Stilleinlagen sind luftdurchlässig und

Praktisch, einfach und jederzeit verfügbar: Stillen kann man überall – zu Hause, auf einer Parkbank oder im Café.

TIPP Sanfte Heilung für wunde Brustwarzen

- Legen Sie Ihr Baby häufiger an, damit es nicht aus Heißhunger besonders kräftig zupackt. Geben Sie ihm bei jeder Mahlzeit zuerst die heile Brust, dann tut das erste Ansaugen weniger weh.
- Tragen Sie nach dem Stillen und auf die angetrocknete Muttermilch reichlich Mamillen-Lanolin auf, das bewahrt den natürlichen Feuchtigkeitsfilm der Haut. Sie brauchen es vor dem nächsten Stillen nicht abzuwaschen.
- Hydrogel-Pads wirken schmerzlindernd und angenehm kühlend. Sie können im Kühlschrank zusätzlich gekühlt werden.
- Silberkappen (www.silverette.de) schützen wunde Brustwarzen sofort, z. B. vor Verkleben mit Stilleinlagen und Reibung mit Stoff (in Apotheken und Drogerien erhältlich).
- Wenn Sie bei jedem Anlegen große Schmerzen haben, schützt ein Stillhütchen Ihre Brustwarze, während das Baby trinkt. Erhältlich in drei Größen (gibt es in Apotheken und Drogerien).
- Bei kleinen Wunden hilft Lasertherapie am schnellsten, das kleine Gerät »Lumifem« gibt es zum Ausleihen (www.lumifem.de).

hautpflegend, bei gereizter Haut empfehlen sich statt Einlagen kleine Silberkappen (www.silverette.de). Sollte einmal Ihre Kleidung mit der Brustwarze verkleben, dann lösen Sie sie ganz vorsichtig mit viel Wasser, möglichst ohne zu zerren. Vitamin C und Beta-Karotin stärken die Hautgesundheit. Sanddorn, Aprikosen, Kiwis und Möhren sind besonders reich an diesen Vitaminen.

Milchstau

Wenn Milch nicht rechtzeitig oder nicht ausreichend abfließt, sondern sich in den Brustdrüsen staut, wird die Brust an manchen Stellen fest, hart und schmerzhaft. Man kann die betroffenen Brustdrüsen tasten, sie fühlen sich groß, prall und »knotig« an und tun bei Berührung und Bewegung weh. Sollten Sie diese Symptome bei sich beobachten: Bitte nicht abwarten! Stattdessen sollten Sie ohne Verzögerung alles tun, damit die Milch in Fluss kommt.

Nichts holt die Milch so effektiv aus Ihrer Brust wie Ihr Baby: Durchwärmen Sie die Brust unter der heißen Dusche oder mit sehr warmen Umschlägen und legen Sie dann das Baby an und zwar so oft und so lange wie möglich. Reicht diese Maßnahme allein nicht aus, hilft das Ausstreichen der Brust per Hand, dem eine lockernde Marmet-Brustmassage vorausgeht – lassen Sie sich das von Ihrer Hebamme oder Stillberaterin zeigen. (Eine Video Anleitung findet sich auf der DVD »Mamas Milch«, siehe Seite 187.) Nach dem Stillen oder Ausstreichen kühlen Sie die Brust mit Coolpacks, kühlen Kohl- oder Quarkumschlägen, die Sie so lange wie möglich auf der Brust belassen und erst wechseln, wenn sie nicht mehr kühlen. Direkt vor dem nächsten Stillen muss die Brust wieder durchwärmt werden.

Ein Milchstau kann sich entwickeln, wenn das Baby einmal eine längere Trinkpause zwischen zwei Stillmahlzeiten einlegt. Daneben kommen viele weitere mögliche Ursachen in Betracht, die mithilfe einer Fachfrau herausgefunden und beseitigt werden müssen, wenn es öfters zum Milchstau kommt. Stress beziehungsweise nicht genügend Ruhe im Alltag stehen oft damit in Zusammenhang.

Brustentzündung

Aus einem nicht ausreichend behandelten Milchstau kann sich schnell eine Brustentzündung (Mastitis) entwickeln, weil körperwarme Milch ein idealer Nährboden für vorhandene, entzündungserregende Keime darstellt. Diese können aber auch über feine Hautwunden in der Brustwarze eindringen, dann entwickelt sich die Brustentzündung auch ohne vorangehenden Milchstau. Um die Gefahr einer infektiösen Brustentzündung zu verringern, ist besonders häufiges Händewaschen beim Umgang mit der Brustwarze wichtig.

Zum Arzt!

Wenn die getroffenen Maßnahmen nicht innerhalb von 24 bis 48 Stunden zu einer deutlichen Besserung führen, gehen Sie bitte zum Arzt. Antibiotika sind dann sinnvoll und mit dem Stillen verträglich. Das Weiterstillen wird von Experten dringend geraten, weil es einen guten Verlauf unterstützt. Bei Fieber unbedingt Bettruhe einhalten und ausreichend trinken!

Die Symptome des Milchstaus und der Brustentzündung sind anfangs nicht zu unterscheiden und gehen ineinander über. Von einer Brustentzündung geht man dann aus, wenn die Brust nicht nur schmerzt, sondern auch stellenweise gerötet ist, außerdem das Stillen erschwert und sehr schmerzhaft ist. Fieber, Kopf- und Gliederschmerzen kommen oft hinzu. Hier kommt es, ebenso wie beim Milchstau, vor allem darauf an, die Brust zu entleeren. Umschläge (siehe Milchstau) und Homöopathie sind sehr bewährte Behandlungsmöglichkeiten.

Die Ernährung mit dem Fläschchen

Muttermilch stellt die beste und natürlichste Nahrung für jedes Kind dar. Trotzdem ist es natürlich möglich, Babys von Anfang an mit dem Fläschchen zu ernähren. Wenn Sie Ihr Baby nicht stillen, brauchen Sie für seine Ernährung eine geeignete Formulamilch. Das ist die korrekte Bezeichnung für Säuglingsmilchnahrung, die Sie kaufen können – wir verwenden hier diesen einfachen Fachbegriff, um nicht umständlich »industriell hergestellte Säuglingsmilchnahrung« sagen zu müssen in Abgrenzung zu Muttermilch, der natürlichen Säuglingsmilchnahrung.
Eltern erzählen uns oft, dass sie vollkommen ratlos vor den Verkaufsregalen stehen und befürchten, sich in der übergroßen Auswahl an Produkten niemals zurechtzufinden, ohne zuvor einen Kurs absolviert zu haben. Dabei ist das System eigentlich recht einfach: Formulamilch unterteilt sich in erster Linie nach Altersstufen. Für jede Altersgruppe gibt es unterschiedliche Qualitäten für spezielle Befürfnisse, die jeweils eigene Herstellungsverfahren und Zusätze aufweisen.

In den ersten Monaten am besten Pre-Milch

In den ersten Lebensmonaten stehen für ein Baby, das nicht gestillt wird, sowohl Pre-Milch als auch Anfangsmilch 1 zur Auswahl. Der entscheidende Unterschied besteht in der Zusammensetzung: Pre-Milch folgt in der Mixtur der Hauptnährstoffe Kohlenhydrate, Fette und Eiweiß weitgehend dem Vorbild der Muttermilch. Sie enthält gesättigte und

Welche Formulamilch in welchem Alter?

Handelsübliche Bezeichnungen	Geeignete Altersgruppe
Pre-Milch HA-Pre	Von Geburt an, keine Umstellung auf Folgemilch erforderlich
Anfangsmilch 1 HA-1	Von Geburt an, keine Umstellung auf Folgemilch erforderlich
Folgemilch 2 HA-2	Nach dem 6. Monat = ab dem 7. Lebensmonat

ungesättigte Fettsäuren im Verhältnis 1:1. Außerdem verwendet sie als einziges Kohlenhydrat Milchzucker und verzichtet vollständig auf den Zusatz von Getreidestärke und weiteren Zuckerarten, die in der Anfangsmilch 1 ebenso wie in jeder Folgemilch zum Einsatz kommen.

Damit hat Pre-Milch einen Vorteil, den keine andere Formulamilch bietet: Sie darf ebenso wie Muttermilch ganz nach Bedarf gegeben werden, denn es besteht keine Gefahr, das Baby mit ihr zu überfüttern. Wenn Ihr Kind also während der häufigen Wachstumsschübe in den ersten Monaten mehr trinken möchte als sonst, brauchen Sie nicht pingelig darüber Buch zu führen, wie viele Milliliter es im Laufe des Tages und der Nacht bekommen hat. Sie dürfen Ihr Baby immer so viel davon trinken lassen, wie es sein Hunger oder Durst gerade verlangt. Dadurch ist das Füttern viel entspannter. Nur Pre-Milch kann deshalb streng genommen als Muttermilchersatznahrung gelten.

Folgemilch

Für Babys ab dem siebten beziehungsweise achten Monat werden Folgenahrungen mit der Nummer 2 und 3 angeboten. Auch sogenannte Juniormilch ist auf dem Markt. All diese Milchnahrungen enthalten mehr Stärke und Zucker, als ein Baby oder Kleinkind zum Wachsen benötigt. Sie müssen streng nach Herstellerangaben dosiert werden, um eine Überernährung zu vermeiden.

Braucht Ihr Baby HA-Milch?

Pre-Milch oder Anfangsmilch gibt es bei verschiedenen Herstellern auch in der Qualität »Hypoallergen«. Dafür steht die Abkürzung HA und bedeutet, dass die Eiweißmoleküle in dieser Formulamilch verändert wurden, um einer allergischen Überreaktion des Immunsystems vorzubeugen. Einen Vorteil von HA-Formulamilch, die etwas teurer ist und leicht bitter schmeckt, haben ausschließlich Babys mit erhöhtem Allergierisiko in ihren ersten vier Lebensmonaten. Für alle Säuglinge

Keine HA-Milch bei Laktoseunverträglichkeit!

Für Babys mit bestehender Milchallergie ist HA-Formulamilch schädlich. Sie müssen nach Absprache mit dem Kinderarzt mit einer Spezialnahrung gefüttert werden.

ab dem fünften Lebensmonat bringt HA-Formulamilch keine Vorteile mehr, ebenso wenig wie für kleinere Babys ohne ein erhöhtes Allergierisiko. Von einem erhöhten Allergierisiko beim Baby geht man aus, wenn mindestens ein Mitglied seiner engsten Familie – Eltern oder Geschwister – eine Allergie hat, egal welcher Art. Haben beide Eltern dieselbe Allergie, ist das kindliche Risiko noch höher.

Qualität der Formulamilch

Alle Hersteller von künstlicher Säuglingsnahrung bemühen sich, die Qualität der Muttermilch so weit wie nur möglich nachzuahmen, auch wenn diese viele Stoffe enthält, die sich heute noch nicht künstlich herstellen lassen. Bei manchen Substanzen ist ein Weg gefunden worden und sie werden Formulamilch zugesetzt – beispielsweise Omega-Fettsäuren und sogenannte Probiotika, also Vorstufen von lebenswichtigen Darmbakterienkulturen. Beide sollen einen ähnlichen Schutz verleihen, wie ihn die Muttermilch für den Darm des Babys bereitstellt. Bisher gibt es jedoch noch keine Möglichkeit, die vielfältigen mütterlichen Immunschutzfaktoren der Muttermilch in künstlicher Säuglingsnahrung nachzuahmen. So ist das Risiko für Infektionskrankheiten bei nicht gestillten Säuglingen erhöht.

Auch Herstellungsfehler wie die falsche oder unzureichende Zusammensetzung der Nährstoffe kommen vor, und bakterielle Verunreinigungen stellen eine weitere Gefahrenquelle dar. Trotz der strengen EU-Richtlinien zeigt sich an den gelegentlichen Rückrufaktionen von Herstellern, welche Gefahren in diesen industriell gefertigten Produkten auch hierzulande lauern können. Als Eltern sollten Sie deshalb besonders gut auf die richtige Zubereitung und auf die Hygiene achten, denn hier haben Sie Einfluss.

Das richtige Wasser fürs Baby

In Deutschland wird das Leitungswasser gut kontrolliert und ist in der Regel einwandfrei. Verunreinigungen sind allerdings durch die hausinternen Wasserleitungen durch Blei-, aber auch

Verwirrende Begriffe – schnell erklärt

Pre	Lateinische Vorsilbe: vorne; selbe Bedeutung wie Prae Pre-Milch: Formulamilch, die von Geburt an geeignet ist Prebiotika: selbe Bedeutung wie Prae-Biotika. Biotika bezieht sich auf Mikroorganismen wie Bakterien, Bazillen etc.
Prae	Lateinische Vorsilbe: vorne Prae-Biotika: Lebensmittel-Zusätze in Form von löslichen Ballaststoffen – wie Oligofructose, Inulin –, die unverdaut in den Dickdarm gelangen. Dort sollen sie probiotischen Mikroorganismen als Nahrung dienen und deren Aktivität fördern.
Pro	Lateinische Vorsilbe: für Probiotika: Lebensmittel-Zusätze in Form von lebenden Mikroorganismen – wie Laktobazillen –, die das Mikroben-Gleichgewicht im Darm positiv beeinflussen sollen.

Das Fläschchen zubereiten

Bei der Zubereitung des Fläschchens ist es vor allem in den ersten Lebensmonaten wichtig, dass Sie auf Hygiene und Sauberkeit achten. So verhindern Sie, dass schädliche Keime und Erreger in die Milch Ihres Babys geraten und ihm Schaden zufügen. Darauf kommt es an:

- Bereiten Sie jedes Fläschchen erst unmittelbar vor der Mahlzeit frisch zu und wärmen Sie Reste von vorangegangenen Mahlzeiten niemals ein zweites Mal auf - sie sind ein idealer Nährboden für Keime!
- Waschen Sie sich vor der Zubereitung gründlich die Hände.
- Kochen Sie immer frisches Wasser ab und verwenden Sie kein mehrfach abgekochtes. Sie können das frisch abgekochte Wasser allerdings für 12 Stunden in einer Thermoskanne warm halten, die Sie aber nur zu diesem Zweck verwenden sollten.
- Lassen Sie das Wasser auf 50 °C abkühlen, bevor Sie es mit dem Pulver vermischen, um zu verhindern, dass durch die Hitze wichtige Nährstoffe zerstört werden.
- Verwenden Sie ausschließlich den der Milchpackung beigefügten Messlöffel. Füllen Sie diesen nur locker mit Pulver und streifen Sie es mit einem sauberen Messerrücken ab. Geben Sie mehr Pulver als angegeben in die Flasche, erhält Ihr Baby zu viel Eiweiß und Fett und gleichzeitig zu wenig Wasser. Das kann dazu führen, dass Ihr Kind Verstopfung oder Durchfall bekommt und außerdem zu viel zunimmt. Für die Nacht oder für unterwegs können Sie die abgemessene Menge

Milchpulver in einem trockenen Fläschchen gut verschlossen bereithalten.

- Legen Sie den Messlöffel immer sofort in die Packung zurück und verschließen Sie diese anschließend wieder möglichst dicht. Milchpulver ist ein idealer Nährboden für Bakterien und andere Krankheitskeime. Bewahren Sie es deshalb stets sorgfältig verschlossen und kühl auf und lagern Sie es nach der Öffnung nicht länger als drei Wochen.
- Beim Verschütteln des genau abgemessenen Milchpulvers mit dem richtig temperierten Wasser achten Sie darauf, dass sich nicht zu viel Schaum bildet, denn das kann zu Verdauungsproblemen und Bauchkrämpfen beim Baby führen.
- Lassen Sie die fertig angerührte Formulamilch schließlich auf eine Trinktemperatur von maximal 37 °C abkühlen, höhere Temperaturen könnten zu Verbrennungen führen. Ob es passt, überprüfen Sie, indem Sie ein paar Tropfen der fertigen Milch auf Ihr Handgelenk tropfen lassen. Die Milch muss sich angenehm warm anfühlen .
- Beginnen Sie anschließend sofort mit dem Füttern. Trinkt das Baby zügig bis zum letzten Schluck, kann das bedeuten, dass es noch mehr Hunger hat. Hier ist es ein Vorteil von Pre-Nahrung, dass Sie ihm ein weiteres kleines Fläschchen zubereiten und anbieten können.
- Bieten Sie Ihrem Baby auf keinen Fall übrig gebliebene Milch später wieder an, sondern schütten Sie diese immer weg. Wärmen Sie Reste nicht wieder auf!

Kupferrohre möglich. Wenn Sie ganz auf Nummer sicher gehen wollen, lassen Sie Ihr Trinkwasser analysieren. Dabei wird eine Wasserprobe auf die Schwermetalle Blei, Kadmium, Kupfer und Zink überprüft. Wenden Sie sich zu diesem Zweck an Ihr zuständiges Wasserwerk oder an die Verbraucherzentrale. In Zweifelsfällen können Sie für die Zubereitung von Formulamilch auch stilles Mineralwasser in Glasflaschen verwenden, auf denen vermerkt ist, dass das Wasser zur Zubereitung von Säuglingsnahrung geeignet ist.

Unerlässliche Hygiene

Da Säuglinge noch nicht an Keime gewöhnt sind, müssen Sie in den ersten drei Monaten das Fläschchen samt Zubehör nach jedem Gebrauch nicht nur gründlich reinigen, sondern auch sterilisieren. Egal, ob Sie Glas- oder Plastikflaschen, Latex- oder Silikonsauger verwenden: Spülen Sie direkt nach jeder Verwendung Flasche, Ring und Sauger gründlich in Spülmittel und entfernen Sie mit Flaschen- und Saugerbürsten sorgfältig alle Milchreste. Spülen Sie danach alles mit klarem Wasser ab. Anschließend sterilisieren Sie Flasche, Ring und Sauger entweder in einem elektrischen Dampf-Sterilisator oder durch Auskochen für fünf Minuten in sprudelnd heißem Wasser. Ab dem dritten Monat genügt der Heißspülgang der Spülmaschine. Ein Hygieneproblem bilden eher Keime, die in das Milchpulver gelangen, und solche, die sich in Fläschchen mit bereits zubereiteter Milch bilden.
Den Sauger sollten Sie vor jeder Verwendung auf Schadhaftigkeit und Risse untersuchen und spätestens alle sechs Wochen durch einen neuen ersetzen.
Tipp: Unschöne Kalkflecken vermeiden Sie, indem Sie destilliertes Wasser beim Auskochen verwenden.

Welches Material?

Ob Sie sich für Glas- oder Plastikflaschen entscheiden, ist reine Geschmackssache. Plastikflaschen sind leichter als Glasflaschen und können vom Baby schon früher selbst gehalten werden. Sie sehen allerdings durch das Reinigen schneller trüb und somit weniger appetitlich aus als Glasflaschen, deren Nachteil in ihrer Schwere und Zerbrechlichkeit liegt.
Latexsauger bestehen aus reinem Kautschuk und werden schneller unansehnlich. Außerdem leiden sie beim Sterilisieren und werden rascher porös. Silikonsauger bestehen aus synthetischem Material und sind haltbarer, können aber ebenfalls rissig werden und sind dann gesundheitsschädlich.

Bei der Ernährung mit Formulamilch ist Hygiene wichtig: Eine Flaschenbürste hilft bei der Reinigung der Milchfläschchen.

Alles für gesunden Schlaf

Babys Schlafrhythmus

Während Ihr Baby in der Gebärmutter stets gleichbleibend mit Nährstoffen versorgt war, muss es sich nach der Geburt erst allmählich daran gewöhnen, dass es nun in wiederkehrenden Abständen hungrig, satt und wieder hungrig wird. In den ersten Lebenstagen und -wochen stellen längere Essenspausen erst einmal eine Überforderung dar, egal ob sie tagsüber oder nachts stattfinden. Denn Neugeborene können noch keinen Unterschied zwischen Tag und Nacht machen – sie müssen schlafen, wenn sie satt sind, und werden wach, sobald sie wieder Hunger haben. Und das rund um die Uhr. Aber keine Sorge: alle Babys beginnen sich früher oder später langsam an den Tag-Nacht-Rhythmus anzupassen, der unser Leben bestimmt.

Der Tag-Nacht-Rhythmus

Tagsüber können Sie nach wenigen Wochen erkennen, dass die Wachphasen Ihres Babys nach dem Stillen und Wickeln immer länger werden. Bleibt ein Neugeborenes gerade mal ein halbes Stündchen nach den Mahlzeiten wach, so kann dasselbe Baby zwei Monate später durchaus eineinhalb Stunden aushalten, bevor es wieder müde wird. Den ganzen Schlaf, den Babys in diesem Alter zwischen Aufstehen am Morgen und Zubettgehen am Abend brauchen, holen sie sich meist noch relativ gleichmäßig über den Tag verteilt. Allmählich spielt es sich ein, dass Ihr Baby tagsüber noch drei bis vier

Mal schläft. Wobei die meisten Babys ihr erstes Tagesschläfchen bereits eineinhalb bis zwei Stunden nach dem Aufstehen am Morgen halten.

Nachts geben sich Babys in aller Regel schon bald damit zufrieden, dass sie sich ohne viel Aufhebens einfach an der Brust satt trinken dürfen – und direkt danach schlafen sie wieder weiter. Ganz typisch ist dabei ein Dreistundentakt: Babys wachen anfangs am späten Abend auf, um zu trinken, meist zwischen 22 und 23 Uhr. Die nächste Mahlzeit findet in der Regel drei Stunden später statt, zwischen ein und zwei Uhr, und die nächste wieder etwa drei Stunden später, zwischen vier und fünf Uhr. Wiederum zwei bis drei Stunden danach ist die Aufstehzeit gekommen. Die Ausnahme zu dieser Regel bilden Babys, die schon im zarten Alter von vier bis sechs Wochen eine lange nächtliche Pause zwischen zwei Mahlzeiten machen und sechs Stunden oder mehr am Stück schlafen. Sollte Ihr Baby zu dieser Gruppe gehören, genießen Sie es, denn im vierten Monat ist damit meist wieder Schluss (siehe auch ab Seite 112). Babys spüren in der Regel selbst, wie viel Schlaf sie brauchen.

Hilfe für »Nachteulen«

Während Babys sich an unseren Tag-Nacht-Rhythmus gewöhnen, machen sie meist eine Nachteulen-Phase durch, die ihren Höhepunkt im zweiten Lebensmonat erreicht. In dieser Zeit klagen die meisten Eltern darüber, dass ihr Kleines bis 23 Uhr putzmunter ist – oder sogar bis Mitternacht aufbleibt. Bei älteren Babys passiert das nur noch in Ausnahmefällen. Keine Sorge, das ist normal! Und diese Phase geht – wie viele andere Mühen im ersten Lebensjahr – ganz von selbst vorüber. Doch wie hält man das durch?

Den Feierabend vorverlegen

Unser größtes Problem mit dieser vorübergehenden Gewohnheit des Babys besteht darin, dass wir üblicherweise den Abend als unsere Entspannungszeit betrachten. Wenn das Baby wach ist und weint oder dauernd nach der Brust verlangt, wird daraus aber nichts. In dieser Phase ist es am besten, sich in sein Schicksal zu fügen und aus der Not eine Tugend zu machen: Warum die Entspannungsphase nicht einfach vorverlegen? Ruhen Sie sich in den Zeiten aus, wenn das Baby tagsüber schläft, vor allem die Nachmittagsstunden sind gut geeignet. Erholung ist jetzt wichtiger als alles andere. Machen Sie sich klar, dass Sie gerade einen Job haben, bei dem die Hauptarbeitszeit zwischen 18 und 23 Uhr liegt. Ideal ist es, wenn sich auch der Partner auf die Nachteulen-Phase einstellt und in dieser Zeit im Haushalt mehr Pflichten als gewohnt übernimmt. Vielleicht kann jetzt er das Abendessen zubereiten, während Sie mit dem Baby auf der Couch sitzen und stillen? Denken Sie daran: Diese Phase geht vorbei!

Abendliches »Cluster-Feeding«

Das »gehäufte Trinken« ist typisch in diesem Alter und bringt normalerweise Ruhe in die jetzt oft unruhigen Abende. Am besten stellen Sie sich von Anfang an darauf ein, dass Ihre Abendgestaltung in den nächsten Wochen hauptsächlich aus andauerndem Stillen besteht, und machen Sie es sich mit Ihrem Kleinen auf der Couch gemütlich. Cluster-Feeding hat den positiven Effekt, dass die berühmt-berüchtigte abendliche Schreistunde, ebenfalls typisch in dieser Phase, oft ganz ausfällt. Viele Mütter berichten uns: »Ich bleibe ab 18 Uhr einfach mit dem Baby sitzen und brauche auch den BH gar nicht mehr zu schließen, denn mein Kleines trinkt am liebsten jede halbe Stunde«.

Falls Sie nicht stillen: Pre-Nahrung dürfen Sie das Baby trinken lassen, so viel es möchte. Wir haben jedenfalls die Erfahrung gemacht, dass Babys tatsächlich schneller einen besseren Nachtschlaf entwickeln, wenn Mütter das gehäufte Trinken am Abend fördern.

Mehr Schlaf von Anfang an

Eine bis mehrere nächtliche Mahlzeiten sind im Alter von ein bis drei Monaten einfach unvermeidlich. Sie entsprechen schlicht dem altersgemäßen Verhalten von kleinen Babys. Ein Baby nachts weinen zu lassen in der Hoffnung, dass es von alleine wieder einschläft, lohnt sich daher überhaupt nicht. Im Gegenteil ist es oft kontraproduktiv: je länger ein Baby nach seiner Milch schreien muss, desto wacher wird es und braucht letztendlich wesentlich länger, bis es wieder eingeschlafen ist. Das ist nur logisch: Durch das lange Weinen werden Stress- und Angsthormone freigesetzt, die verhindern, dass das Baby schläfrig wird und zur Ruhe kommt. Die beste Einschlafstrategie besteht daher darin zu verhindern, dass ein Baby in diesen übererregten Zustand gerät. Gerade anfangs ist das nicht immer ganz einfach zu erreichen, doch es gibt zum Glück einige Tricks, die Ihnen dabei helfen können, diese anstrengende Zeit des Schlafmangels zu überstehen.

Den Tag-Nacht-Rhythmus betonen

Die Umstellung auf einen regelmäßigen Tag-Nacht-Rhythmus vollzieht sich bei allen Babys ganz von allein. Aber Sie können Ihrem Kind dabei helfen, indem Sie den natürlichen Unterschied zwischen Tag und Nacht spürbar machen. Für Ihre Tagesgestaltung bedeutet das, dass Sie alle gemeinsamen Aktivitäten tagsüber

Ab und zu kann Papa auch einmal nachts für das Baby da sein und am nächsten Tag ausschlafen.

erledigen: plaudern, singen, spielen und spazieren gehen finden bei Tageslicht statt. Und auch wenn Ihr Baby tagsüber schläft, brauchen Sie weder auf besondere Stille zu achten, noch währenddessen das Zimmer abzudunkeln.

Nachts wird dann höchstens geflüstert. Stillen und Wickeln finden bei Dämmerlicht statt. Am besten eignen sich kleine Nachtlämpchen, damit Sie das Nötigste sehen können. Sie dürfen beim nächtlichen Stillen ruhig »unkommunikativ« sein. Dasselbe gilt fürs Wickeln. Auch Schmusen und Spielen unterbleiben, denn beides macht das nächtliche Wachsein für Ihr Kleines attraktiv. Verrichten Sie nachts also nur das Nötigste.

Weniger ist mehr

Gewöhnen Sie sich an, vor dem Zubettgehen alles bereitzulegen, was Sie nachts für die Versorgung Ihres Babys brauchen könnten. Das ist vor allem Wickelzubehör, eventuell ein Stillkissen zur bequemen Lagerung, eine Stoffwindel und frische Kleidung für den Fall, dass Ihr Baby »ausläuft«.Wenn Ihr Baby einen Schnuller benötigt, sollte auch dieser in Reichweite sein. Wenn Sie Ihr Baby mit Formulamilch ernähren, können Sie die Nachtfläschen vorbereiten, indem Sie das richtig dosierte Milchpulver bereits in sauberen und trockenen Fläschchen neben das Bett stellen und daneben eine Thermoskanne mit abgekochtem Wasser platzieren. So brauchen Sie die Milch nur noch anzurühren, wenn sich Ihr Baby nachts meldet. In den ersten Monaten nach der Geburt muss Ihr Kind genau wie tagsüber nachts nach jeder Mahlzeit gewickelt werden. Bleiben Sie dabei möglichst im selben Raum und sparen Sie sich jeden zusätzlichen Weg. Sobald Ihr Baby nachts nicht

TIPP Gesund und entspannt schlafen

Als beste Zimmertemperatur zum Schlafen gelten für kleine Babys rund 18 °C. Wichtig ist, dass kein Luftzug herrscht und weder Fenster noch Wand Kälte abstrahlen. Vor der Nacht gut durchzulüften (Stoßbelüftung) ist jetzt besser, als ein Fenster die ganze Nacht gekippt zu halten, das gilt vor allem in kalten Winternächten. Wenn Sie die Raumluft als zu trocken empfinden, hängen Sie feuchte Tücher auf.

Das Baby soll im Bett zwar nicht schwitzen, aber warm genug sollte ihm schon sein. Wenn es friert, schläft es nicht nur wesentlich unruhiger, auch sein Organismus wird insgesamt krankheitsanfälliger. Ob Ihr Baby beim Schlafen die ideale Körpertemperatur hat, spüren Sie, wenn Sie es unterhalb des Nackens zwischen den Schulterblättern berühren: Die Haut sollte sich angenehm warm, aber nicht schwitzig anfühlen.

Ein langärmeliges Hemdchen und ein langes Höschen beziehungsweise ein weicher Strampler sind die richtige Nachtwäsche für Ihr Baby rund ums Jahr, im Sommer aus kühlerem und im Winter aus wärmerem Stoff. Darüber können Sie ihm einen Baumwollschlafsack anziehen, der im Winter gefüttert ist. Oder Sie decken Ihr Kind, wenn Sie sich beide damit wohler fühlen, mit einer leichten Decke zu. Aber verzichten Sie auf Feder- und Daunenbettzeug.

mehr groß in die Windel macht, braucht es auch nach der Stillmahlzeit nicht mehr gewickelt zu werden. Geben Sie ihm stattdessen beim letzten Wickeln am späten Abend, bevor Sie selbst schlafen gehen, eine extra dicke Nacht-Windel, die bis zum Morgen dicht hält.

Papas Nachtschicht

Eine weitere Möglichkeit, wie Sie zu etwas mehr Schlaf kommen, besteht darin, dass Sie und Ihr Partner nicht gemeinsam, sondern abwechselnd mit dem Baby zusammen schlafen. Das sieht am Anfang so aus: Wenn Papa »Nachtschicht« hat, schläft Mama auf einer guten Matratze in einem anderen Zimmer (bei sehr kleiner Wohnung eventuell mit Ohrstöpseln). Das Baby weckt den Vater, er bringt es zum Stillen zur Mutter und nimmt es direkt danach wieder mit. Dann wickelt er es und legt sich wieder mit ihm schlafen. Es ist erstaunlich, wie viel mehr Schlaf Sie bekommen, wenn Sie nicht schon beim ersten Pieps des Babys aufwachen und während des Stillens fast schon wieder einschlafen können, weil Sie wissen, dass Ihr Partner das Baby anschließend versorgt. Im Laufe der Nacht kommt da einiges zusammen – und das kommt Ihrer nervlichen Verfassung und damit der Milchbildung zugute.

Der Partner könnte solche Nachtschichten vielleicht am Wochenende übernehmen, wenn er den versäumten Schlaf tagsüber nachholen kann. Je nach beruflicher Belastung lässt sich der vorübergehende Schlafmangel vielleicht auch jede zweite Nacht verkraften und mit der vollkommen ungestört durchschlafenen Nacht dazwischen ausgleichen.

83

Einschlafen für Anfänger

Muss ein Baby alleine im Bettchen liegend einschlafen, damit es durchschlafen lernt? Das hören noch heute viele Eltern, doch diese Hypothese wurde nie bewiesen. Sie besagt, dass das Einschlafen mit einer »Assoziation« verbunden sei, von der das Baby abhängig würde: Nur wenn es alleine im Bettchen liegend einschliefe, könne es auch nachts wieder alleine in den Schlaf zurückfinden.

Unsere Erfahrung in der Beratungspraxis bestätigt diese Hypothese nicht. Generell zählen wir ebenso viele Kinder, die nachts stündlich aufwachen, obwohl sie gewohnt sind, beim Einschlafen alleine im Bettchen zu liegen, wie Kinder, die jede Nacht durchschlafen, nachdem sie in beruhigender Körpernähe eingeschlafen sind. Tatsächlich gibt es zahlreiche Gründe, warum Babys nachts mehrmals aufwachen und nicht alleine wieder in den Schlaf finden, doch der liebevolle Körperkontakt beim Einschlafen gehört nicht dazu.

Körperkontakt als Einschlafhilfe

Babys müssen auch nicht »lernen«, wie das Einschlafen geht, um es für immer zu können – das widerspricht sämtlichen Erkenntnissen über den menschlichen Schlaf. Dieser verändert sich im Laufe des Lebens und insbesondere im ersten Lebensjahr mehrmals. Vieles spielt hier mit, in erster Linie vererbte Faktoren in der allmählichen Reifung des Schlaf steuernden Nerven- und Hormonsystems. Wissenschaftlich ebenso wie empirisch bestätigt ist allein diese Tatsache: Je geborgener und sicherer ein Baby – und jeder Mensch – sich beim Einschlafen fühlt, desto besser ist es für einen ruhigen und tiefen Schlaf.

Ihr Baby vergewissert sich

Den Grund für das tiefe Bedürfnis von Babys und Kleinkindern, im Körperkontakt einzuschlafen, erklärt die Evolutionsbiologie: Allein gelassen zu werden bedeutete für ein Baby unserer nomadisch umherziehenden Vorfahren Todesgefahr (siehe auch Seite 53). Die Geborgenheit heutiger Wohnungen hat sich dem menschlichen Nervensystem noch nicht eingeprägt, aus Sicht der Evolution besteht sie erst seit kurzer Zeit. In diesem Alter muss ein Baby seine Eltern noch spüren, um zu wissen, dass es nicht alleine ist. Nur durch diese Sinneswahrnehmung, das Fühlen, kann sich ein Baby bis zu einem bestimmten Alter versichern, dass seine Eltern da sind. Nur dann weiß sein Nervensystem, das den Schlaf steuert: »Jemand ist bei mir, also bin ich in Sicherheit – ich kann mich wieder in den Schlaf fallen lassen«. Später genügt es dem Baby, seine Eltern zu sehen, nach der überstandenen Fremdelphase (siehe Seite 151) reicht es ihm, sie zu hören und wieder später genügt ihm das bloße Wissen, dass sie in der Wohnung sind.

Es ist also absolut nicht nötig, das Baby regelmäßig wach ins Bett zu legen, damit es »lernt«, alleine einzuschlafen. Sollte Ihr Baby aber zu denen gehören, die problemlos alleine in den Schlaf finden – zumindest zu bestimmten Tageszeiten –, dann spricht natürlich auch nichts dagegen, es wach in sein Bettchen zu legen und in Ruhe zu lassen. Im Laufe der kommenden Monate wird sich das Einschlafverhalten Ihres Kindes immer wieder ändern, doch lesen Sie mehr dazu ab Seite 112.

Liebevoll verpackt: Pucken

Manchen Babys bietet das Pucken ein willkommenes Gefühl von körperlichem Halt, wenn sie zum Schlafen abgelegt werden, andere mögen es dagegen überhaupt nicht und zeigen das auch deutlich. Wenn Ihr Kind das Pucken genießt, fühlt es sich durch den festen Widerstand vielleicht in die Geborgenheit des Mutterleibs zurückversetzt. Oder es kann gepuckt die Rückenlage beim Schlafen besser akzeptieren, während es eigentlich lieber ungepuckt in Bauchlage schlafen würde. Tatsächlich lässt sich beobachten, dass gepuckte Babys oft weniger Blähungen haben und besser einschlafen. Bis zum fünften oder sechsten Lebensmonat mögen viele Babys diese enge Begrenzung.

Und so funktioniert's

Legen Sie Ihr Baby auf das Tuch und ziehen Sie die untere Ecke des Tuchs über die rechte Schulter Ihres Babys. Klemmen Sie es unter der Schulter fest. Legen Sie die rechte Tuchecke straff über den Körper Ihres Babys und schlagen Sie das Tuch unter seiner linken Körperseite ein. Dann legen Sie die linke Tuchecke ebenfalls straff um seinen Körper und schlagen sie unter der rechten Körperseite ein.

Pflege und Gesundheit

Rund um die Hautpflege

Die Haut Ihres Babys besitzt noch nicht denselben Schutzmantel, wie wir es von der Erwachsenenhaut gewöhnt sind. Das ist auch der Grund dafür, dass Babyhaut leicht »überpflegt« werden kann. Sobald die Nabelwunde verheilt ist, können Sie Ihr Kleines in seinen ersten Lebenswochen und -monaten ein bis zweimal die Woche baden, am besten nur in warmem Wasser, in das Sie höchstens ein paar Tropfen mildes Waschgel oder rückfettenden Badezusatz geben. Größere Babys können ruhig täglich kurz in die Wanne. Kleinen Babys ist Wasser aber oft noch nicht ganz geheuer. Wenn es Ihrem Kind keine Freude macht, waschen Sie es einfach nur. Normalerweise reicht es in den ersten Monaten völlig aus, wenn Sie täglich das Gesichtchen, den Hals und den Windelbereich waschen und einmal wöchentlich den ganzen Körper. Weil die eigene Rückfettung der Babyhaut noch schwach ist, ist es sinnvoll, das Baby nach jeder Wäsche dünn einzucremen oder mit ein paar Tropfen Öl zu massieren.

Das Baden und Waschen

Bevor Sie beginnen, richten Sie sich alles griffbereit her, damit Ihr Baby möglichst wenig auskühlt. In den ersten drei Monaten sollten Sie Ihr Kind am besten nur unter der Wärmelampe ausziehen und waschen. Wenn Sie es baden, hüllen Sie es auf dem Weg zur und von der Badewanne in ein vorgewärmtes Badetuch. Die richtige Badewassertemperatur ist 37 °C. Die Raumtemperatur sollte hingegen gute 21 °C betragen. Wärmen Sie alle Handtücher ebenso wie die Babykleidung vor (Heizkörper oder Wärmflasche). Beim Waschen gehen Sie in den ersten Wochen am besten in Etappen vor: Lassen Sie Ihr Baby unten herum noch bekleidet, während Sie Gesicht, Hals und Oberkörper waschen, und ziehen Sie ihm schon ein Hemdchen an, bevor sein Unterkörper an die Reihe kommt.

Säubern Sie beim Waschen sanft alle Hautfalten und trocknen Sie Ihr Kind dort besonders sorgfältig ab, ebenso wie hinter den Ohren, in den Achselhöhlen, zwischen den Fingern und Zehen, in den Leistenbeugen und den Kniekehlen.

Haarewaschen

Verzichten Sie in den ersten zwei Monaten möglichst darauf, den Kopf Ihres Babys zu waschen – er ist jetzt noch besonders kälteempfindlich. Bei vielen Babys ist der Kopf in den ersten Wochen von einer Art Grind bedeckt, auch Kopfgneis genannt. Diese fettigen, flächigen Schuppen sind ein harmloser Belag, nicht zu verwechseln mit echtem Milchschorf (siehe Seite 120). Viele Kinderärzte raten davon ab, ihn zu entfernen, solange das Kind nur wenige Haare hat, weil er einen natürlichen Kälteschutz darstellt. Hat das Baby früh schon dichte Haare, können Sie diese ab dem dritten Monat einmal wöchentlich mit einem sehr milden Shampoo waschen.

Ohren, Nase und Genitalien

Ohren, Nase und Genitalien des Babys reinigen sich von selbst. Benutzen Sie für die Ohren bitte nie Wattestäbchen, sie schieben nur das Ohrenschmalz tiefer in den Gehörgang und könnten das Trommelfell verletzen. Ist die Nase durch Schnupfen verklebt, tupfen Sie nur die Ränder der Nasenlöcher mit etwas Babyöl ab. Die Vorhaut der kleinen Jungen haftet noch an der Eichel und darf daher nicht zurückgeschoben werden. Auch die Schamlippen der Mädchen werden nur äußerlich gereinigt (siehe Seite 37).

Nagelpflege

Die Finger- und Fußnägel des Babys wachsen erstaunlich rasch. Damit es sich möglichst wenig damit kratzt, können sie ab dem zweiten Monat gelegentlich ein wenig mit einer Babynagelschere geschnitten werden. Schneiden Sie die Fingernägel immer halbrund und nicht zu kurz, damit die Haut darunter nicht verletzt wird. Die Fußnägel schneiden Sie dagegen immer gerade. Das Nägelschneiden geht in den ersten Monaten am besten, während Ihr Baby schläft. Später ist sicher der günstigste Moment, wenn es satt und nicht quengelig-unruhig ist.

Die kinderärztliche Vorsorge

Zwischen der vierten und sechsten Lebenswoche ist es Zeit für die dritte Vorsorgeuntersuchung – welche Woche ist besser? Einerseits gingen Sie am liebsten so früh wie möglich hin, andererseits fallen die Untersuchungsergebnisse sicher besser aus, wenn Ihr Baby schon etwas älter ist. Außerdem ist dann das Intervall zur U4 weniger lang. Natürlich können Sie zum Messen und Wiegen bei Bedarf auch zwischendurch mal in die Praxis kommen.

Der dritte Termin: U3

Die U3 ist vielleicht der erste Termin Ihres Babys in der Praxis des Kinderarztes oder der Kinderärztin. Im Fokus steht bei diesem Termin die frühe Entwicklung: Wie weit bestehen die frühen Reflexe noch? Bewegt sich das Baby alterstypisch? Neigt es beispielsweise in der Bauchlage den Kopf zur Seite? Stellen Sie dabei alle Ihre Fragen zur Körperhaltung oder Muskelspannung Ihres Babys. Weisen Sie darauf hin, wenn Ihnen z. B. eine deutliche Lieblingsseite, eine asymmetrische Kopfhaltung oder -form (Plagiocephalus) aufgefallen ist, und lassen Sie sich dann auch gleich eine Verordnung für osteopathische Behandlungen mitgeben.

Die meisten Babys lieben es zu baden – egal, ob im Badeeimer oder in der Babybadewanne.

Getestet werden auch Reaktionen auf bestimmte Reize: Wie reagiert das Kind, wenn es angesprochen wird? Wenn Ihr Baby eher auf sechs Wochen zugeht, lächelt es vielleicht den Arzt an und gibt seine ersten Laute von sich – das ist positiv für die Beurteilung des beginnenden Sozialverhaltens und der Sprachentwicklung. Außerdem wird festgestellt, ob Ihr Baby Gegenstände mit den Augen fixieren und verfolgen kann. Wenn Ihr Baby beim konzentrierten Schauen noch häufig schielt, wäre das jetzt anzusprechen. Denn in der Zeit zwischen dem zweiten und zehnten Lebensmonat lernt das Gehirn, die Informationen aus beiden Augen richtig zu koordinieren. Erhält es in dieser Zeit »falsche« Informationen, weil beide Augen nicht richtig zusammenarbeiten, kommt es zu Fehlentwicklungen im visuellen Kortex, die später nicht mehr vollständig korrigiert werden können. Das spielt vor allem für die räumliche Wahrnehmung eine zentrale Rolle.

Schlaf und Ernährung sind weitere Themen, vielleicht werden Sie gefragt, wie das Baby sich bei den Mahlzeiten verhält; Ihrerseits haben Sie vielleicht Fragen, falls Ihr Baby viel spuckt, viel schreit oder weniger schläft, als Sie sich das vorgestellt hatten. Hatte das Baby eine Neugeborenengelbsucht, findet jetzt die Nachuntersuchung statt, und falls die Hüftgelenke zuvor auffällig waren, wird jetzt eine zweite Ultraschalluntersuchung gemacht. Mit Einverständnis der Eltern bekommt das Baby die dritte Vitamin–K-Gabe. Bei der U3 wird erstmals über die in den kommenden Monaten und Jahren anstehenden Impfungen gesprochen. Zu diesem Thema besteht in der Regel ein hoher Informationsbedarf. Eine kleine Auswahl an informativen Webseiten dafür empfehlen wir ab Seite 185.

Impfen

Da in Deutschland, Österreich und den meisten Kantonen der Schweiz keine Impfpflicht besteht, liegt die Entscheidung über jede Impfung sowie gegebenenfalls ihren Zeitpunkt bei den Eltern. Diese ist sicher nicht leicht, denn niemand ist anfälliger für Angstgefühle als Eltern eines kleinen Babys. Der Kinderarzt sollte daher so undogmatisch wie möglich beraten. Die Ständige Impfkommission (STIKO) am Robert-Koch-Institut (www.rki.de) gibt den häufig aktualisierten Impfkalender heraus und bestimmt mit ihren Empfehlungen, welche Standardimpfungen von den Krankenkassen bezahlt werden. Im ersten Lebensjahr sind dies Impfungen zum Schutz vor Erkrankungen durch Rotaviren, Tetanus, Diphterie, Keuchhusten (Pertussis), Kinderlähmung (Poliomyelitis), Hepatitis B, Hib (Haemophilus influenzae Typ b), Pneumokokken, Masern, Mumps, Röteln, Varizellen und Meningokokken C. Nicht zu den Standardimpfungen im Säuglingsalter zählt die Covid-19-Impfung. Hingegen empfiehlt die STIKO diese vom 2. Lebenshalbjahr an nur dann, wenn eine relevante Grundkrankheit besteht, die »das Risiko für einen schweren Covid-19-Verlauf erhöht«. Gesunden Kindern und Jugendlichen unter 18 Jahren ist eine Covid-19-Impfung »aufgrund der Seltenheit schwerer Verläufe« seite April 2023 nicht mehr empfohlen.

Üblich sind Kombinationsimpfstoffe zur Fünf- oder Sechsfach-Impfung in einer Spritze. Die Impfstoffe sind einzeln nicht mehr erhältlich. Damit wurde Eltern die Möglichkeit genommen, sich für oder gegen einzelne Impfungen zu entscheiden. Die Impffaktoren befinden sich in einer Lösung mit nicht unbedenklichen

Zusatzstoffen, die den kleinen Organismus belasten und sich im Verlauf der vielen Impftermine summieren würden. Durch die Kombinationsimpfung wird diese Lösung jeweils nur einmal verabreicht. Das ist ein Vorteil der Kombinationsspritzen. Ein möglicher Nachteil: Das unreife Immunsystem muss sich nach jeder Spritze mit fünf oder sechs abgeschwächten Krankheitserregern und Toxoiden gleichzeitig auseinandersetzen.

Individuelle Lösungen finden

Jede Impfung ist ein Eingriff in das Immunsystem, das ist ihr Sinn. Im Säuglingsalter befindet sich dieses jedoch in einer Entwicklungsphase der allmählichen Reifung, der langsamen Ausformung und Differenzierung, in der es – wie jedes andere System in dieser Phase auch – noch äußerst störungsanfällig ist. Eltern sollten in der Kinderarztpraxis Verständnis erwarten dürfen, wenn sie sich fragen, in welchem Verhältnis das Risiko einer negativen Impffolge zum möglichen Schutz durch die Impfung steht. Die Vereinigung der »Ärzte für individuelle Impfentscheidung e. V.« bietet auf ihrer Webseite www.individuelle-impfentscheide.de viele sehr hilfreiche Informationen.
Schreiben Sie Ihre Fragen und Beobachtungen am besten vor dem U3-Termin auf, damit nichts in Vergessenheit gerät. Lassen Sie sich den Impftermin am Anfang der Woche geben. So ist die Praxis gut erreichbar, falls unerwünschte Nebenwirkungen auftreten.

Die Impftermine

Auch wenn den Eltern oft etwas anderes gesagt wird, gilt: Impftermine dürfen verschoben werden! Auch eine für Jahre

unterbrochene Grundimmunisierung braucht nicht wieder neu begonnen zu werden. Denn laut STIKO gibt es keine unzulässig großen Abstände zwischen Impfungen. Die im offiziellen Impfplan vorgesehenen Abstände sind Richtwerte und dürfen angepasst werden. Nur bei den ersten beiden Impfungen gegen Diphterie, Pertussis und Tetanus sowie gegen Hib und Hepatitis B sollte der Abstand nicht mehr als zwei Monate betragen.

Alles ok? Das zeigt der Stuhl

Muttermilchstuhl hat einen milden, süßlichen Geruch, der nicht unangenehm ist. Bei Flaschenernährung ist der Stuhl geruchsintensiver, von festerer, teils zäherer Konsistenz. Die Farbe reicht von blassgelb über senfgelb bis ocker oder hellbraun.

Grüner Stuhl

Wenn das gelegentlich einmal vorkommt, gibt es keinen Grund zur Beunruhigung. Dann hat der Stuhl eine schnellere Darmpassage hinter sich, sodass die grünlichen Gallensäuren noch nicht umgewandelt wurden. Selbst wenn ein Baby immer grünlichen Stuhl hat, ist das an sich kein Grund zur Sorge, sofern es keine Verdauungsbeschwerden hat, gut gedeiht und zunimmt. Er tritt auch als Begleiterscheinung von Durchfall auf, insbesondere in Zahnungsphasen. Ansonsten könnte grüner Stuhl auch auf eine Störung der Darmflora oder bei gestillten Kindern auf eine nicht optimale Stillpraxis hinweisen. Lassen Sie das bei entsprechenden Zweifeln lieber abklären.

Bitte nicht impfen!

Es sollte nicht geimpft werden ...

- wenn das Baby nicht gesund ist: Nach Erkrankungen sollten bis zum Impftermin mindestens zwei Wochen verstreichen. Wenn das Kind sich vielleicht angesteckt hat und in der Inkubationsphase befindet – besser eine Woche abwarten und das Baby beobachten. Vor einer geplanten Operation sollten nach der Impfung mindestens noch ein bis zwei Wochen vergehen. Nach einer Operation besser zwei Wochen verstreichen lassen.
- bei körperlicher oder seelischer Belastung: Darunter fallen zum Beispiel Zahnungsphasen, Reisen und große Familienfeste sowie (vorübergehende) Trennungen.
- bei bekannter Allergie und Neurodermitis: Wurden in einer Familie Allergien gegen eine oder mehrere der vielen Additiva im Impfstoff identifiziert – zum Beispiel Antibiotika, Hühner-Eiweiß, Formaldehyd, Thiomersal –, muss auf einen Impfstoff ausgewichen werden, der die entsprechende Substanz nicht enthält. Sonst ist es sicherer, auf die Impfung zu verzichten.
- bei vorangegangener übermäßiger Impfreaktion: Hat das Baby bei einer vorangegangenen Impfung eine auffällige Reaktion gezeigt (hohes Fieber, Krämpfe, andere neurologische Symptome, Ausschläge und ähnliches), darf die Impfung erst wiederholt werden, wenn die Ursache dieser Impfreaktion geklärt ist.

Häufigkeit und Menge

Ab der sechsten Lebenswoche nimmt die Häufigkeit des Stuhlgangs bei vielen gestillten Babys ab, wobei die Menge pro Stuhlwindel entsprechend zunimmt. Die normale Frequenz liegt dann zwischen zweimal täglich und zweimal pro Woche. Ein voll gestilltes Baby kann aber auch seltener Stuhlgang haben, ohne dass Verstopfung vorliegt – Muttermilch kann vollständig verwertet werden. Bei Verstopfung ist der Stuhl nicht nur selten, sondern auch trocken und hart, das Baby plagt sich beim Ausscheiden oder hat sogar Schmerzen. In diesem Fall müssen Sie die Ernährung verändern, das Baby braucht mehr Flüssigkeit. Lassen Sie sich von Ihrer Hebamme oder einer Stillberaterin unterstützen. Grüner Stuhl zeigt sich häufig bei Babys, die HA-Milch oder andere spezielle Flaschennahrung (Heilnahrung) bekommen, kann aber auch aufgrund der noch unreifen Darmflora auftreten.

Babys Wachstum

In den ersten drei Lebensmonaten wachsen Babys am schnellsten: Sie nehmen pro Monat durchschnittlich drei bis vier Zentimeter an Länge und 500 bis 1 000 Gramm an Gewicht zu. Die Gewichtszunahme geschieht nicht gleichmäßig, sondern meist in Schüben. Deshalb kann ein Kind in einer Woche 300 Gramm und in der nächsten 80 Gramm zunehmen. Anfangs wird das Baby von der Hebamme während der Wochenbettbesuche gewogen, später in der kinderärztlichen Praxis. Dort geschieht es im Zuge der Vorsorgeuntersuchungen oder auch öfter, sofern ärztlicherseits oder auch vonseiten der Eltern eine engmaschigere Beobachtung angebracht erscheint. Auffällig wäre es, wenn das Gewicht drei Wochen lang relativ konstant bliebe, denn das käme in diesem Alter einer Gewichtsabnahme gleich. In einem solchen Fall sollten Sie frühzeitig fachliche Beratung in Anspruch nehmen.

Mögliche Beschwerden

Nabelbruch

Die Bauchmuskulatur bildet im Nabelbereich eine Durchtrittslücke für die Nabelschnur, die sich erst im Verlauf des ersten Lebensjahres schließt. Kommt es hier zu einer kugeligen, weichen Wölbung, bedeutet das, dass ein Teil des Darms durch diese Lücke geschlüpft ist. Das kann durch heftiges Schreien oder durch Pressen beim Stuhlgang passieren. Normalerweise verursacht der Nabelbruch keine Beschwerden. Lassen Sie Ihr Baby als »Therapie« mehrmals täglich nackt unter der Wärmelampe strampeln, damit sich die Bauchdeckenmuskulatur schneller festigt und schließt. Der Nabelbruch sieht erschreckend aus, ist aber an sich harmlos. Gehen Sie trotzdem zum Arzt.

Säuglingsschnupfen

Das Näschen ist in den ersten Monaten schnell mal verstopft, weil die noch sehr feinen Nasengänge bei der geringsten Schleimbildung blockiert werden. Abschwellend wirken ein paar Tropfen Muttermilch oder isotone Kochsalzlösung (aus der Apotheke), die mit einer Pipette in jedes Nasenloch geträufelt werden. Sie können sie auch selbst herstellen, indem Sie einen gestrichenen Teelöffel Kochsalz in 500 ml abgekochtem Wasser auflösen. Diese Behandlung tut der Nasenschleimhaut gut und darf häufig wiederholt und unbegrenzt angewendet werden.

Schmierauge

An den Augenlidern bildet sich während des Schlafs ein grün-gelbes Sekret, sie sind dadurch häufig beim Aufwachen verklebt.

Dem liegt eine vorläufige Enge des Tränenkanals zugrunde, die sich ganz einfach »auswachsen« wird. Wischen Sie das Augenlid mit einem feuchten, nicht-flusendem Läppchen von außen nach innen ab. Rollen Sie mehrmals täglich die Kuppe Ihres kleinen Fingers einige Male zwischen Augenwinkel und Nasenrücken hin und her und streichen zur Nasenspitze hin aus, das unterstützt den Abfluss der Tränenflüssigkeit. Wohltuend sind Euphrasia- oder Calendula-D4-Augentropfen.

Dreimonatskoliken

Von Blähungen und Koliken wird manches Baby in diesem Alter zumindest gelegentlich geplagt. Die Ursachen sind vielschichtig, nicht immer handelt es sich um echte Darmprobleme. So können Sie Ihrem Baby helfen:

• Wärme (Kirschkernkissen), Tragen im Fliegergriff (siehe Seite 62), Bauchmassage im Uhrzeigersinn mit angewärmtem Melisseöl (von Wala), Kümmel-Kinderzäpfchen (Carum carvi), Melissenbäder (Wala: Melissa ex herba W5 %, Oleum).

• Sie können den Koliken vorbeugen, indem Sie jegliche Abkühlung beim Baby vermeiden sowie Ihre Ernährung umstellen: Bei häufigen Beschwerden des gestillten Babys streichen Sie testweise Kuhmilch und Kuhmilchprodukte für zehn Tage konsequent aus der eigenen Ernährung – wenn es hilft, lassen Sie diese weiterhin weg oder probieren Sie aus, ob ein Umstieg auf laktosefreie Milch und kuhmilchfreie Käsesorten ausreicht. Homöopathie kann sehr hilfreich sein, wenn ein individuell passend gewähltes Mittel verordnet wird. In Einzelfällen ist auch eine manuelle Therapie, wie die Osteopathie, angezeigt.

Babys 4. bis 6. Monat

Jetzt interessiert sich das Baby sehr stark für die Welt und will sie neugierig erkunden. Mit Geduld und Freude übt es neue, aktive Bewegungen, weil es seinen kleinen Körper zunehmend besser beherrscht. Genauso viel Spaß macht es ihm, mit Ihnen zu »plaudern« und das Schönste ist es, wenn Sie ihm Verse aufsagen oder Lieder singen.

Mit allen Sinnen in Beziehung sein

So nimmt Ihr Baby die Welt wahr

Ihr Baby wird ab dem vierten Monat merklich aktiver und erlebt deutliche Entwicklungsschübe. Die Gehirnentwicklung vollzieht sich in diesem Alter in rasantem Tempo und rückt alle Sinneseindrücke über Augen, Ohren und Haut stärker ins Zentrum des Bewusstseins. Denn was die Sinnesorgane wahrnehmen, muss im Gehirn miteinander vernetzt werden – und das klappt jetzt auf einmal sehr viel besser.

Sehen

Die Anlage des Auges mit Linse und Netzhaut sowie die Nervenbahnen zum visuellen Teil des Gehirns bilden sich anatomisch bereits in der frühen Schwangerschaft, aber erst Monate nach der Geburt sind die dazugehörenden neurologischen Gehirnstrukturen annähernd ausgereift. Blickfolgebewegungen und visuelles »Scannen« nehmen ab dem vierten Monat deutlich zu, da das Baby nun besser fokussieren kann und sich ab dem vierten Monat die Nervenzellen im visuellen Kortex aufgebaut haben, die für viele Blickbewegungen wichtig sind. Ihr Baby hat jetzt Spaß daran, wenn Sie ihm beim gemeinsamen Spielen verschiedene Gegenstände zeigen und langsam vor seinen Augen von links nach rechts bewegen. Sie können beobachten, wie es Ihren Bewegungen interessiert mit den Augen folgt.

Hören

Das Gehör ist bei der Geburt bereits weitgehend entwickelt. Was sich jetzt noch spezieller ausbildet, ist der Sinn für den Ursprung von Geräuschen. Mit drei Monaten reagieren Babys auf ein deutliches Geräusch damit, dass sie dessen Ursprung mit den Augen suchen – mit vier Monaten drehen sie ihren Kopf bereits ganz gezielt in die Richtung der Geräuschquelle. So werden Hören und Sehen immer mehr miteinander verknüpft: Forscher haben festgestellt, dass Babys mit vier Monaten schon anfangen sich zu wundern, wenn das Krachen eines Hammers nicht zeitgleich mit dem sichtbaren Schlag erfolgt. Sie können die neue Fähigkeit Ihres Babys in die tägliche Spielzeit einbauen und mit einem kleinen Glöckchen mal am linken Ohr und mal am rechten Ohr klingeln. Dabei können Sie beobachten, wie Ihr Baby seinen Blick oder den ganzen Kopf dem Geräusch zuwendet.

Sprachentwicklung: erstes Brabbeln

Immer mehr spielt Ihr Baby jetzt bewusst mit seiner Stimme – und entdeckt, wie viel Spaß das macht! Es erkundet ihren Klang, es versucht herauszufinden, wie dieser sich durch die verschiedenen Bewegungen, die es mit der Zunge und den Lippen machen kann, verändern lässt und es entdeckt, wie es laute und leise, hohe und tiefe Töne erzeugen kann. So führt Ihr Baby auch gerne Selbstgespräche, es brabbelt immer differenziertere Laute vor sich hin und bald bildet es dann rhythmische Silbenketten – »da-da-da; re-re-re, ge-ge-re-da«.

Ab dem fünften Monat freut sich Ihr Baby besonders, wenn es zu bestimmten Gelegenheiten wie Wickeln oder Schlafen legen immer wieder die gleichen Lieder oder Reime hört. So kann es besser die Struktur des Tages erkennen, also einordnen, wann was geschieht, und das wiederum vermittelt ihm Sicherheit.

Stimmungen erkennen

Im Alter von vier bis sechs Monaten sind viele Babys wahre Wonneproppen. Sie lächeln jeden Menschen freundlich an und manchmal geraten sie über eine Sache so sehr in Begeisterung, dass sie zum ersten Mal laut jauchzend auflachen. Ein wundervoller Augenblick! Die Nervenzellen im Gehirn, die als Sprachzentrum fungieren, entwickeln sich jetzt rapide. Mit unserer Stimme übermitteln wir ja nicht nur den Inhalt der gesprochenen Worte, sondern automatisch auch Informationen über unsere Gefühlslage. Für eine gelungene Verständigung ist es wichtig, dass die Gefühle erkannt werden, die in einer Aussage mitschwingen. Dieses Verständnis beginnen Babys mit vier Monaten zu entwickeln und registrieren dann immer genauer den Unterschied zwischen einem freundlichen und einem ärgerlichen Tonfall. Mit fünf Monaten fangen Babys an zu verstehen, dass ein freundlicher Tonfall auch mit einem freundlichen Gesichtsausdruck einhergeht und umgekehrt, dass ein ärgerlicher oder gestresster Gesichtsausdruck auch mit einer ärgerlichen Stimme verbunden ist.

Das Verwöhn-Gespenst

»Die Kleine wickelt euch nur um den Finger, wenn ihr bei jedem Pieps immer gleich springt!« – »Ihr kriegt euer Kind nie mehr aus eurem Bett, wenn ihr nicht von Anfang an durchgreift!« – »Du hast das Kerlchen schon total verwöhnt, mit deinem ständigen Herumtragen – lass es doch einfach mal schreien!« Oft dringen solche Stimmen auf Eltern ein, die besagen, dass man sich gleich von Anfang an abgrenzen muss, damit einem die Kinder später nicht auf der Nase herumtanzen. Dabei wird diese Einstellung, die noch für die Generation unserer Großeltern selbstverständlich war, von der modernen Säuglingsforschung vollständig widerlegt. Sie unterstützt Eltern darin, durch verlässliche und prompte Fürsorge das Urvertrauen ihres Kindes zu stärken. Diese Form der Erziehung ist nicht nur für das Kind das Beste, auch für die Eltern lohnt sich die Mühe: Denn Kinder, deren Bedürfnisse konsequent erfüllt werden, sind deutlich zufriedener und weinen viel weniger als ihre Altersgenossen.

Frühe Erfahrungen prägen

Zur Bedeutung emotionaler Sicherheit für die Entwicklung des kindlichen Gehirns forscht auch der bekannte Neurobiologe Gerald Hüther. Er sagt, »... jedes Kind braucht das Gefühl von Sicherheit und Geborgenheit, um neue Situationen und Erlebnisse nicht als Bedrohung, sondern als Herausforderung bewerten zu können. Beides gibt es nur in der intensiven Beziehung zu anderen Menschen … und es sind die frühen, in diesen Beziehungen gemachten und im kindlichen Hirn verankerten psychosozialen Erfahrungen, die … sein Fühlen, Denken und Handeln fortan lenken.« Eltern, die ihrem Baby also viel Körperkontakt bieten, liebevoll und zärtlich mit ihm umgehen und rasch, verständnisvoll und verlässlich auf sein Weinen reagieren, tun damit ohne Zweifel das Beste für ihr Kind.

Weniger ist manchmal mehr
Psst … bitte nicht stören

Babys brauchen vielseitige Anregungen, um sich gesund entwickeln zu können. Das ist selbstverständlich. Aber spätestens ab dem vierten Lebensmonat können sie

Stören Sie Ihr Baby nicht, solange es fasziniert und aufmerksam mit etwas beschäftigt ist.

sich diese auch mal ganz alleine auf ihrer Spieldecke holen (siehe Seite 60). Nachdem sie beim Trinken, Wickeln, Waschen, Umziehen ein intensives Miteinander genießen konnten (siehe Seite 36) sowie ausgiebige Streicheleinheiten von Mama und Papa bekommen haben, haben Babys zwischendurch auch einmal genug von der elterlichen Zuwendung und möchten die Welt auf eigene Faust erkunden. Wenn sie ausgeschlafen und satt sind und genug Nähe getankt haben, gibt es für Babys auch alleine auf ihrer Spieldecke viel zu erleben. Sie brauchen also kein schlechtes Gewissen zu haben, wenn Sie Ihr Kleines zwischendurch immer wieder allein auf seiner Krabbeldecke spielen lassen. Sobald es Ihre Nähe wieder benötigt, wird Ihr Baby sich bemerkbar machen. Inzwischen ist es eine spannende Sache, sich mit den eigenen Händen und Füßen zu beschäftigen, sie zu drehen und zu wenden, die Finger und Zehen anzuschauen, festzuhalten, in den Mund zu stecken und ausgiebig daran zu lutschen. Manchmal verbringen Babys schon eine kleine »Ewigkeit« damit, einfach ihren eigenen Körper zu spüren und immer wieder neue Bewegungsmöglichkeiten zu erkunden. Oder auch nur zufrieden auf dem Rücken zu liegen, sich auszuruhen und dem Mobile zuzusehen, wie es harmonisch im leisen Lufthauch schwebt. Damit sind Babys in diesem Alter immer öfter eine kleine Weile bestens ausgelastet. Anfangs handelt es sich vielleicht nur um drei bis fünf Minuten, die sich jedoch immer häufiger wiederholen. Und so manches größere Baby kann sich vielleicht schon 10 bis 20 Minuten am Stück alleine beschäftigen. Auf seiner Decke lernt das Baby viel. Selbst wenn es einfach nur auf dem flachen Boden liegt und übt, sich nach links und rechts und wieder zurückzudrehen. Denn es setzt sich ein Ziel und verfolgt es und es spürt, dass es etwas bewirkt, wenn ihm so eine selbst gestellte Aufgabe schließlich gelingt. Bei diesem konzentrierten Üben gewinnt es sein motorisches Know-how, es hat echte Erfolgserlebnisse und es kann sich ganz toll weiterentwickeln. Genießen Sie diese kleinen Auszeiten und freuen Sie sich an der Selbstständigkeit Ihres Babys.

Braucht Ihr Baby Sie wieder?

Wenn Ihr Baby irgendwann aufhört, sich alleine zu beschäftigen und anfängt, allmählich unruhig zu werden, zu quengeln oder zu weinen, braucht es wieder Ihre Aufmerksamkeit. Ist das der Fall, gehen Sie am besten gleich zu ihm hin, ohne es warten zu lassen.
Versuchen Sie feinfühlig seine Bedürfnisse zu erspüren, bevor Sie aktiv werden. Was braucht Ihr Baby jetzt? Könnte es sein,

dass ihm nur ein Spielzeug außer Reichweite gerutscht ist? Oder ist ihm einfach langweilig geworden und es braucht etwas Neues, um sich zu beschäftigen? Probieren Sie erst aus, ob Ihr Baby noch alleine weiterspielen würde. Vielleicht ist es aber auch schon Zeit für die nächste Mahlzeit, das nächste Nickerchen? Wenn nicht, dann ist es wohl nur ein wenig müde geworden und braucht Ihre Nähe, Ihren Arm, um darin aufzutanken. Das kann übrigens ganz schnell gehen und schon ist Ihr Baby vielleicht wieder bereit, sich neuen spannenden Lernerfahrungen auf seiner Decke zu widmen.

TIPP Viel Spaß beim alleine spielen

Wenn Sie Ihrem Baby zwischendurch immer wieder die Gelegenheit geben, sich allein zu beschäftigen, erwirbt es dadurch wichtige Fähigkeiten zur Selbstregulierung. Damit die Spielzeiten erfolgreich verlaufen, können Sie folgende Dinge beachten:
- Am liebsten beschäftigen Babys sich alleine, wenn sie satt, ausgeschlafen und frisch gewickelt sind.
- Breiten Sie die Krabbeldecke am besten auf dem Boden aus, um Stürze zu vermeiden.
- Bewahren Sie alle gefährlichen Gegenstände außerhalb der Reichweite Ihres Babys auf.
- Bieten Sie Ihrem Baby altersgemäßes Spielzeug an und achten Sie auf Schadstofffreiheit und Prüfsiegel.
- Die Gewissheit, dass Sie in seiner Nähe sind, macht es dem Baby leicht, sich ungestört seinem Forscherdrang zu widmen.

Die motorische Entwicklung

Ihr Baby wird mobiler

Das Baby ist nun schon so geübt darin, in der symmetrischen Rücken- und Bauchlage ein stabiles Gleichgewicht zu bewahren, dass es sich mehr und mehr damit beschäftigt, wie eine Balance auch in asymmetrischen Positionen erreicht werden kann - und bald gelingt es ihm, wenn auch anfangs nur für wenige Minuten. Eine andere Lieblingsübung besteht darin, beide Arme und beide Beine gleichzeitig vom Boden abzuheben und sich so gegen die Schwerkraft zu behaupten. Das funktioniert sowohl auf dem Rücken als auch in der Bauchlage, ist aber furchtbar anstrengend. Schließlich fasst das Baby allmählich die Möglichkeit ins Auge, irgendwie auch an weiter entfernte Gegenstände heranzukommen, weil es diese ab dem vierten Monat deutlich besser sehen und fokussieren kann. Zum Robben und Krabbeln ist es dann nicht mehr weit. Die grobmotorischen Errungenschaften erlauben dem Baby nun auch die Entwicklung neuer feinmotorischer Fähigkeiten - beides hängt eng miteinander zusammen. So kann das Baby zwischen dem vierten und siebten Monat auch die wichtige Auge-Hand-Mund Koordination immer mehr entwickeln.

Obwohl Ihr Baby schon seit seiner Geburt nach Ihrem Finger greifen kann, war das bisher noch keine bewusst gesteuerte Bewegung, sondern war zwingend ausgelöst durch den Greifreflex (siehe Seite 15). Dieser wird jetzt schwächer und erlischt schließlich bis zum Ende des ersten Halbjahres – was dem Baby erstmals bewusste Greifbewegungen erlaubt. Damit eröffnet sich dem Baby eine neue Welt – die Welt des Begreifens. Das Baby unterscheidet kalt und warm, hart und weich, starr und nachgebend. Im Gehirn werden zwischen allen Informationen Verbindungen hergestellt. Es ist der erste Schritt auf dem noch langen Weg zum Spielen, Essen, Malen, Schreiben ...

Babys Übungen im Liegen

Rückenlage

Immer wenn das Baby strampelt, kräftigt es damit seine Bauch- und Rückenmuskulatur und das eröffnet ihm zunehmende Möglichkeiten. Es kann sein Gleichgewicht in dieser Haltung von Woche zu Woche besser halten, ist somit zu gezielteren Arm- und Beinbewegungen fähig und erreicht durch die verbesserte Koordination neue Bewegungsqualitäten. Mit drei Monaten üben manche Babys schon eifrig das gekonnte Drehen auf die Seite, mit viereinhalb Monaten schafft das schon jedes zweite Kind: Mit Schwung werden beide Beine gleichzeitig nach oben gestreckt und mit einer kräftigen Rumpfbewegung schwupps in die Seitenlage gekippt.

Mit fünf bis sechs Monaten ist das so »babyleicht«, dass es fast jedes Kind beherrscht. Nur eines von zehn findet auch dann noch kein Interesse daran, aber schließlich ist es ja auch interessant, mit beiden Händchen endlich differenziert greifen und tasten zu können, während man balanciert auf dem Rücken ruht. Auch die eigenen Füße werden dabei entdeckt, das Baby kann sie gleichzeitig weit nach oben strecken, festhalten und sogar die Zehen in den Mund stecken.

Es hält sein Gleichgewicht jetzt so gekonnt, dass es ihm mühelos gelingt, beide Beine und Arme in die Luft zu heben – so kann es mit allen Füßen und Händen gleichzeitig einen Gegenstand erforschen, wie zum Beispiel einen großen weichen Ball. Auf jeden Impuls, zur Seite zu fallen, folgt unmittelbar ein ausgleichender Gegenimpuls. Mit sechs Monaten drehen sich die meisten Babys spielend nach beiden Seiten.

Seitenlage

Sich hier in Balance zu halten ist eine Sache für sich. Das Baby entdeckt, wie es dazu nicht nur sein Kopfgewicht samt Hals- und Oberkörpermuskeln, sondern auch die Beine wirkungsvoll einsetzen kann. Es kann sich viel Halt geben, indem es den Fuß seines oberen Beines am Boden stabilisiert. So hat es bald auch beide Hände frei, um damit einen Gegenstand zu erforschen. Sich nach Belieben auf eine Seite drehen und dort verweilen zu können, gibt Ihrem Baby eine ganz neue Perspektive. Zwar konnte es bisher schon mit Kopfdrehungen den Blick nach links und rechts schweifen lassen, aber nun ist es bereits in der Lage, sich selbstständig mit beiden Armen und Händen in diesen neuen Raum hineinzubewegen. Das Wickeln wird nun mitunter zu einer Herausforderung, denn in diesem Alter haben viele Babys wenig Interesse daran, sich still zu halten. Ein lustiger Reim,

eine Kitzelmassage oder ein interessantes Mobile, das sie in Höhe seines Bauchnabels etwa 50 cm über dem Wickeltisch befestigen, kann seine Aufmerksamkeit eventuell lange genug fesseln, um Ihnen das Wickeln zu ermöglichen.

Bauchlage

Mit fünf bis sechs Monaten gelingt es vielen Babys zum ersten Mal, sich von der Seitenlage weiter auf den Bauch zu drehen – oft kippen sie auch plötzlich in diese Richtung und landen zu ihrem eigenen Erstaunen auf ihrer Vorderseite. Erstes »Problem«, das für das Baby dabei entsteht: Der Arm, über den es sich gerollt hat, bleibt unter dem Körper liegen – wie ärgerlich! Anfangs muss schnell die Mama oder der Papa kommen und helfen, doch sehr bald findet es selbst heraus, wie es weitergeht. Bis ein Baby aber begreift, wie es von der Bauchlage wieder zurück in die Rückenlage geht, wird es einige Zeit dauern, die meisten sind dann schon sieben bis acht Monate alt (siehe Seite 128). Natürlich ist es für Ihr Baby in der Bauchlage anfangs noch etwas anstrengender, sich im Gleichgewicht zu halten. Aber es kostet ihn in dieser Haltung bald immer weniger Kraft, den Kopf zu heben. Viele Babys üben mit Bravour, sich von den Unterarmen auf die Hände zu stützen und dann die Arme immer mehr zu strecken, um dadurch auch die Schultern und irgendwann den ganzen Brustkorb so weit abzuheben, dass sich das Blickfeld auf interessante Weise erweitert. Auch auf dem Bauch versuchen Babys nun, beide Arme und Beine gleichzeitig vom Boden abzuheben und strahlen stolz, wenn sie es geschafft haben – mit ihren rudernden Bewegungen sieht es aus, als würden sie versuchen davonzuschwimmen.

99

Motorische Meilensteile im ersten Jahr

Bewegungsform	10 %	25 %	50 %	75 %	90 %	Anteil aller Babys
Dreht sich auf die Seite	11.	14.	17.	20.	23.	Lebenswoche
Dreht sich auf den Bauch	18.	20.	24.	27.	30.	Lebenswoche
Dreht sich vom Bauch zurück	21.	25.	28.	32.	37.	Lebenswoche
Kriecht auf dem Bauch	29.	33.	38.	43.	47.	Lebenswoche
Krabbelt auf Knien und Händen	35.	39.	43.	49.	55.	Lebenswoche

Die motorischen Meilensteine erreicht jedes Kind in seinem eigenen Tempo. Laut Emmi Pikler (siehe Bücher Seite 186) meistern Babys bestimmte Bewegungen eigenständig im angegebenen Alter.

Das Baby will vom Fleck

Um an interessante Sachen zu gelangen, unternimmt Ihr Kleines in diesem Alter erste ruderartige Bewegungen, es reckt und streckt sich, doch es kommt noch nicht richtig vom Fleck. Die eigene, bewusst herbeigeführte Fortbewegung erreicht Ihr Kind mit verschiedenen Stütz- und Stemmbewegungen, wobei es seinen ganzen Körper einsetzt.

Kreiseln

Wenn Ihr Baby Kopf und Schultern gleichzeitig mit den Fersen in den Boden stemmt, kann es sein Becken vom Boden abheben. Mit Geschick entdeckt es, dass ein kleiner Rumpfschwung vor dem erneuten Aufsetzen des Beckens seine Position im Raum verändert. Dann versetzt es die Füße und macht dasselbe noch mal – und schon geht es im Kreis herum. Kreiseln funktioniert auch in der Bauchlage gut, sobald Ihr Kind sein Gewicht auf einen Unterarm stemmen kann. In Kombination mit dem Rollen kommt es mit dieser Methode schon ganz schön weit!

Rutschen und Schieben

In der Rückenlage kann Ihr Baby die Fersen auf den Boden drücken und gleichzeitig die Beine strecken – schon ist es ein Stück nach vorne gerutscht. Rutschend kann es sich sogar in einer Art Linie zur anderen Seite des Zimmers schlängeln. Auch mit wenig Aufwand lässt sich viel erreichen! Ein typisches Malheur passiert Babys, wenn sie dasselbe in der Bauchlage üben: Mit dem kräftigen Strecken der Arme schieben sich die meisten Babys zuerst nach hinten statt nach vorne – und entfernen sich mehr von ihrem Ziel, als dass sie ihm näherkommen. Jetzt brauchen die Zehen Halt am Boden, damit die Vorwärtsbewegung klappt: Helfen Sie Ihrem Kind mit einer rutschfesten Unterlage und befreien Sie es vor allem von rutschigen Söckchen. Barfuß gelingt ihm jetzt vieles besser.

Feinmotorische Entwicklung: Greifen und Begreifen

Beharrlich erarbeitet sich Ihr Baby ab dem vierten Monat das gezielte Greifen. Dafür müssen alle Sinnesorgane mitspielen, damit die Hand beispielsweise nicht danebenfasst, wenn es nach einem Spielzeug greift. So entsteht auf allen Ebenen jeder Fortschritt aus einer ganzheitlichen Entwicklung heraus. Schon länger betrachten Babys gern ihre eigenen Hände, und üben, wie ein Händchen das andere greifen kann. Dabei verfolgen sie die Hände jetzt nicht mehr nur mit den Augen, sondern auch mit Kopfbewegungen.

Mit vier bis fünf Monaten greift das Baby gezielt nach allem, das sein Interesse weckt und durch das eifrige Üben klappt das Steuern der Greifbewegungen durch die Augen mit fünf bis sechs Monaten schon fast perfekt. Ganz gezielt kann das Baby dann nach allem fassen, was ihm vor die Hände kommt, bevorzugt Mamas Halskette, Opas Brille, Papas Haare. Was immer das Baby in der Hand hat, wird von allen Seiten genau betrachtet, dabei von einer Hand in die andere gegeben und am liebsten auch sofort zum Mund geführt. Mit der ausgeprägten Tastsensibilität der Lippen lässt sich die Beschaffenheit der Dinge noch viel besser erforschen als mit dem Tastsinn der Finger, so erhält das Baby mehr Informationen, als ihm seine Augen über den Gegenstand geben.

Beim Greifen benutzt das Baby beide Hände gleich gern. Obwohl seine Rechts- oder Links-Händigkeit schon genetisch angelegt ist, bildet sich diese erst viel später aus. Als Babys sind alle Menschen noch Beidhänder.

Übung macht den Meister: Am Ende des ersten Halbjahres können viele Babys sich drehen, gezielt greifen und manche kommen schon ein wenig voran.

Stillen und Ernährung

Einfach Stillen

Für viele Frauen beginnt die schönste Phase der Stillzeit, sobald ihr Baby vier Monate alt ist. Das Stillen geht schon wie von selbst – aber über ein paar Dinge sollte man Bescheid wissen.

Wenn Ihr Baby sich ablenken lässt

Das verstärkte Interesse für die Welt im vierten Monat lässt sich mit einem Entwicklungsschub am Ende des dritten Lebensmonats erklären, nach dem die Sinnesorgane besser funktionieren. Das Baby erlebt jetzt mehr, es sieht, hört und spürt besser – das ist spannend! Dadurch lassen sich die meisten Babys auf einmal beim Trinken stark ablenken. Kein Geräusch entgeht ihnen, alles ruft ihre Aufmerksamkeit auf den Plan. Das kann mitunter ziemlich nervenaufreibend für die Mutter sein. Damit Ihr Baby richtig trinkt, ziehen Sie sich während des Stillens am besten in ein ruhiges Zimmer zurück. Zusätzlich kann es helfen, dem Baby während der Mahlzeit beide Seiten in rascherem und häufigerem Wechsel anzubieten, damit seine Aufmerksamkeit auf das Trinken gerichtet bleibt.

Hilfe, mein Baby will die Brust nicht

In dieser Phase, typischerweise zu Beginn des vierten Monats, lassen sich manche Babys vorübergehend nur noch ungern stillen, wenn um sie herum Trubel herrscht – manchmal kann das die Ausmaße eines regelrechten Streiks annehmen. Wenn Babys tagsüber streiken, trinken sie dafür meist in der Entspannung des Halbschlafs ausgiebiger. Stillen Sie Ihr Kind dann direkt vor dem Aufwachen aus jedem Schlaf. Bieten Sie Ihrem Baby die Brust tagsüber schon an, bevor es richtig hungrig ist. Versuchen Sie es auch einmal beim Spielen zwischendurch einfach auf dem Wohnzimmerteppich oder beim gemeinsamen Baden. Damit die Milch nicht zurückgeht, sollten Sie zu den üblichen Tageszeiten Ihre Milch abpumpen. Vielleicht nimmt Ihr Baby die Milch auch besser aus dem Glas an. Trösten Sie sich: Kein Streik dauert ewig.

Hilfe – das Baby weint an der Brust

Es gibt viele Gründe, warum das Trinken manchmal nicht richtig klappt, gerade am Anfang, wenn sich alles erst einspielen muss. Zu welchem Zeitpunkt weint Ihr Baby? Lehnt es die Brust von vornherein ab, weint es, nachdem es angefangen hat zu trinken, oder direkt danach? Wenn Sie die Ursache verstehen, können Sie Ihrem Kind schneller helfen.

Das Baby weint vor dem Trinken

Wenn sich das Kind, statt wie gewohnt zu trinken, abwendet und weint, kann das ganz unterschiedliche Gründe haben:

- Am Ende des dritten Monats verändert sich die Brust. Das pralle Gefühl lässt nach und sie wirkt vor den Mahlzeiten weicher als bisher. Das bedeutet, dass die Brustdrüsen nicht länger verstärkt durchblutet und mit Lymphe umspült werden. Oftmals verändert sich gleichzeitig auch der Milchspendereflex. Dieser Vorgang geht manchmal so plötzlich vor sich, dass ein Baby sozusagen »seine« Brust nicht wiedererkennt. Viele Babys reagieren irritiert und unglücklich, wenn es auf einmal ungewohnt lange dauert, bis die Milch fließt. Das kann so weit gehen, dass sie das Trinken verweigern. Ist das der Fall, spricht man von »Stillstreik« (siehe oben). Hier hilft nur Geduld. Sprechen Sie mit Ihrer Hebamme oder Stillberaterin, bald spielt sich alles wieder ein!
- Haben sich die Sauggewohnheiten geändert? Wenn Sie bisher künstliche Sauger oder Stillhütchen benutzen mussten, könnte Ihr Baby Probleme mit der Umstellung haben und deshalb die Brust ablehnen. Lassen Sie sich von Ihrer Hebamme oder Stillexpertin bei der sanften Umgewöhnung helfen.
- Hat die Milch einen anderen, ungewohnten Geschmack? Vielleicht haben Sie ein stark gewürztes Gericht gegessen oder Sie haben sich kurz vor dem Stillen körperlich sehr angestrengt – beides kann den Geschmack Ihrer Milch vorübergehend verändern. Gönnen Sie sich ein leckeres Dessert mit viel Vanille, dann schmeckt Ihre Milch bald wieder ganz normal.
- Tragen Sie einen neuen Duft? Haben Sie ein neues Waschmittel, Parfum, Deodorant oder sonstiges Körperpflegemittel verwendet? Dann werden Sie nach einer warmen Dusche sicher wieder ganz normal stillen können.

Das Baby weint während des Trinkens

Manchmal kommt es vor, dass Babys zwar nicht gerade in einen Stillstreik eintreten, aber das Saugen an der Brust immer wieder unterbrechen und dabei unglücklich und quengelig wirken. Wenn das Baby die Brust unvermittelt loslässt und dabei weint, kann eine der folgenden Ursachen dahinterstecken:

- Bei manchen Babys reagiert bei jeder Stillmahlzeit sofort der Darm: Sobald die Milch im Magen ankommt, beginnt der Verdauungstrakt heftig mit der Arbeit. Sie hören dann, wie es im Bauch Ihres Babys laut gluckert. Kommt das öfter vor, legen Sie Ihrem Kind gleich zu Beginn der Mahlzeit ein warmes Kirschkernkissen auf den Bauch, um die starken Darmbewegungen zu mildern.
- Das Baby hat sich beim Trinken verschluckt und das tut ihm weh. Nehmen Sie Ihr Kind in die Bäuerchen-Haltung (siehe Seite 62) an eine Schulter, bis es sich wieder beruhigt hat.
- Bei einem Schnupfen kann ein verstopftes Näschen das Trinken unmöglich machen. Träufeln Sie ein paar Tropfen Muttermilch oder isotone Kochsalzlösung in die Nasenlöcher, das wirkt abschwellend. Mehr dazu auf Seite 120.
- Das Baby hat eine ganz klare Lieblingsbrust und weigert sich, an der anderen Seite zu trinken. Dies kommt vor und ist letztlich kein großes Problem, denn ein Baby kann prinzipiell auch an einer Brust ernährt werden (siehe Zwillinge). Der Grund kann darin liegen, dass auf der einen Seite die Milch leichter fließt. Vielleicht ändert sich die Vorliebe Ihres Babys wieder, wenn Sie die benachteiligte Seite per Milchpumpe (siehe Seite 104) zusätzlich anregen.

103

Das Baby weint direkt nach dem Trinken

Gerade haben Sie die Stillmahlzeit beendet und waren sicher, dass das Baby gut gesättigt ist. Eigentlich sollte es doch jetzt zufrieden sein und ein wenig auf seiner Spieldecke spielen. Warum weint es dann? Wenn das Baby direkt oder kurz nach dem Trinken weint,

• muss es vielleicht nur aufstoßen, weil es beim Trinken Luft geschluckt hat. Nehmen Sie es also zuerst hoch, um zu sehen, ob es ein Bäuerchen machen muss. Danach bieten Sie ihm die Brust noch einmal an, vielleicht verspürt es nach dieser kleinen Pause wieder Hunger. Dasselbe gilt, wenn es gespuckt hat.

Zum Arzt!

Lassen Sie Ihr Baby auf jeden Fall von einem Kinderarzt untersuchen, wenn es nach jedem Trinken sehr stark erbricht, viel weint und sehr oft Hunger hat.

• hat es vielleicht Bauchschmerzen. Möglicherweise hat es zu hastig getrunken oder es wurde von einer unruhigen Umgebung abgelenkt. Legen Sie Ihrem Kind etwas Warmes, zum Beispiel ein Kirschkernkissen, auf den Bauch, reden Sie ihm beruhigend zu und trösten Sie es. Vorbeugend hilft: Legen Sie es grundsätzlich immer etwas früher an, warten Sie nicht, bis Ihr Baby vor Hunger weint. Achten Sie beim Stillen darauf, dass Ihr Baby so an der Brust liegt, dass es seinen Kopf nicht zur Seite drehen muss, um die Brust zu fassen, so ist seine Speiseröhre beim Trinken entspannter und es bekommt nicht so leicht Bauchweh.

Milch abpumpen und aufbewahren

Wann immer es während der Stillzeit sinnvoll ist, Milch abzupumpen, können Sie eine Hand- oder Elektropumpe einsetzen. Handpumpen gibt es mit Griffen oder Kolben in verschiedenen Ausführungen (nicht empfehlenswert: Ballonpumpen). Sie sind sehr gut geeignet, wenn Sie nur gelegentlich abpumpen möchten. Elektrische Milchpumpen sind für den häufigen und längerfristigen Gebrauch gedacht, zum Beispiel, wenn Sie wieder ins Arbeitsleben einsteigen wollen. Müssen Sie nur vorübergehend häufig abpumpen, leihen Sie sich am besten eine elektrische Milchpumpe in der Apotheke aus. (Ihr Frauenarzt kann Ihnen dafür auch ein Rezept ausstellen, dann ist es günstiger.)

Auch hier gibt es unterschiedliche Modelle. Wählen Sie am besten eine Milchpumpe mit Doppelabpumpset, stufenloser Saugstärke-Regelung und Intervallschaltung. Achten Sie vor allem darauf, dass die Größe der Ansaugtrichter genau zu Ihrer Brust passt, damit das Abpumpen keine Schmerzen verursacht. Um einen Milchvorrat anzulegen, pumpen Sie jeweils nach den Stillmahlzeiten die restliche Milch ab, bis Sie genug gesammelt haben.

Wie lange Sie die Milch aufbewahren können, können Sie der Tabelle rechts entnehmen. Am besten lassen Sie die Milch für eine Mahlzeit im Kühlschrank oder bei Raumtemperatur auftauen und erwärmen Sie anschließend im Wasserbad, aber niemals in der Mikrowelle, wenn sich die Milch ungleichmäßig erhitzt, besteht Verbrühungsgefahr! Denken Sie beim Füttern mit dem Fläschchen an ausreichende Hygiene (siehe auch Seite 78 und 79).

Muttermilch frisch halten

	Bei Raumtemperatur	Im Kühlschrank	In der Tiefkühlung
Frische Muttermilch im verschlossenen Behälter	• Bei 15 °C: 24 Stunden • Bei 19 – 22 °C: 10 Stunden • Bei 25 °C: 4 – 6 Stunden	Bei 4 °C: 3 – 5 Tage	• Im Tiefkühlgerät bei konstant -19 °C: 6 Monate • Im separaten Tiefkühlfach mit eigener Kühlung: 3 – 4 Monate • Im integrierten Tiefkühlfach des Kühlschranks: 2 Wochen
Im Kühlschrank aufgetaute Muttermilch	Bis zu 4 Stunden (= bis zur nächsten Mahlzeit)	24 Stunden	Nicht erneut einfrieren
Im Wasserbad aufgetaute Muttermilch	Bis zum Ende der Mahlzeit (bei Sondenernährung: bis zu 4 Stunden)	4 Stunden	Nicht erneut einfrieren
Bereits wiedererwärmte Muttermilch	Bis zum Ende der Mahlzeit	Nicht mehr füttern; lässt sich noch als Badezusatz verwenden	Nicht erneut einfrieren

Beikost: Ganz nach Bedarf

Wenn das Baby zu essen beginnt, hat es einen der wichtigsten Schritte auf dem langen Weg zur Selbstständigkeit geschafft. Deshalb ist die große Freude und Aufregung darüber, dass es erstmals neben der Milch noch etwas anderes zu sich nimmt, sehr berechtigt. Wenn ein gestilltes Baby eines Tages anfängt, sich aus anderen als den mütterlichen Quellen zu nähren, stellt das für seine Mutter eine wesentliche Etappe der Loslösung dar – eine weitere »Entbindung«. Auch für das Baby selbst kommt es einer Sensation gleich: ein ganz neuer Geschmack auf der Zunge, ein ganz neue Konsistenz im Mund, ein anderes Gefühl beim Schlucken. Verständlich, dass es dieses neue Etwas mit allen Sinnen begreifen möchte, vor allem auch mit seinen Händchen.

Wann darf ein Baby loslegen?

Alle Babys, egal ob sie gestillt oder mit dem Fläschchen ernährt werden, sollen in den ersten 16 Lebenswochen ausschließlich Muttermilch oder Formulamilch bekommen. Alle anderen Lebensmittel würden ihren noch unausgereiften Magen-Darm-Trakt überfordern. Das heißt: Frühestens nach dem vierten Monat, also erst mit Beginn des fünften Lebensmonats (das Baby ist vier Monate alt), kann Beikost angeboten werden. Milch bleibt aber

noch lange Zeit das Hauptnahrungsmittel – wie lange, das entscheidet am besten das Baby selbst.

In den ersten 24 Lebenswochen bekommen gestillte Babys alles, was sie an Nährstoffen, Kalorien und Flüssigkeit brauchen, durch die Muttermilch. Nach Bedarf gestillt werden Hunger und Durst mit Sicherheit an der Brust befriedigt. Deshalb heißt es, dass in den ersten sechs Lebensmonaten Stillen die optimale Säuglingsernährung ist.

Bei Formulaernährung ersetzt das Baby seine Milchmahlzeiten je nach Appetit allmählich durch Breimahlzeiten. Bei Ernährung mit Muttermilch hingegen ist es günstig, bei jeder Beikostmahlzeit zusätzlich auch die Brust anzubieten, weil die Muttermilch Enzyme enthält, die den kindlichen Stoffwechsel beim Verdauen und Aufnehmen von neuen Lebensmitteln unterstützen – so kann der kleine Körper die Nahrung besser verwerten. Die Immunstoffe der Muttermilch schützen das Baby im Beikostalter, deshalb sind Magen-Darm-Infektionen und Unverträglichkeits-Reaktionen wie zum Beispiel Zöliakie bei gestillten Kindern seltener.

Ist mein Baby reif für Beikost?

Individuell betrachtet beginnt das Beikost-Alter für ein Kind, sobald es aufrecht sitzen und zugreifen kann. Dann ist der Würgereflex normalerweise nicht mehr so stark ausgeprägt wie am Lebensanfang und Babys können fein zerkleinerte Nahrung oder Püree schlucken. Auch wenn Ihr Baby sich stark für das Essen auf Mamas oder Papas Teller interessiert und Kaubwegungen macht, sobald es Ihnen beim Essen zusieht, wissen Sie, dass es nun so weit ist. Zunächst muss Ihr Baby herausfinden, mit welchen Zungenbewegungen es die Nahrung von seinem vorderen Mundraum nach hinten befördern kann. Solange ein Kind beim Versuch zu essen dieselben Zungenbewegungen macht wie beim Saugen, schiebt es die Nahrung aus dem Mund hinaus statt tiefer hinein. Anfangs passiert das reflexhaft zwangsläufig, aber sobald es alt genug ist, hat Ihr Kind den Bogen schnell heraus, besonders wenn es ihm schmeckt. Dass ihm etwas nicht schmeckt, erkennen Sie übrigens sofort an seinem eindeutigen Gesichtsausdruck.

Grünes Licht für Beikost

Alter	Das Baby wird gestillt	Das Baby erhält Formulamilch
1. bis inkl. 4. Monat (16 Wochen lang)	Ausschließlich Muttermilch	Ausschließlich Formulamilch
Ab 5. Monat (17. Woche)	Ausschließlich Muttermilch, bei großer Lust auch gelegentlich Beikost	Formulamilch und Beikostmahlzeiten
Ab 7. Monat (25. Woche)	Muttermilch und Beikost nach Appetit	Formulamilch und Beikostmahlzeiten

Beispiel: Ein Kind, das am 15. Januar geboren wurde, ist ab dem 16. Mai im 5. und ab dem 16. Juli im 7. Monat.

Mama, was isst du denn da?

Irgendwann wird Ihr Kind Ihnen unmissverständlich zeigen, dass es einmal probieren möchte, so zu essen wie Sie. Aber Vorsicht vor hohen Erwartungen: Ihr Kind muss nicht gleich nennenswerte Mengen zu sich nehmen und schon gar nicht ganze Milch-Mahlzeiten durch Beikost ersetzen. Dabei lassen sich die meisten Babys viel Zeit. Viele tun das erst, wenn sie älter sind als ein halbes Jahr. Bis sie richtig gerne essen, dauert es noch ein paar Monate länger.

Das ist für Eltern eines gesunden und gut genährten Kindes kein Grund zur Sorge. Der Appetit auf einen erweiterten Speiseplan kommt, sobald Verdauungs- und Stoffwechselorgane Ihres Kindes entsprechend reif sind. Der Appetit kommt mit dem Bedarf, dieses Prinzip gehört zu den verlässlichsten Funktionen des menschlichen Körpers und funktioniert bei kleinen Kindern noch unfehlbar. Lassen Sie also Ihr Baby während Ihrer Mahlzeiten mit Ihnen zu Tisch sitzen, damit es Ihnen sein Interesse am Essen zeigen kann.

Empfehlungen für den Anfang

- Bieten Sie Ihrem kleinen Essanfänger anfangs jeweils nur ein einziges neues Lebensmittel pro Woche an. So können Sie mögliche Unverträglichkeitsreaktionen leicht zuordnen. Sie äußern sich durch Verstopfung oder kleine Pickelchen auf der Haut. Tritt so etwas auf, setzen Sie das neue Lebensmittel sofort ab und warten, bis die Reaktionen abgeklungen sind. Erst dann führen Sie nach einer Pause von mehreren Tagen ein anderes neu ein. Was sich bereits als gut verträglich erwiesen hat, können Sie weiterhin anbieten.

- Als erstes Essen bieten Sie dem Baby am besten eine Zubereitung aus einer einzigen Gemüsesorte, einer einzigen Frucht oder einer einzigen Getreidesorte an (grundsätzlich immer mit Öl). Wenn Ihr Baby dieses Lebensmittel mag und eine Woche lang gut verträgt, kann in der folgenden Woche demselben Püree eine weitere Zutat hinzugefügt werden. Das geht zum Beispiel so:
  1. Woche: Pastinakenpüree pur
  2. Woche: Pastinaken-Kartoffel-Püree
  3. Woche: Pastinaken-Kartoffel-Fleisch-Püree.

- Rühren Sie von Anfang an einen Teelöffel hochwertiges Pflanzenöl in jeden Brei (zum Beispiel raffiniertes Rapsöl, erst ab dem zehnten Monat kalt gepresstes Öl). Das Öl ist für die Aufnahme der fettlös-

Ihr Baby zeigt Ihnen, wann es dazu bereit ist, wie die Großen zu essen. Das ist nicht zu übersehen.

lichen Vitamine erforderlich (insbesondere Vitamin A, D, E und K).

- Mandelmus empfiehlt sich manchmal, um das Essen ab dem siebten Monat mit gesunden Kalorien anzureichern. 1 Teelöffel Mandelmus enthält rund 50 kcal, Vitamin E und B2, Calcium, Magnesium sowie Eisen. Zum Vergleich: 100 g Muttermilch enthält 70 Kalorien, 100 g gekochte Möhren 27. 100 g Apfel 52 und 100 g Gemüsebrei mit Fleisch rund 50 Kalorien.
- Verwenden Sie im ersten Jahr kein Salz, keinen Kristallzucker und keinen Honig. Auch Vollmilch verträgt Ihr Baby vorerst nur im Brei und nicht pur als Getränk. Ab dem 10. Monat sind milde Gewürze wie Zimt und Anis okay.
- Keine rohen, unerhitzten Lebensmittel: Alles, das Sie in der Schwangerschaft wegen der möglichen Keimbelastung nicht essen sollten, ist fürs Baby jetzt ebenfalls tabu. Reifes weiches Obst darf roh sein, doch Sie sollten es entweder schälen oder kurz in kochendem Wasser baden, um anhaftende Pilzsporen abzutöten.

Rezepte für Frühstarter

Frisch gekochtes Essen ist ruck, zuck fertig, lecker und gesund – ganz besonders, wenn Sie sich für Bioqualität und Obst- sowie Gemüsesorten aus der Region entscheiden. Im Folgenden erhalten Sie einige Grundrezepte für Beikost ab dem fünften Monat. Wenn Sie größere oder kleinere Mengen kochen möchten, verdoppeln oder halbieren Sie einfach sämtliche Zutaten. Sehr praktisch ist es, einen Teil von Babys Essen zum Beispiel in Eiswürfelbehältern für Miniportionen einzufrieren. Am besten lassen Sie es dann im Kühlschrank oder bei Zimmertemperatur schonend auftauen und erwärmen

es im Wasserbad. Vom Erwärmen in der Mikrowelle wird wegen der ungleichmäßigen Hitzeentwicklung immer wieder gewarnt, – es könnte eine winzige Menge so heiß sein, dass sich das Baby die Zunge verbrennt. Gut geeignet für den Anfang sind milde Gemüse- und Obstsorten: Fenchel, Karotte, Kürbis, Pastinake und Zucchini sowie Apfel, Aprikose, Banane, Birne und Melone.

Ihr Baby lässt sich gerne füttern? Dann geben Sie ihm, was es am liebsten mag: Gemüsepüree, Obstmus oder Getreidebrei.

- Gemüsepüree pur: 120 g Gemüse (zum Beispiel Pastinake, Möhre oder Kürbis) putzen und klein schneiden. Anschließend in 50 ml Wasser zugedeckt weich garen, pürieren und etwas abkühlen lassen. Zum Schluss einen 1 EL Rapsöl unterrühren.
- Gemüse-Kartoffel-Püree mit oder ohne Fleisch: 60 g Gemüse putzen, 40 g Kartoffeln schälen, alles klein schneiden und mit 5 EL Wasser zugedeckt weich garen (auf Wunsch jeden zweiten Tag auch 20 g Fleisch nach Wahl mitgaren). Alles sehr fein pürieren, abkühlen lassen und 1 TL Rapsöl untermischen.
- Gemüse-Reis-Püree: 120 g Gemüse putzen und klein schneiden. In 50 ml Wasser zugedeckt weich köcheln, 60 g gekochten Reis oder Hirse dazugeben und alles zusammen pürieren. Etwas abkühlen lassen und je 1 TL Rapsöl und Mandelmus unterrühren. Sobald Sie wissen, welche Gemüsesorten Ihr Kind gut verträgt, können Sie diese hier beliebig mischen – oder eben einzelne Gemüse kochen.
- Getreide-Milch-Brei: 20 g Getreideflocken (Haferschmelz-, Reis- oder Hirseflocken) in je 100 ml Milch (Formula- oder Vollmilch) und Wasser unter Rühren in wenigen Minuten zu einem Brei kochen. Kurz nachquellen und etwas abkühlen lassen. Bei gestillten Babys den Brei nur mit 200 ml Wasser zubereiten. Statt Wasser können Sie auch Fenchel- oder Melissentee verwenden. Beide Sorten haben eine beruhigende Wirkung auf Babys Magen-Darm-Trakt.
- Obstmus mit Getreide: 20 g Getreideflocken und 100 g geputztes Obst in 100 ml Wasser unter ständigem Rühren wenige Minuten köcheln, dann nachquellen und etwas abkühlen lassen. Anschließend pürieren oder, beim größeren Baby, zerdrücken, 1 EL Rapsöl oder Butter oder Mandelmus unterrühren.
- Obstmus mit Zwieback: 3 – 4 Stück zuckerfreien Dinkel-Zwieback in 100 ml Apfelsaft bröseln, eine halbe Banane in Scheiben schneiden und dazugeben. Dann alles pürieren oder, beim größeren Baby, gut mit der Gabel zerdrücken und mit je 1 TL Rapsöl und Mandelmus verrühren.

Beikost aus dem Becher

Wenn ein Baby alt genug ist, möchte es aufrecht sitzend das Essen mit den Händen zum Mund führen, wie es das

Wenn Ihr Baby keinen Brei mag oder zu Verstopfung neigt, können Sie ihm sein Gemüse auch in Form von Cremesuppen anbieten.

Tag für Tag bei den Großen beobachtet. Da es feinmotorisch aber noch nicht so weit ist, mit dem Löffel zu hantieren, bieten Sie ihm doch sein Kürbis-Püree als Kürbiscreme-Suppe oder sein Birnenmus als Birnen-Smoothie aus einem kleinen Trinkgefäß an! Das kann Ihr Kind mit beiden Händchen umfassen, während Sie es mit einer Hand sicher von unten stützen. So hat Ihr Baby die Möglichkeit eifrig zu üben, den Becher so zu kippen, dass nicht zu viel und nicht zu wenig Brei herausfließt und es gerade so nippen oder schlürfen kann, wie es das möchte. Rühren Sie beim Zubereiten einfach etwas mehr Wasser oder ein wenig Hafermilch in den Brei, bis er die richtige Konsistenz erreicht hat. Auch Reis- oder Mandelmilch ist hier gut geeignet, ebenso wie selbst gekochte, salzfreie Gemüse- oder Hühnerbrühe. Smoothies und Cremesuppen sind übrigens auch für den Fall ideal, wenn der Stuhl Ihres Babys einmal zu fest sein sollte.

Essen ohne Stress

Gehört Ihr Baby zu denjenigen, die sich für das typische »Babyessen« nicht begeistern können? Bei seinen Beikost-Empfehlungen hat das deutsche Forschungsinstitut für Kinderernährung sich am typischen Essverhalten der Deutschen orientiert. Selbstverständlich würden japanische oder afrikanische Experten ganz andere Empfehlungen zusammenstellen. Deshalb steht es Ihnen natürlich frei, Ihr Kind in einer Weise mit dem Essen Bekanntschaft schließen zu lassen, die zu Ihrer Familie passt. Obwohl das Forschungsinstitut empfiehlt, zuerst mittags ein Gemüsepüree, dann abends einen Milchgetreidebrei und schließlich nachmittags

einen Obstgetreidebrei anzubieten, ist das kein ehernes Gesetz. Wenn Ihrem Baby vorerst nur Obstmus schmeckt, spricht nichts dagegen, ihm eben nur dieses Püree zu geben anstatt zum Beispiel Karottenpüree. Wenn eine Mutter nachmittags ihr Baby aus der Krippe holt, kann sie ihm seine ersten Löffelchen Beikost erst dann zu Hause anbieten und muss das nicht der Krippe überlassen, wenn sie es selbst erleben möchte. Es ist nicht so wichtig, ob das Kind mittags den ersten Brei isst oder nachmittags, ob es überhaupt Brei mag oder lieber breifreie Beikost und Fingerfood – wichtig ist, das Essenlernen so zu gestalten, wie es Ihnen und Ihrem Kind richtig Freude macht!

Gläschen kaufen?

Statt selbst zu kochen sind fertige »Babygläschen« mit Gemüse- oder Obstbrei eine praktische und schnelle Alternative, auf die viele Mamas zumindest für Zwischendurch oder auf Reisen ausweichen. Sie können sich ohne schlechtes Gewissen dafür entscheiden, wenn Sie darauf achten, dass die Liste der Zutaten klein, überschaubar und verständlich ist. Unbedingt auf dem Etikett stehen sollte: »Ohne Zuckerzusatz«. Zutaten, die von Natur aus süß sind, sind gesund – zugesetzter Zucker hingegen ist ungesund. Vielleicht entscheiden Sie sich auch hier gleich für Bioprodukte, diese garantieren weitestgehend Schadstofffreiheit (Adresse von Öko-Test siehe Seite 185).

Gluten

Gluten ist ein gesunder Bestandteil von Getreideeiweiß, den aber Menschen mit der angeborenen Stoffwechselkrankheit Zöliakie nicht vertragen. Sie bekommen davon schwerwiegende Darmprobleme. Es handelt sich dabei nicht um eine allergische Reaktion (Immunsystem), sondern um eine Unverträglichkeit (Stoffwechsel). Ob ein Kind mit dieser Veranlagung auf die Welt gekommen ist, stellt sich erst durch seine Reaktion auf Gluten heraus und ist anders nicht feststellbar. Für noch kleine Babys wäre diese Reaktion möglicherweise problematisch, deshalb ist Gluten in industrieller Säuglingsnahrung für die ersten vier Lebensmonate verboten und der Glutengehalt muss auf den Packungen von Säuglingsnahrung deklariert sein. Neuere Studien weisen darauf hin, dass die Ernährung am Lebensanfang eine große Rolle bei der möglichen Entwicklung oder dem Schweregrad einer Zöliakie spielt, sofern die Veranlagung vorliegt. So hat man festgestellt, dass das Risiko, eine Zöliakie zu entwickeln, bei Kindern unter zwei Jahren vermindert war, wenn sie während und nach der Einführung von glutenhaltigen Getreidesorten noch häufig gestillt wurden. Deshalb empfiehlt das Forschungsinstitut für Kinderernährung (FKE) heute als Maßnahme zur Vorbeugung, kleine Mengen an glutenhaltigen Getreiden (zum Beispiel Hafer-Schmelzflocken) schon mit der ersten Beikost anzubieten, also möglichst ab dem fünften Monat, und zwar vorzugsweise solange das Kind noch häufig an der Brust trinken darf. Achten Sie bei der Einführung des ersten glutenhaltigen Getreidebreis auf die Verdauungsreaktion. Glutenfrei sind Reis, Hirse, Buchweizen, Amarant, Quinoa, Mais und Soja; glutenarm ist Hafer.

Das Allergierisiko senken

Ein bisschen Joghurt probieren, von Papas Frühstücksei naschen, an einem Weizenbrötchen knabbern, ein kleines Fisch-stückchen lutschen – aber gerne, nur zu! Die Zeiten sind vorbei, in denen einem Beikost-Baby viele Nahrungsmittel der Großen verwehrt blieben, weil diese im Verdacht standen, Allergien zu fördern. Seit November 2009 ist die gesamte Liste von »hyperallergenen« Lebensmitteln ersatzlos gestrichen, die bis dahin in der Babykost vermieden werden sollten. Die Zahl der allergiekranken Kinder war trotz dieser strengen Ernährungsvorschriften nicht zurückgegangen. Tatsächlich versucht man es nun anders herum, in der Hoffnung, einer Allergieprävention damit näher zu kommen. Jetzt gilt die Empfehlung: An unterschiedliche Lebensmittel sollen Babys ruhig schon in einem Alter herangeführt werden, in dem sie normalerweise noch mit der immunstarken Muttermilch gestillt werden. Vielleicht macht das ihr Immunsystem allergieresistenter? Fisch zum Beispiel, vorher in Verdacht hochallergen zu sein, wird heute in kleinen, gelegentlichen Mengen empfohlen. Bei traditionell ernährten Kindern aus türkischen Großfamilien wurde zum Beispiel beobachtet, dass sie deutlich weniger Allergien ausbilden. In diesen Familien wird einerseits wesentlich länger gestillt und andererseits früher vom normalen Familienessen probiert. Lassen Sie sich nicht verwirren: In Büchern und Publikationen, die vor November 2009 in Druck gegangen sind, werden Sie noch die veralteten Empfehlungen finden. Lassen Sie von Anfang an zu, dass Ihr Baby selbst entscheidet, wie viel es von den angebotenen Speisen essen möchte. Wenn Sie versuchen, Ihr Kind zum Essen zu überreden, verlernt es, auf seinen Hunger- und Sättigungsimpuls zu hören. Selbst essen zu dürfen ist eine aufregende Erfahrung, die Ihr Baby mit all seinen Sinnen genießt.

Alles für gesunden Schlaf

In diesem Alter sind Babys längst an den Tag-Nacht-Wechsel gewöhnt und haben die längeren Schlafphasen in die Nacht verlegt. Und doch kommen jetzt die anstrengendsten Nächte, denn vom fünften oder sechsten Lebensmonat an ist der Babyschlaf oft ganz schön unruhig. Es passiert jetzt ständig etwas Neues und Aufregendes in der Entwicklung, davon bleibt der Schlaf leider nicht unberührt. Dabei treibt uns kaum etwas so schnell an den Rand der Erschöpfung wie schlaflose Nächte. Zum Glück können Sie einiges tun, um sich die Situation zu erleichtern.

»Und, schläft es schon durch?«

Keine andere Frage hören Eltern im ersten Lebensjahr ihres Kindes häufiger. Das Durchschlafen gilt als Maßstab für frühe Selbstständigkeit und diese Eigenschaft ist eine der höchst geschätzten in unserer Kultur. Interessanterweise entwickelt sich echte Eigenständigkeit am schnellsten, wenn Eltern sie nicht zu früh einfordern, sondern sich erst einmal darauf konzentrieren, ihrem Baby Geborgenheit zu vermitteln. Neue Studien zeigen, dass für die Stärkung der Bindungssicherheit die Erfahrungen, die Babys in der Nacht machen, ganz wesentlich sind, denn dies ist die Zeit, in der sie ihre Eltern am stärksten brauchen und am stärksten überfordert sind, wenn sie allein gelassen werden. Die gängigen Vorstellungen, dass ein Baby schon recht früh durchschlafen müsste, stimmen mit der Realität recht wenig überein. Es ist wichtig, realistische Erwartungen zu haben, damit Sie sich die Nächte nicht schwerer machen, als sie eh schon sind. Statistisch gesehen wachen die meisten Babys im gesamten ersten Lebensjahr so gut wie jede Nacht mehrmals auf. Im Alter von drei Monaten zwei bis drei Mal pro Nacht, mit neun Monaten rund fünf Mal und mit zwölf Monaten wieder zwei bis drei Mal. Und auch von den Kleinkindern weckt mindestens jedes Dritte auch mit zweieinhalb Jahren nachts noch regelmäßig seine Eltern.

Warum Babys aufwachen

Babys haben ein anderes Schlafprogramm, in dem noch keine langen Tiefschlafphasen vorgesehen sind, es gibt im ersten Lebenshalbjahr noch nicht mal einen wirklich tiefen Schlaf. Obwohl manche Babys ihre Eltern während der ersten Monate wochenlang mit nächtlichen Durchschlafphasen verwöhnen, ist damit durch die vorangeschrittene Bewusstseinsentwicklung auch bei diesen wenigen Babys meist im vierten oder fünften Monat wieder Schluss. Der Grund: Alle Babys haben einen inneren Drang, sich nachts mehrmals zu vergewissern, dass sie bei ihren Eltern sind. Der Kinderarzt und Evolutionsbiologe Dr. Renz-Polster erklärt das mit dem Schutzbedürfnis, das im Laufe der menschlichen Entwicklung immer eine entscheidende Rolle gespielt hat und das auch heute noch wirkt. Weil die Säuglinge unserer Vorfahren ohne schützende Nähe von Erwachsenen im Dunkel der Nacht schnell das Opfer von Säbelzahntigern, Bären und Giftschlangen geworden wären, empfinden auch unsere Babys nächtliches Alleinsein noch als lebensbedrohlich. Der leichte Schlaf und das häufige Aufwachen, das typisch ist für den Lebensanfang, kann als kluger Schachzug der Evolution gesehen werden, um das Überleben von Nachkommen zu sichern. Deshalb protestieren Babys, wenn sie sich nachts alleine fühlen. Ansonsten stören sie nicht groß – sie spüren ihre Mutter, trinken kurz und schlummern sofort beruhigt wieder ein. Sofern sie neben ihrer Mutter schlafen dürfen. Und solange nicht etwas anderes erschwerend hinzukommt.

Bessere Nächte:
Mama und Baby im selben Bett

Mütter, die gemeinsam mit ihrem Baby im selben Bett schlafen, erleben ein viel geringeres Schlafdefizit als Mütter, die nachts mehrmals aufstehen, weil ihr Baby im Gitterbettchen nebendran oder sogar in einem anderen Raum schläft. Durch die körperliche Nähe passen sich die Schlafzyklen von Mutter und Kind aneinander an, sodass die Mutter nicht aus dem Tiefschlaf geweckt wird, wenn das Baby aufwacht – das ist entscheidend für die erholsame Wirkung des Schlafs. Aus dem Tiefschlaf gerissen zu werden ist extrem unangenehm, viele Mütter können danach nur schwer wieder einschlafen. Videostudien von Mutter und Baby im selben Bett zeigen, dass sich ihr Schlafverhalten zunehmend aufeinander einstellt. Sowohl im Schlaflabor als auch im eigenen Bett legen sich schlafende Mütter unbewusst in Positionen, die das Baby schützen, beide bewegen sich je nach Körpertemperatur aufeinander zu und voneinander weg, und das Baby kann die Brust nehmen und gestillt werden, ohne dass es selbst oder die Mutter vollständig aufwachen müsste.

Wenn Mutter und Baby im gleichen Bett schlafen, muss niemand für die nächtliche Mahlzeit aufstehen und alle bekommen mehr Schlaf.

Mehr Schlaf für alle

Nehmen wir an, Ihr Baby hatte um 19.30 Uhr seine letzte Mahlzeit und schläft um 20 Uhr ein. Sobald es in der Lage ist, sechs Stunden durchzuschlafen, tut es das – wie fast alle Babys – wahrscheinlich ab 20 Uhr. Es schläft wunderbar bis 2 Uhr morgens durch. Von da ab wacht es wieder alle drei Stunden auf, um kurz zu trinken. Wenn Sie selbst wie gewohnt am späten Abend zu Bett gegangen sind, haben Sie also leider überhaupt nichts von diesem großen, lange herbeigesehnten Entwicklungsschritt Ihres Kindes – Sie werden weiterhin um 2 Uhr geweckt und erneut um 5 Uhr. Sie bekommen nicht mehr Schlaf am Stück als vorher. Deshalb lautet unser erster Rat für mehr Eltern-Schlaf in dieser Entwicklungsphase: Geben Sie dem Baby grundsätzlich immer eine Mahlzeit, bevor Sie selbst schlafen gehen! Wenn Sie Ihr Baby ausgiebig stillen, direkt bevor Sie selbst zu Bett gehen, hat dies drei große Vorteile für Sie:

- Sie werden nicht schon kurz nach dem Einschlafen wieder von einem hungrigen Baby geweckt. Erwachsene befinden sich innerhalb der ersten zwei Stunden im tiefsten Stadium des Tiefschlafs, aus dem das Erwachen besonders schwerfällt. Wenigstens einmal pro Nacht lässt es sich also vermeiden, vom Baby aus dieser Schlafphase geweckt zu werden.
- Sie sorgen auf diese Weise dafür, dass Sie auch etwas davon haben, wenn Ihr Baby endlich einmal sechs Stunden durchschlafen kann. Hat Ihr Baby um 22.30 Uhr, bevor Sie selbst schlafen gehen, seine letzte Mahlzeit und schläft schon bald von 23 Uhr an sechs Stunden durch, dann fallen diese sechs Stunden in Ihre eigene Schlafenszeit.
- Ihr Baby bleibt morgens länger satt, wenn es groß genug ist, um nachts durchzuschlafen. Viele Mütter leiden darunter, dass die Nacht um 5 Uhr morgens vorbei ist, weil das Baby aufwacht und Hunger hat. Für ein knapp einjähriges Kind ist es eine große Leistung, von 19.30 bis 5 Uhr ohne Mahlzeit auszukommen. Wenn die Eltern trotzdem gern bis 7 Uhr schlafen möchten, führt kein Weg daran vorbei, das Baby noch einmal zu stillen, bevor sie selbst schlafen gehen.

Am besten fügt sich diese Praxis in Ihren täglichen Ablauf ein, wenn Sie die Mahlzeit beibehalten, die Ihr Baby anfangs immer gegen 22 oder 23 Uhr hatte – lassen Sie es also von Anfang an nicht zu, dass es diese Mahlzeit verschläft. Sie brauchen es dafür noch nicht einmal aufzuwecken, denn das Baby kann auch im Traumschlaf trinken. Und sollte es dennoch aufwachen, ist auch das nicht schlimm: Nach dem Trinken wird es einfach weiterschlafen.

Allmählich können Sie den Zeitpunkt für diese letzte Mahlzeit am späten Abend fließend an Ihre eigene Schlafenszeit anpassen: Wenn Sie normalerweise um 23 Uhr ins Bett gehen, ist 22.30 Uhr der beste Zeitpunkt, um Ihr Baby noch einmal ausgiebig zu stillen. Am besten tun Sie das jeden Tag um diese Zeit, egal, wann es davor zuletzt getrunken hat. Diese Mahlzeit am späten Abend kann die einzige sein, welche täglich zur selben Zeit stattfindet.

Papas Nachtschicht

Ab dem vierten Monat kann das Baby auch einmal eine Mahlzeit aus abgepumpter Muttermilch bekommen – vom Papa aus der Flasche – und die Mutter kann endlich einmal wieder fünf bis sechs Stunden am Stück schlafen. Wenn Sie tagsüber beispielsweise nach jedem Stillen den Rest der Milch abpumpen (siehe Seite 104), kommt im Laufe des Tages sicher genug für eine Nachtmahlzeit zusammen. Die Milch wird am besten in einem Babyfläschchen angesammelt und im Kühlschrank frisch gehalten. Nachts bringt der Vater sie dann im Flaschenwärmer auf Trinktemperatur, sobald sich das Baby meldet. Dauert das Milcherwärmen für das Baby zu lang, kann es schon mal ein wenig Tee bekommen, um die Wartezeit zu überbrücken. Tee darf die ganze Nacht in der Thermoskanne auf Trinktemperatur gehalten werden. Am besten funktioniert so eine Nachtschicht, wenn Sie als Papa das Baby bereits ins Bett bringen oder daran zumindest beteiligt sind. Natürlich müssen Sie den versäumten Schlaf anderntags per Mittagsschlaf nachholen können, also erfolgt Ihr Einsatz vermutlich nur vor arbeitsfreien Tagen. Aber selten ist besser als gar nicht, denn es ist die wichtigste Hilfe für übernächtigte Mütter und unterstützt ein harmonisches Familienleben.

Brauchen Babys ein Einschlafritual?

Rituale sind schön, nur: Sie dauern oft zu lang. Wenn ein kleines Baby zeigt, dass es müde ist, ist es höchste Zeit fürs Bett.

Ist dieser Punkt verpasst, beginnt oft das Geschrei und das Baby kann vielleicht erst eineinhalb Stunden später wieder einschlafen. Viele Eltern machen die Erfahrung, dass ihre Babys nach dem nett ausgedachten Gute-Nacht-Ritual mit Liedern und Geschichten und Bärchenküssen plötzlich wieder putzmunter sind. Dann hat es schlicht zu lang gedauert.
Der Sinn eines Einschlafrituals ist es, das Baby auf den Schlaf einzustimmen. Im jetzigen Alter braucht es dafür noch nicht mehr als eine vollkommen gleichbleibende Abfolge der Bettgeh-Zeremonie: Ausziehen, Waschen, Wickeln, Schlafanzug anziehen, Stillen – wiederholen Sie Abend für Abend dieselben Schritte in genau derselben Reihenfolge und nie andersherum. Das erhöht den Wiedererkennungswert und das Baby kann sich bald schon intuitiv darauf einstellen, was

als Nächstes kommt. Vielleicht singen Sie zum Abschluss noch leise das immer gleiche Lied, das dauert nicht länger als zwei Minuten und genügt vollkommen. Dabei erleichtern ganz simple, abfallende Melodien, die sich stetig wiederholen, Ihrem Kind den Weg in den Schlaf. Beispiel für ein ideales Wiegenlied ist »Schlaf, Kindlein, schlaf«.

Richtige kleine Rituale werden wichtiger, je älter das Baby wird. Im Kleinkindalter machen sie am meisten Spaß.

Schlaf am Tag

Tagsüber verändert sich der Schlaf von Babys in diesem Alter oft mehr als in der Nacht. Zwischen dem Aufstehen am

Mit vier bis sechs Monaten tun Ihrem Baby tagsüber noch drei bis vier Schläfchen gut.

frühen Morgen und dem Zubettgehen am Abend halten die meisten Babys mit vier Monaten noch vier Nickerchen von unterschiedlicher Dauer.

Hier gilt die Regel: Je kürzer die Nickerchen des Babys sind, desto mehr braucht es davon – je öfter Babys tagsüber schlafen, desto kürzer darf das jeweils sein. Tatsächlich ist es in diesem Alter meistens günstiger für das Wohlbefinden, dass das Baby drei bis vier Mal tagsüber schläft als dass es einmal sehr lange schläft und dann viele Stunden überhaupt nicht.

Vier Schläfchen sind okay

Die meisten Babys schlafen im Verlauf des Tages einmal etwas länger, zum Beispiel 60 bis 90 Minuten, und die anderen drei Male jeweils nur 30 Minuten, »da kann ich die Uhr danach stellen« erzählen die Eltern. Günstig ist es, wenn die Eltern allmählich ein Gespür dafür bekommen, zu welcher Tageszeit ihr Baby besonders leicht einschläft: Vielleicht vormittags beim Spaziergang zum Bäcker, mittags nach dem Stillen und dann noch mal am frühen Abend, wenn es im Tragetuch ist, während das Abendessen zubereitet wird. Aber Achtung: Solange man sie im Kinderwagen spazieren fährt oder im Tragesystem trägt, können Babys jetzt oft auch mehrere Stunden am Stück schlafen. Das ist okay, solange die Nächte stimmen. Schlafen Babys tagsüber regelmäßig zu viel insgesamt oder zu lange am Stück, kann es dazu führen, dass es nachts längere Wachphasen gibt, die für die Eltern sehr erschöpfend sein können. Wird dann der Tagschlaf reduziert, ist auch der Nachtschlaf wieder gut. Mit fünf oder sechs Monaten ändert sich der Schlafbedarf wieder und es sind normalerweise nur noch drei Tagesschläfchen.

Pflege und Gesundheit

Der erste Zahn

Bei fast allen Babys kommt das erste Zähnchen zwischen dem vierten und zwölften Lebensmonat, meistens zwischen dem siebten und zehnten. Bei manchen Babys brechen die ersten Zähnchen so unauffällig durch, dass die Eltern sie ganz »zufällig« eines Tages vorfinden, aber das ist eher die Ausnahme. Normalerweise ist jeder neue Zahn mit einer allgemeinen Unruhe verbunden, die vor allem vorübergehend die Nächte stört.

Daran erkennen Sie, dass Ihr Baby zahnt

Manche Milchzähne kommen völlig überraschend, bei anderen ist vielleicht schon seit Längerem das Zahnfleisch gerötet, geschwollen und sehr empfindlich, auch die Bäckchen sind röter als sonst. Viele Babys sind in dieser Phase reizbar, haben einen wunden Po, Durchfall oder Verstopfung, schlafen schlechter, weinen mehr und wollen nicht alleine sein. Eine anstrengende Zeit für die Eltern, vor allem, weil sich erst rückblickend mit Sicherheit sagen lässt, dass dieser Zustand durch das Zahnen verursacht wurde. Schließlich hilft es meist schon ein wenig zu wissen, warum das Baby so unleidig ist. Unwohlsein, das durch das Zahnen entsteht, unterscheidet sich von ernsteren Erkrankungen dadurch, dass es nur kurz auftritt und immer wieder abklingt. Denken Sie bei Schmerzen trotzdem immer auch an andere Erkrankungen. Wer alles ungeklärt auf die Zähne schiebt,

übersieht vielleicht etwas, zum Beispiel eine behandlungsbedürftige Mittelohrentzündung, die ebenfalls ein Grund für plötzliche nächtliche Schmerzen sein kann (siehe Seite 171). Klarheit bringt im Zweifelsfall eine Ohrspiegelung in der Kinderarztpraxis am folgenden Tag. Von richtigem Fieber (siehe Seite 173) wird der Durchbruch der Schneidezähne nur selten begleitet, eher kommt es zu einem leichten Temperaturanstieg, vor allem beim Durchbruch der Eckzähne. Was Ihrem Baby bei Zahnungsbeschwerden hilft und wie die ersten Zähnchen zu pflegen sind, lesen Sie ab Seite 143.

Auch wenn sich im Mund Ihres Babys noch kein kleines weißes Zähnchen zeigt, spürt Ihr Baby, wie es in seinem Kiefer arbeitet. Daran können Sie erkennen, ob die Zähne schieben:

- Ihr Baby will unbedingt auf etwas herumkauen und hat ständig ein paar Fingerchen im Mund.
- Der Speichelfluss hat deutlich zugenommen und Ihr Kind sabbert stark.

Sie können die Ursache für unruhige Nächte sein, aber wenn die ersten Zähnchen da sind, ist die Freude groß.

Die kinderärztliche Vorsorge

Der vierte Termin: U4

Der vierte Untersuchungstermin steht zwischen dem dritten und vierten Monat im Kalender. Neben den üblichen körperlichen Untersuchungen und der Beurteilung des allgemeinen Befindens geht es bei der U4 vor allem darum, mögliche Koordinations- und Haltungsstörungen aufzuspüren, deren Ursache im Gehirn liegen könnten.

So zieht der Arzt oder die Ärztin Ihr Baby an beiden Händen vom Liegen zum Sitzen hoch, um seine Kopfkontrolle zu testen: Kann es seinen Kopf beim Hochziehen mitnehmen und in der Mitte halten? Wie steht es damit in der Bauchlage? Stützt es sich auch mit den Unterarmen gut genug ab, um den Kopf frei zu heben? Zudem betrachtet der Arzt die Formung der Wirbelsäule, die Stellung der Hüften, die Kopfform, den Zustand der Fontanellen sowie die Hand-Hand- und die Hand-Mund-Koordination.

Falls Sie beobachtet haben, dass Ihr Baby seine Hände noch häufig stark faustet, dass es sich in der Bauchlage verdreht oder überstreckt, in der Rückenlage seine Beine nicht abhebt, dass es noch häufig ausfahrende Bewegungen macht, keine Gesichter fixiert oder auf laute Geräusche nicht reagiert, sollten Sie dies ansprechen. Spielerisch wird überprüft, ob Ihr Baby spontan lächelt und Laute formt, ob es Personen oder Gegenständen mit dem Blick folgt, ob oder wie gut es nach etwas greifen kann. Wieder gibt es Gelegenheit, alle Fragen zu Schlaf, Ernährung und Verdauung, Schreien, Spielen und allgemeinem Verhalten zu besprechen.

Impfungen

Erfolgte die erste Impfung gegen Tetanus, Diphtherie, Keuchhusten, Kinderlähmung, Haemophilus influenzae Typ b (Hib) und Hepatitis B und Pneumokokken wie empfohlen in der neunten Lebenswoche, kann bei der U4 oft schon die zweite Impfung erfolgen. Auch die Impfung gegen Rotaviren wird fortgesetzt oder beendet. Geimpft wird allerdings nur, wenn Ihr Baby ganz gesund ist. Um sich davon zu überzeugen, kontrolliert der Arzt Ohren und Mandeln und hört es kurz ab, um sicher zu sein, dass die Bronchien frei sind.

Die Ärztin prüft die Kopfkontrolle, indem sie das Baby an beiden Händen zum Sitzen hochzieht.

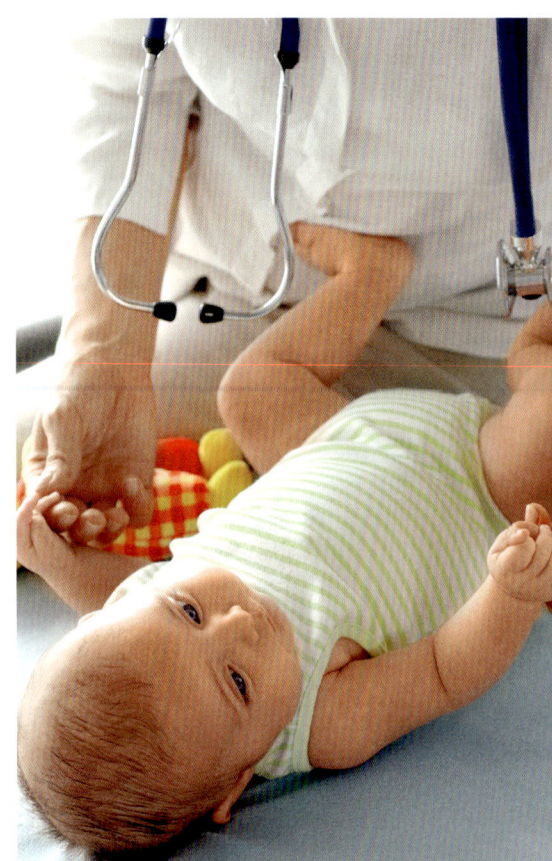

Für die U5

Der fünfte Untersuchungstermin ist im Alter von sechs bis sieben Monaten vorgesehen – wir haben ihn deshalb ins nächste Kapitel genommen (siehe Seite 145). Wir empfehlen im Normalfall, damit möglichst zu warten, bis das Baby ein halbes Jahr alt ist. Es ist dann in allem schon ein wenig weiter und wird deshalb einen besseren Eindruck machen. Und das macht Eltern schließlich Freude.

Das zeigt die Verdauung

Viele Babys reagieren auf neue Lebensmittel im Zuge der Beikosteinführung mit einer veränderten Verdauung. Das ist bis zu einem gewissen Grad normal, solange das Baby keine Beschwerden hat. Die häufigste Reaktion ist dabei eine Stuhlverhärtung und damit einher eine Art Verstopfung. Wie Sie damit umgehen, steht im Beikost-Kapitel: Füttern Sie eher in der Konsistenz von Smoothie oder Cremesuppe als von Pürree und Brei.

Hat das Baby Durchfall?

Häufiger und dünner Stuhl allein muss im Säuglingsalter kein Zeichen für Durchfall sein und ist nicht beunruhigend. Schnell stuhlfestigend wirken kann dann ein roh geriebener Apfel, der an der Luft braun geworden ist, auch frische oder getrocknete Heidelbeeren helfen.
Wenn der Stuhl jedoch plötzlich sehr viel häufiger und dünner wird und das Baby gleichzeitig Anzeichen von Unwohlsein zeigt, beispielsweise quengelig und an-

Wichtig

Gehen Sie mit Ihrem Kind zum Kinderarzt, wenn der Durchfall länger als sechs Stunden anhält!

hänglich ist, besprechen Sie sich lieber mit Ihrem Kinderarzt.
Der echte Durchfall – die sogenannte Diarrhoe – zeigt sich beim Baby an einem veränderten, üblen Geruch und einer ungewöhnlich schaumigen oder schleimigen Beschaffenheit des Stuhls. Dann kommt als Ursache eher nicht die Beikost oder die Zahnung infrage, sondern eine Magen-Darm-Infektion.

Babys Wachstum

Nach den ersten drei Monaten wachsen Babys sichtlich weniger rasch in die Länge oder Breite: Sie legen durchschnittlich »nur« noch etwa zwei Zentimeter an Länge und 300 bis 600 Gramm an Gewicht pro Monat zu. Dabei hat jedes Baby sein eigenes Wachstumstempo, das ihm genetisch in die Wiege gelegt wurde. Bei den vorgesehenen kinderärztlichen Untersuchungen werden das Längenwachstum, das Gewicht und der Kopfumfang Ihres Babys gemessen und entlang der Perzentilkurven in das gelbe Untersuchungsheft eingetragen. So kann Ihr Kinderarzt mit einem Blick erkennen, wie sich das individuelle Wachstum in Relation zum Durchschnitt verhält.
Doch Vorsicht: Das optimale Wachstum verläuft keineswegs entlang von durchschnittlichen Linien, sondern ausschließlich entlang der individuellen genetischen

Vorgaben. Verläuft die individuelle Zunahme unterhalb der Durchschnittswerte, so ist das nicht automatisch negativ, genauso wenig ist es positiv, wenn ein Kind überdurchschnittlich viel zunimmt. Ob ein Baby vollkommen gesund heranwächst, kann nur anhand der Gesamtbeobachtung beurteilt werden.

Mögliche Beschwerden

Pilzinfektion – Soor

Diese Candidapilzinfektion zeigt sich im Mund des Babys in Form eines weißen, fleckigen Belags, der sich nicht leicht abwischen lässt, am Babypopo tritt er als hartnäckiges, behandlungsresistentes Wundsein auf. Bei stillenden Müttern greift die Pilzinfektion vom Mund des Babys leicht auf die Brust über und verursacht dort Schmerzen.

Soor sollten Sie immer vom Kinderarzt abklären lassen, gegebenenfalls verschreibt er Ihrem Kind für die betroffenen Stellen Antimykotika, die meist aufgepinselt werden. Behandeln Sie gegebenenfalls auch Ihre Brust damit und verwenden Sie luftdurchlässige Einmal-Stilleinlagen. Pilzsporen sind sehr überlebensfähig, besonders in fettem, feuchtem Milieu. Wechseln Sie Ihre Wäsche während einer akuten Pilzinfektion täglich und waschen Sie sie bei mindestens 60 °C.

Milchschorf

Sehr viele Babys haben einen schuppigen Belag auf der Kopfhaut, der sich hartnäckig hält. Er juckt nicht und stört das Baby in keiner Weise. Weil er etwas unschön ist, möchten ihn viele Eltern entfernen. Er ist jedoch normalerweise harmlos und

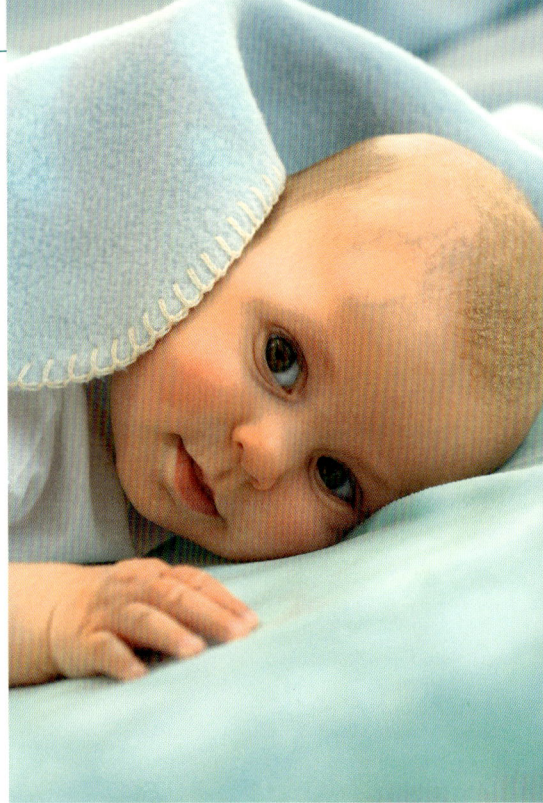

Ein schuppiger Belag der Kopfhaut ist relativ häufig bei kleinen Babys und muss nicht immer Milchschorf sein.

bedarf keinerlei Behandlung, nach einiger Zeit vergeht er von selbst. Im Volksmund heißt er zwar Milchschorf, aber hautmedizinisch nennt man ihn Kopfgneis und spricht nur bei einem juckenden Ekzem im Kopfbereich von Milchschorf. Die fettigen Beläge lassen sich gut mit pflanzlichem Öl aufweichen und dann vorsichtig auskammen.

Schnupfen

Schnupfen ist nichts anderes als eine gute Abwehrreaktion des Körpers. Die Nasenschleimhäute verhindern damit, dass Keime durch die Nasenöffnung aufsteigen können – stattdessen werden sie mit den Sekreten ausgeschieden. Deshalb sagt schon ein altes Sprichwort: »Ein Schnupfen hält 100 Krankheiten ab.« Allerdings ist eine verstopfte Nase sehr unangenehm für das Baby, weil sie die freie Atmung beim Saugen erschwert. Dann lässt es die Brust oder den Nippel der Flasche los, wendet sich ab und schreit. Es kann frustrierend oder auch erschreckend für das Baby sein, wenn es mit dem gleichzeitigen Saugen und Atmen auf einmal nicht mehr klappt.

Naturheilmittel gegen Schnupfen – sanft genug fürs Baby

Das am schnellsten wirksame Mittel ist isotone Kochsalzlösung oder Muttermilch (siehe Seite 91).
Zusätzlich hilfreich: Stellen Sie eine Schale mit heißem Wasser und ein paar Tropfen ätherischem Thymianöl in Babys Nähe. Der Duftstoff verbreitet sich rasch in der Luft und wirkt heilend und befreiend auf die Atemwege.

Lavendel, Kamille und Thymian wirken als Badezusatz lindernd, wenn Ihr Baby Schnupfen hat.

Wichtig

Gehen Sie bei hohem Fieber immer mit Ihrem Baby zum Arzt und lassen Sie sicherheitshalber die Diagnose abklären (siehe auch Seite 173)!

Außerdem können Sie dem Badewasser des Babys einen schnupfenlösenden Kräuterabsud zusetzen. So wird's gemacht: Überbrühen Sie je 1 EL getrockneten Thymian, Majoran, Kamille und Lavendel mit 500 ml kochendem Wasser und lassen Sie die Kräuter 10 Minuten darin ziehen, ehe Sie sie abgeseiht ins Badewasser gießen. Achten Sie bei Schnupfen besonders darauf, dass Ihr Baby warme Füße hat.

Babys 7. Bis 9. Monat

Es geht los: das Baby erobert neue Dimensionen. Es übt, aus eigenem Antrieb voranzukommen und seinen Radius zu vergrößern - Rollen, Kreiseln, Robben und Krabbeln gehören bald zu seinen Lieblingsbeschäftigungen. Und wenn Ihr Kind nach allen Mühen der Weltentdeckung rechtschaffen hungrig ist? Dann schmeckt Beikost in Form von Brei oder Fingerfood – am liebsten am Familientisch.

Mit allen Sinnen in Beziehung sein

So nimmt Ihr Baby die Welt wahr

Der kleine Forscher nimmt in diesen Monaten immer mehr von der Welt wahr und findet auch immer mehr Interesse daran sie zu entdecken. Die Sinne des Riechens, Schmeckens und Fühlens waren bereits bei der Geburt ausgereift und werden seitdem mit den wichtigsten Erfahrungswerten verknüpft. Auf den Gebieten des Hörens und Sehens aber sind noch wesentliche Reifeprozesse im Gange. Immerhin erreicht die Dichte der Synapsen schon mit dem neunten Monat ihren absoluten Höhepunkt im ganzen Leben.

Sehen

Ab etwa einem halben Jahr sieht Ihr Baby die Welt schon so ähnlich wie wir Erwachsenen: Zunehmend lernt das Gehirn, die Informationen aus beiden Augen gut zu koordinieren. Damit entsteht nun für Ihr Kleines die dritte Dimension, das Tiefensehen. Das ermöglicht ihm beispielsweise das Abschätzen von Höhe und Tiefe. So gewinnt es eine neue, räumliche Wahrnehmung, mit der sich seine visuelle Welt nun fortwährend erweitert. Mit acht Monaten sieht Ihr Kind richtig dreidimensional und lernt dadurch ab neun Monaten, Entfernungen immer besser einzuschät-

zen, weil es schließlich auch in die Ferne scharf sieht. Aus diesen visuellen Erfahrungen heraus kommen viele wichtige Anreize für seine Bewegungsentwicklung, grobmotorisch ebenso wie feinmotorisch.

Hören

Mit einem halben Jahr besitzen Babys bereits einen reichen Erfahrungsschatz, um akustische und visuelle Eigenschaften unterschiedlicher Objekte zu verknüpfen. Es lernt aus Erfahrung bestimmte Geräusche bestimmten Dingen, Orten und Geschehnissen zuzuordnen – Geschirr klappert meist in der Küche, Flugzeuge dröhnen oben am Himmel, Schrittgeräusche aus dem Hausflur lassen den heimkehrenden Elternteil erwarten. Die Fähigkeit zur genaueren Ortsbestimmung verbessert sich mit zunehmendem Alter bis hin zum zweiten Geburtstag und diese Fortschritte spielen natürlich eine Rolle bei allen weiteren Lernprozessen des Kindes.

Sprachentwicklung: erste Silbenbildung

Ihr Baby kann jetzt richtig herzhaft lachen und jauchzen. Babys sind geborene Lippenleser: Sprechenlernen geht auch durch Beobachten, denn es gibt Buchstaben, die man sehen kann. Zum Beispiel das »M« in Mama, das »P« in Papa oder

»O« und »A«, die durch gespitzte beziehungsweise geöffnete Lippen gesprochen werden. Anderen Lauten sieht man kaum an, wie sie entstehen, etwa das »Sch« in Schatz. Kein Wunder, dass Kinder die sichtbaren Laute am schnellsten nachmachen können – »mamama«, »bababa« – aber auch alle anderen finden sie mit der Zeit im Selbstversuch heraus. Mit neun Monaten beginnen Babys, ein paar erste Worte zu verstehen.

Stimmungen erkennen

Ein internationales Forscherteam hat herausgefunden, dass sich die Fähigkeit, in der Stimme Gefühle zu erkennen, im sechsten bis achten Monat deutlich weiter ausbildet. Mit vier Monaten trafen die untersuchten Babys noch keine Unterscheidung. Zwar interessieren sie sich von Anfang an besonders stark für Unterschiede im Ausdruck – beispielsweise dafür, wie Lautstärke und Mimik zusammengehören –, aber erst mit sieben Monaten erreichen sie ein neues Verständnis von den Hintergründen. In diesem Alter ließ sich anhand der Gehirnaktivität erkennen, dass sie in der Stimm- und Satzmelodie Gefühle und Stimmungen wie Glück oder Ärger als solche registrieren. Demnach ähnelt ihre Hirnaktivität als Reaktion auf menschliche Stimmen schon weitgehend der von Erwachsenen.

Grundpfeiler der Entwicklung

Jedes Baby ist darauf angewiesen, dass Mama oder Papa nicht nur seine grundlegenden körperlichen Bedürfnisse be-

friedigt. So wichtig Nahrung, Wärme und achtsame Pflege für eine gesunde Entwicklung sind, so dringend müssen auch die drei folgenden seelischen Grundbedürfnisse erfüllt werden: Bindung, Kompetenz und Autonomie. Erziehung spielt erst später eine Rolle. Im ersten Lebensjahr geht es um Beziehung und den Aufbau von Vertrauen.

- **Die sichere Bindung** in einer verlässlichen Beziehung ist die Voraussetzung, die ein Baby braucht, um selbstständig die Welt zu erkunden (siehe Seite 8). Wobei es schon bald Bindungen zu mehreren Personen aufbauen kann, die es dann klar hierarchisch ordnet.
- **Kompetenz** ist für Ihr Baby die wichtige Erfahrung, dass es auf seine Welt Einfluss nehmen kann – zum Beispiel, wie es sich über Laute und Mimik erfolgreich mitteilt und verständlich macht. Oder dass es sich durch geduldiges Üben

Typisch Baby: Orientierungsverhalten

Was interessant sein kann, wovor man Angst haben muss – all das lernt das Baby, indem es die Mimik, Gestik, Körperhaltung und den Tonfall der Eltern studiert. In jeder neuen Situation blickt es zunächst forschend und fragend in deren Gesichter. Lächeln sie, nicken sie ihm aufmunternd zu, ist das Neue nicht bedrohlich, sondern interessant. Blicken Mama oder Papa dagegen angespannt oder warnend, dann hält sich das Baby zurück und bleibt in ihrem Schutz. Interessanterweise kann ein Baby jetzt auch Täuschungsmanöver durchschauen: Es spürt genau, ob die Eltern innerlich angespannt sind, auch wenn sie sich bemühen, sich nichts anmerken zu lassen.

irgendwann umdrehen und aus eigener Kraft einen Gegenstand erreichen kann. Durch die Erfahrung seiner wachsenden Fähigkeiten erwächst ihm ein gesundes Selbstvertrauen. Für Ihr Baby gilt: Der Weg ist das Ziel!

- **Autonomie**, das Bedürfnis nach Selbstständigkeit, äußert sich in dem Drang, den jedes Baby von Anfang an besitzt: aus sich heraus kreativ zu sein. Wenn Sie mit liebevoller Aufmerksamkeit bei Ihrem Kind sind, spüren Sie, wann es Hilfe braucht oder nicht und greifen nicht mehr ein, solange das Baby sich bemüht, seine Ideen umzusetzen. Stören Sie es nicht dabei, gönnen Sie ihm seine ganz eigenen Erfolgserlebnisse!

Sicherheit kontra Abenteuerlust

Mit seinen zunehmenden sensorischen und motorischen Fähigkeiten wird der Entdeckerdrang Ihres Kindes von Woche zu Woche ausgeprägter und es wird zunehmend mobiler . Dabei braucht es jetzt gleichzeitig Ihre verlässliche Nähe, die ihm Sicherheit und Geborgenheit vermittelt, damit es sich auf Neues einlassen kann. Die Bindungstheorie geht davon aus, dass es zwei angeborene Verhaltensweisen gibt, das Bindungs- und das Erkundungsverhalten. Beide sind wie Gegenspieler organisiert: Je sicherer sich ein Kind sein kann, dass seine Bezugsperson sofort präsent ist, wenn es sie braucht, desto eher kann es seinem Forscherdrang nachgeben und neue Herausforderungen suchen. Fühlt sich das Kind überfordert, ängstigt es sich, ist es müde oder findet es seine Bezugsperson nicht dort, wo es sie

vermutet hat – dann zeigt es das Bindungsverhalten, indem es seine Beschäftigung unterbricht und Nähe und Körperkontakt sucht. Erst wenn es sich wieder geborgen fühlt, kann es weiterspielen.

Elternliebe gegen Stress

Erfährt ein Baby viel Liebe von Mutter und Vater, ist es später besser in der Lage, mit den Belastungen und Anstrengungen des Erwachsenenlebens zurechtzukommen – das zeigen viele wissenschaftliche Forschungen. In einer Studie fand man beispielsweise heraus, dass Kinder, die im achten Lebensmonat besonders warmherzig von ihrer Mutter behandelt wurden, noch 30 Jahre später davon profitierten (Joanna Maselko, Duke University). Diese Erwachsenen zeigten sich resistenter gegenüber Stress und konnten mit allen Arten von Leid deutlich besser umgehen. Kinder liebevoll-fürsorglicher Eltern kommen vor allem mit Angstgefühlen besser zurecht. Warum das so ist, das entdecken Gehirnforscher nach und nach: Durch warmherzige Zuwendung bilden sich am Lebensanfang mehr Rezeptoren für Stresshormone aus. Je mehr dieser körpereigenen Schutzreserven ein Mensch besitzt, desto besser ist er bei Belastungen geschützt. Denn die vielen Andockstellen für Alarmmoleküle machen Stress schnell unschädlich. Fazit der Wissenschaftler: Wer sich als Baby verstanden und liebevoll behandelt fühlt, wer von klein auf an warmherzige Fürsorglichkeit gewöhnt ist, der kommt ein Leben lang besser mit belastenden Situationen zurecht, sie sind für ihn einfach weniger anstrengend.

Die motorische Entwicklung

Kaum etwas ist faszinierender, als mitzu-erleben, wie sich ein Kind im Laufe des ersten Lebensjahres durch die Fortentwicklung seiner Bewegungsmöglichkeiten allmählich eine Dimension nach der anderen erobert.

Alle Aspekte der kindlichen Entwicklung sind miteinander verwoben – die motorische Entwicklung geht einher mit der geistigen, sprachlichen und sozialen – jeder Aspekt ist wichtig für den anderen und alle beeinflussen und fördern sich gegenseitig.

Weil mit sechs bis sieben Monaten die Sehkraft immer stärker ausreift, rücken auch weiter entfernte Gegenstände ins Blickfeld Ihres Babys und wollen dementsprechend sofort erforscht werden. Dabei kann es ganz zufällig verschiedene Möglichkeiten kennenlernen, um seinen augenblicklichen Aufenthaltsort zu verlassen und vom Fleck zu kommen – auch ohne sich groß vom Boden aufrichten zu müssen. Diese Fähigkeit eröffnet eine völlig neue Stufe der Bewegungsentwicklung: Die zweite Dimension wird erobert und die dritte in Angriff genommen.

Fast keine der dafür nötigen Körperbewegungen ist ihm neu, aber nun ist der Moment gekommen, in dem es lernt, sie gezielt einzusetzen, um sich von hier nach dort zu bewegen. Abhängig von dem, was ein Baby gerade vorhat, kann es bald unter den vielseitigsten Variationen an Fortbewegung wechseln. Aber keine Sorge, wenn ein Kind sich länger als andere damit Zeit lässt: Irgendwann werden auch zurückhaltende Babys zu kleinen Welteroberern. Dann holen sie ganz rasch auf.

»Übungen« im Liegen

Rücken- und Seitenlage

In diesem Alter nehmen viele Babys die Rücken- und Seitenlage nur noch zum Ausruhen ein, denn ansonsten ist die Bauchlage viel interessanter: Man hat so einen viel größeren Überblick. Und darüber hinaus dient sie als Ausgangslage für alle Arten der Fortbewegung - sei es Robben, Kreiseln oder Krabbeln. Auch um im Vierfüßlerstand zu wippen, muss man sich zuerst auf den Bauch drehen.

Bauchlage- hin und retour

Mit sechs bis acht Monaten drehen sich schließlich die meisten Kinder mit Begeisterung aus der Seitenlage selbstständig weiter auf den Bauch. Jetzt finden auch die meisten Babys irgendwann den Trick heraus, wie sie von der Bauchlage wieder gut retour in die Rückenlage kommen. Denn es gilt dabei, das große Problem der Kopfkontrolle zu meistern. Wie kommt man von der Seite auf den Rücken, ohne dass dabei das Köpfchen unsanft aufschlägt? Nachdem das Baby mit einer geschickten Rumpfdrehung und der Hilfe von Armen und Beinen vom Bauch zurück auf die Seite kommt, muss unbedingt zuerst der Kopf gut kontrolliert und sehr sachte abgelegt werden. Erst dann geht es mit einer weiteren Rumpfdrehung wieder ganz auf den Rücken. Diese Kopfkontrolle, die es sich jetzt erarbeitet, ist für das Kind eine sehr wertvolle »Unfallschutz-Versicherung« in der Zukunft.

Das Baby kommt vom Fleck

Rollen

Vom Rücken auf die Seite, von dort auf den Bauch, vom Bauch weiter auf die andere Seite und wieder weiter auf den Rücken … dass man dabei auch gut von der Stelle kommt, entdecken Babys schnell und für viele wird daraus phasenweise eine bevorzugte Art der Fortbewegung, gerne auch in Kombination mit dem Kreiseln. So lässt sich weit kommen. Manche Kinder legen auf diese Weise erstaunliche Strecken zurück und sind über diese Fähigkeit so begeistert, dass sie lange Zeit keine anderen Möglichkeiten erkunden.

Endlich ist es dem Baby gelungen, seinen Bauch vom Boden zu heben. Und was kommt nun?

Robben und Kriechen

In der Bauchlage wird es nicht mehr lange dauern, bis Ihr Baby übt, durch das wechselseitige Strecken und Beugen der Arme voranzukommen. Es stützt sich auf einen Unterarm, streckt den anderen nach vorne, verlagert dann das Gewicht auf diesen und zieht den anderen Arm nach – jetzt vielleicht noch mit den Füßen schieben: geschafft! Ob wir das nun Kriechen oder Robben nennen, ist dem Kind ganz egal, es gibt unzählige individuelle Varianten, denn für Ihr Baby ist die Hauptsache: Es geht voran!
Babys haben hochsensible Füße und können ihre Zehen sehr differenziert bewegen, um etwas abzutasten oder um sich gezielt abzustoßen.

Vierfüßlerstand

Auch eine Art vom Fleck zu kommen: zwar nicht von hier nach da, aber von unten nach oben: das Baby stützt sich mit Händen und Knien so kräftig auf den Boden, dass sich sein Rumpf in die Höhe bewegt und abhebt – was für ein Sieg gegen die Schwerkraft! Der bisher größte Vorstoß in die dritte Dimension und wichtige Vorübung zum Krabbeln.
Um Krabbeln zu lernen, muss Ihr Baby in der Gewichtsverlagerung auf die kleinen Flächen der Hände und Knie schaffen, Po, Bauch und Schultern vom Boden zu heben. Ist ihm das gelungen, bleibt die Frage, wie es nun vorankommt. Das findet es heraus, indem es für eine Weile immer vor und zurück wippt. Dabei wird klar, dass es sein Gewicht nun ganz anders verteilen muss als bisher. Doch zuerst muss in dieser noch wackeligen Position auf allen vieren zu einer stabilen Balance gefunden werden. Wippen macht dabei viel Spaß.

Freude an der Bewegungs-entwicklung

In der motorischen Entwicklung baut alles aufeinander auf, so wie beim Bau eines Hauses – da würde man das Dach nicht auf unfertige Wände setzen, sondern abwarten, bis diese tragfähig sind. Das Baby in seiner Entwicklung zu fördern heißt, ihm Zeit zu lassen und keinem seiner Schritte vorzu-greifen. Das Baby zum Beispiel nicht auf die Spieldecke setzen, solange es sich selbst noch nicht hinsetzen kann.

Denn erst wenn es sich aus eigenem An-trieb und aus eigener Kraft eine Fähigkeit erarbeitet hat, sind seine Gelenke, seine Muskulatur und sein Gleichgewichtssinn auch reif dafür. Alleine kann das Baby nicht länger in einer Haltung bleiben, als es ihm guttut, es kann sich nicht überfordern. Wie lange es dauert, bis ein Meilenstein erreicht ist, ist von Kind zu Kind sehr verschieden, wie die Tabelle auf Seite 100 zeigt.

Fördern können Sie die Bewegungsent-wicklung Ihres Babys, indem Sie für eine Umgebung sorgen, die seine Übungen er-laubt und sie unterstützt. Auf einer weichen Matratze ist es beispielsweise schwer, sich aufzurichten, unterstützend ist eine feste Yogamatte auf dem Boden. Das Krabbeln zu lernen ist auf glattem Parkett schier unmög-lich, weil die bekleideten Beinchen darauf ausrutschen. Unterstützend ist ein Teppich oder rutschfeste Kleidung. Wenn das Baby interessiert ist, Stufen zu überwinden, legen Sie ihm eine flache Kiste oder ein festes Polster hin, damit es dies üben kann.

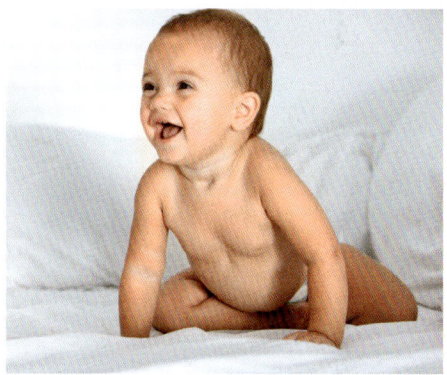

Unablässig erobert sich das Baby mit Begeiste-rung neue Bewegungsmöglichkeiten.

TIPP Zur Sicherheit

Sobald Ihr Baby entdeckt hat, wie es sich aus eigener Kraft von hier nach dort bewegen kann, steht der Eroberung der Wohnung nichts mehr im Wege – sind Sie darauf eingerichtet? Es kann nicht schaden, dabei selbst einmal auf alle »viere« zu gehen und aus der Perspektive des Babys zu schauen, was ihm möglicherweise gefährlich werden kann. Bitte überprüfen Sie:

- Liegen irgendwo Dinge auf dem Boden, an denen Ihr Baby sich verletzen könnte, wenn es sie in die Hände bekommt? Sind erreichbare Steckdosen gesichert?
- Gibt es leichte Möbelstücke, die Ihr Baby umwerfen könnte, wenn es versucht, sich daran festzuhalten? Bodenvasen, Stehlampen ...
- Woran könnte sich Ihr Baby hochziehen wollen – geben diese Gegenstände sicheren Halt? Oder gibt es etwas, das herunterfallen könnte, wenn das Baby daran zieht? Elektrokabel, Tischdecken ...
- Gibt es harte, scharfe Kanten, an denen sich Ihr Kind zum Beispiel beim Fallen verletzen könnte?
- Sind alle Treppen versperrt?

Baby-Workout: Strampelspiele

Besonders dankbar für solche Spiele sind Babys, die zwar schon recht »groß und stark« sind, sich aber noch nicht ganz so bewegen können, wie sie es möchten. Um seine Verdauung nicht zu belasten, strampeln Sie mit dem Baby aber besser nicht direkt nach einer Mahlzeit. Setzen Sie sich bequem hin und legen Sie Ihr Baby auf Ihre Oberschenkel, mit seinem Kopf auf Ihren Knien – so können Sie gut Augenkontakt halten und sehen, wie Ihr Kleines reagiert. Der gemeinsame Strampelspaß dauert nur so lange, wie es Ihrem Baby Freude macht. Schon bei ersten Anzeichen von Unlust ist es Zeit aufzuhören, beispielsweise wenn Ihr Kleines sich abwendet und damit andeutet, dass es nun wieder seine Ruhe haben möchte.

Arme und Schultern

Diese kleine Übung entspannt den gesamten Schulterbereich und den oberen Rücken des Babys. Fassen Sie seine beiden Händchen, sodass es Ihre Daumen hält und Sie auch seine Handgelenke umgreifen. Legen Sie seine Arme in gleichmäßigem, ruhigem Tempo waagrecht vom Körper weg zu beiden Seiten. Machen Sie eine Sekunde Pause. Nun führen Sie seine Arme im gleichen Tempo zurück zum Körper und überkreuzen sie vor seiner Brust. Wieder kurze Pause. Wiederholen Sie diese Übung so lange es Spaß macht. Variante: Beide Ärmchen gleichzeitig sanft nach oben neben die Ohren legen und wieder vor der Brust überkreuzen. Dazu passt das Lied vom »Bi-Ba-Butzemann«.

Es tanzt der Bi-Ba-Butzemann

Es tanzt ein Bi-Ba-Butzemann in unserm Haus herum, fidebum.
Es tanzt ein Bi-Ba-Butzemann in unserm Haus herum, fidebum.
Er rüttelt sich und schüttelt sich und wirft sein Säckchen hinter sich.
Es tanzt ein Bi-Ba-Butzemann in unserm Haus herum.

Beim Rütteln und Schütteln können Sie beide Ärmchen oder Beinchen gleichzeitig sanft rütteln und schütteln.

Beine und Hüftgelenke

Das Baby bleibt auf dem Rücken liegen, denn nun kommen die Beinchen an die Reihe. Beugen Sie dem Baby die Beine wie zum überkreuzten Schneidersitz vor seinem Bäuchlein zusammen, ein Fuß höher als der andere. Legen Sie eine ganz kleine Pause ein. Dann werden die Beine wieder sanft gestreckt und beim nächsten Beugen wird der andere Fuß höher gelegt. So wechseln Sie jedes Mal ab, in einem gleichmäßigen Rhythmus.

Wenn Sie und Ihr Baby Spaß an Liedern und Reimen haben, können Sie alternativ auch diese Übung ausprobieren, die Ihnen bestimmt viel Freude macht: Halten Sie seine Füße so, dass Ihre Handflächen an seinen Fußsohlen liegen und dagegendrücken können. Beugen und strecken Sie seine Beine abwechselnd; drücken Sie die kleinen Oberschenkel sanft Richtung Bauch, nur so weit wie die Beine gerne nachgeben. Dann geben Sie nach und Ihr Baby streckt seine Beine fast von selbst. Es ist ein Spiel von Druck und Gegendruck. Dazu passt gut das Lied »Große Uhren«.

Große Uhren

Große Uhren machen tick, tack, tick, tack (langsam strampeln).
Kleine Uhren machen tick-tick, tack-tack (… jetzt etwas schneller strampeln).
Und die kleinen Taschenuhren ticke tacke ticke tacke ticke tacke (nun noch schneller strampeln).
Und die Turmuhr, die macht Bim Bam Bim Bam (beide Beinchen gleichzeitig angehoben hin und her schwingen).

Zum Schluss ein Streichelvers

Ihr Baby wird es lieben, wenn Sie die gemeinsame Strampelzeit mit einem Streichelvers abschließen. Wandern Sie dabei mit den Fingerspitzen sacht von unten nach oben über seinen Körper und singen Sie nach der Melodie von »Bruder Jakob« das Lied von der »Kleinen Schnecke«.

Kleine Schnecke

Eine Schnecke, eine Schnecke,
krabbelt rauf, krabbelt rauf,
krabbelt wieder runter,
krabbelt wieder runter,
kitzelt dich am Bauch.

Verse und Reime mögen kleine Sprachanfänger ebenso wie Mamas ungeteilte Zuwendung.

Greifen und Begreifen

Ab dem sechsten Monat wird sowohl die Auge-Hand-Mund-Koordination als vor allem auch das Feingefühl der Hände immer besser. Durch das verbesserte Tiefensehen kann das Baby seine Hand schon sehr gut auf die Größe eines Gegenstands einstellen. Das visuelle Erfassen der dritten Dimension macht das zielsichere Greifen von verschiedenen Gegenständen leichter.

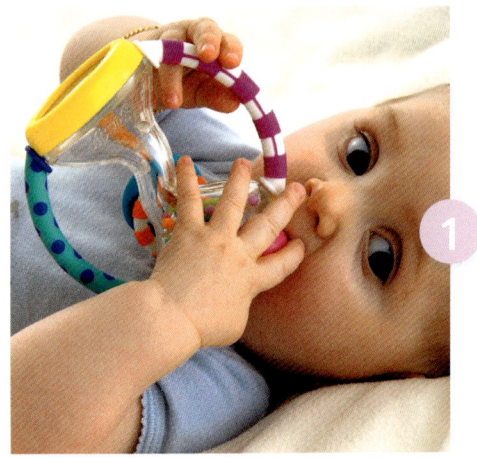

Das Baby freut sich besonders, wenn Gegenstände Geräusche von sich geben, und es dabei sehen kann, wie diese entstehen. Bauklötzchen, die zum Beispiel beim Aneinanderschlagen Töne ergeben, sind jetzt besonders beliebt. Zumal sie sich gut greifen lassen. Denn noch wird die Hand als Ganzes zum Greifen genutzt. Das ändert sich erst mit etwa acht Monaten, wenn das Baby beginnt, einzelnen Fingern spezielle Aufgaben zu geben. Es übt, zwischen Daumen und Zeigefinger kleine Gegenstände zu fassen. Weil es Daumen und Zeigefinger dabei nicht beugt, sondern gestreckt hält, nennt man diese Greifhaltung »Scherengriff«. Ab dem 7. Monat üben sich Babys außerdem in der Hand-Fuß-Mund-Koordination – auf dem Rücken liegend strecken sie vergnügt die Beinchen in Richtung Gesicht, nehmen die Füße in die Hände und schaffen es, sich ihre Zehen in den Mund zu stecken. Um die Entwicklung zu unterstützen, sind alle Spielsachen ideal, die leicht zu greifen sind und verschiedene Materialien zum Ertasten anbieten. Geeignet sind zum Beispiel Alltagsgegenstände wie Plastikbecher, Wäscheklammern, leere Küchenpapierrollen oder selbst gemachte Tastsäckchen, die Sie mit Nudeln, Reiskörnern oder getrockneten Hülsenfrüchten füllen können.

Spielerisch entwickelt das Baby seine Feinmotorik beim konzentrierten Begreifen der Welt.

Stillen und Ernährung

Lange stillen: Gut fürs Baby!

Im Alter von sieben bis neun Monaten macht ein Baby täglich viele aufregende neue Erfahrungen, es bewegt sich immer mehr, verbraucht mehr Energie und damit wächst auch sein Nahrungsbedarf. Die Muttermilch passt sich entsprechend an. Ohne dass Sie einen Gedanken daran verschwenden müssten, nehmen die Kalorien- und Nährstoffdichte in Ihrer Milch vollkommen bedarfsorientiert immer zur rechten Zeit in der rechten Weise zu. Mit zunehmender Reife werden Babys schneller satt – sie trinken kräftiger und effektiver als früher, sodass sich die Dauer der Stillmahlzeit verkürzen kann. Auch die Abstände zwischen den Mahlzeiten könnten jetzt länger werden. Wenn das jedoch dazu führt, dass Ihr Baby jetzt nachts häufiger vor Hunger aufwacht, sollten Sie darauf achten, dass es tagsüber weiterhin mindestens alle drei Stunden und dabei jedes Mal auch wieder länger trinkt. So ermöglichen Sie es sich und ihm eher, nachts durchzuschlafen – es muss dann nicht nachholen, was es im Eifer des Tages versäumt hat.

Tagsüber für ausreichende Stillmahlzeiten sorgen

Ach, ist die Welt bunt und aufregend! Vielen Babys fällt es jetzt sehr schwer, sich auf das Trinken zu konzentrieren. Viel lieber gucken sie umher und erkunden die Welt.

Zum Glück gibt es ein paar Tricks, mit denen Sie erreichen, dass Ihr Baby auch tagsüber ausreichend lange an der Brust trinkt: Gewähren Sie Ihrem Kind nach jeder Stillmahlzeit eine Pause von etwa fünf Minuten und bieten Sie die Brust dann erneut an, nach dem Motto: Jeder Schluck zählt. Schauen Sie auf die Uhr und stellen Sie sich auf eine Mahlzeit von mindestens 20 Minuten ein – in dieser Zeit bieten Sie immer wieder die Brust an, spielerisch, ohne jeden Druck und Zwang.
Viele Mütter erleben dann, dass die neue Kürze der Stillmahlzeiten ein Missverständnis war, das Kind braucht eigentlich nur eine Pause und trinkt danach noch einmal richtig weiter. Statt fünf Minuten dauern die Mahlzeiten dann wieder länger – dafür kann das Kind nachts bald wieder (durch-)schlafen, statt seine Mahlzeiten nachholen zu müssen.

Wie lange stillen?

Wie lange dauert eine normale Stillzeit? Das kommt ganz darauf an, wo man hinsieht - weltweit beträgt sie im Durchschnitt tatsächlich 30 Monate! Wobei sich die Ernährung der Kinder dann natürlich nicht mehr darauf beschränkt, aber Muttermilch gehört noch dazu. Und so lautet die Empfehlung der Weltgesundheitsorganisation : »Als globales Ziel für optimale mütterliche und kindliche Gesundheit und Ernährung sollte es allen Frauen ermöglicht werden, ihr Kind bis zum Alter von vier bis sechs Monaten ausschließlich zu stillen und von da ab neben angemessener, ausreichender Beikost weiter zu

133

stillen bis zum Alter von zwei Jahren oder darüber hinaus. Dieses Ideal der Kinderernährung ist zu erreichen, indem man eine angemessene Umgebung von Aufmerksamkeit und Unterstützung schafft, die Frauen eine solche Stillzeit erlaubt.«

Das Baby weint, anstatt zu trinken

Wenn das Baby an der Brust unglücklich wirkt, das Trinken immer wieder unterbricht oder weint, verunsichert das viele Mütter. Sie fragen sich, ob das nun das Ende der Stillzeit bedeutet, ob das Baby nicht mehr satt wird oder ein anderes Problem die Ursache ist.Sprechen Sie auf jeden Fall Ihre Hebamme oder Stillberaterin an, wenn Sie das Problem alleine nicht lösen können! Vielleicht steckt aber auch einer der folgenden Gründe dahinter:

Immunstoffe in der Muttermilch

Kinder, die länger als ein halbes Jahr gestillt wurden,
- erkranken seltener an Infektionen (Verdauungstrakt und Harnwege, Atemwege, Mittelohr, Hirnhäute - das zeigt sich teilweise noch bei Siebenjährigen),
- erkranken seltener an Allergien als Kinder, die nur kurz gestillt wurden,
- werden später viel seltener übergewichtig,
- entwickeln seltener behandlungsbedürftige Zahnfehlstellungen,
- bekommen weniger Autoimmunkrankheiten oder andere unheilbare chronische Erkrankungen wie Diabetes oder Morbus Crohn, auch Krebs tritt seltener auf.
- Eine ausführliche Liste der aktuellen Studien dazu finden Sie in meinem Blog www.vivian-weigert.de.

- Kommen Zähnchen? Dann schmerzt oft das Zahnfleisch beim Trinken. Geben Sie Ihrem Baby einen kühlen Beißring, das beruhigt sein Gewebe im Mund (Zahnungsschmerzen lindern, siehe Seite 143).
- Hat Ihr Baby Sie ungewollt gebissen und ist über Ihre Reaktion erschrocken? Reden Sie ihm gut zu und lassen Sie ihm Zeit, sich vom Schreck zu erholen.
- Hat das Baby eine verstopfte Nase?
- Hat das Baby Verstopfung? Das kommt bei größeren Babys manchmal vor, während sie sich an neue Nahrungsmittel gewöhnen. Sie fasten dann einfach, bis das Verdauungsproblem gelöst ist. Setzen Sie vorübergehend mit dem Zufüttern (siehe ab Seite 105) aus, wenn Ihr Baby Verstopfung hat, und bieten Sie ihm denselben Brei erst nach einer Woche versuchsweise wieder an.

Stillen bei Berufstätigkeit

Die Rückkehr in den Beruf und die damit verbundene Kinderbetreuung lässt sich ohne Weiteres mit dem Stillen vereinbaren, sobald das Baby bereit ist, an Mahlzeiten teilzunehmen und dadurch weniger häufig an der Brust trinken muss. Falls es Beikost noch verweigert, kann es Muttermilch aus der Flasche bekommen, die tags zuvor am Arbeitsplatz abgepumpt wurde (siehe ab Seite 104). Oft genießen es gerade berufstätige Mütter ganz besonders, morgens, abends oder vielleicht noch nachmittags nach dem Abholen aus der Krippe, beim Stillen die wohltuende Innigkeit mit ihrem Baby zu spüren – das kann gut über die noch ungewohnte Trennung hinwegtrösten. In Zeiten des Umbruchs profitieren Kinder von der intensiven Bindungserfahrung beim Stillen ganz besonders.

Breifrei: Beikost ohne Löffel

Selbstverständlich darf Ihr Baby auch von vornherein auf das Füttern verzichten, wenn es lieber selbst zugreifen und mit eigenen Händen essen mag. Sie dürfen dann selbstverständlich die Breiphase einfach auslassen. Dies empfiehlt sich umso mehr, je älter ein Baby ist, wenn es beginnt, sich fürs Essen zu interessieren. Es ist dann auch schon robuster und darf ruhig Verschiedenes durcheinander probieren.

Am besten bringen Sie dann einfach Speisen auf den Tisch, die sowohl für Sie als auch für Ihr Baby bekömmlich sind, und lassen Sie es selber zugreifen. Auch ohne Zähne gelingt es dem Baby jetzt schon, weiche Nahrung im Mund so zu zerklei-nern, dass es sie gut schlucken kann. Die Mahlzeiten des Babys (abgesehen vom Stillen) können von nun an mehr und mehr dann stattfinden, wenn Sie auch selbst essen. Es ist anfangs für viele Eltern ungewohnt, die Mahlzeiten des Kindes mit den eigenen zusammenzulegen, aber falls Sie das bisher nicht schon getan haben, ist es jetzt an der Zeit dazu.

»Baby Led Weaning«

Baby-Led-Weaning, kurz »BLW«, heißt sinngemäß übersetzt »Babygesteuerte Beikosteinführung«. Zwar wird dieser Begriff oft als gleichbedeutend mit »breifrei« verwendet, er meint aber sinngemäß keineswegs das Gegenteil von »Brei«. Worum es

Babys lieben Fingerfood: Selbst bestimmen zu dürfen, was und wie viel sie essen, macht, dass sie sich kompetent und selbstständig fühlen.

Die richtige Auswahl der Lebensmittel

- **Ungeeignet.** Vorerst noch Nüsse oder kleine Fruchtstücke wie ungeschälte Trauben, daran könnte sich Ihr Kind verschlucken. Industrielle Nahrungsmittel mit Konservierungs- und Farbstoffen wie Ketchup, Chips, Fertigsoßen, Schmelzkäse, Geräuchertes sollten tabu sein.
- **Gut geeignet:** Lebensmittel, die das Kind durch seinen Speichel im Mund schnell einweichen und auflösen kann, wie Brötchen, Dinkelstangen, Reiswaffeln, gegarte Gemüse- und Kartof-

felstücke, Bananenscheiben sowie weiche und geschälte Obstschnitze. Viele Krabbelkinder lieben Salatgurke, weil sie saftig und erfrischend ist, doch wenn ein Baby hier schon Stückchen abbeißen kann, sollten Sie darauf achten, dass es diese auch zuverlässig ausspuckt, nachdem es sie ausgelutscht hat. Setzen Sie Ihrem Kind alles, das wiederholt seinen Würgereiz auslöst, erst drei Wochen später testweise wieder vor.

vielmehr geht : den Beikost-Weg bestimmt das Baby. Die Eltern sorgen nur für ein Angebot, das zu ihrem Kind passt.

Die drei großen Prinzipien von BLW liegen darin, dass das Baby nach Bedarf gestillt wird und sich eines Tages von selbst abstillt, dass seine Zeichen für Appetit und Sättigung (Essensmenge), für Vorlieben und Abneigungen (Auswahl) konsequent respektiert werden, und dass das Kind vorgibt, wie es isst – egal, ob es gefüttert werden möchte oder ob es Fingerfood bevorzugt. Wenn Ihr Baby sich noch füttern lassen möchte, darf es selbstverständlich gefüttert werden, dabei aber selbst sozusagen indirekt den Löffel führen, also zeigen, wann seine Ampel auf Grün oder Rot steht und wann Schluss ist. Auch das ist »babygesteuert«.

Fingerfood fürs Baby

Gemüse, Kartoffeln und Nudeln: Für Ihr Baby ideal sind Stifte oder Schnitze, die es in der kleinen Faust halten kann. Dämpfen Sie die Stücke gerade so weich,

dass Sie im Babyhändchen nicht zerfallen, sich aber im Mund gut zerdrücken lassen. Sobald Ihr Kind den Pinzettengriff beherrscht, genießt es das Essen auch in kleinen Würfeln, die sich durch Lutschen im Mund ganz auflösen.

Fleisch: Schmoren Sie es schonend oder backen Sie es im Ofen: zum Beispiel gedünstete statt gebratene Fleischklößchen. Auch einen Streifen Steak oder Brathuhn kann Ihr Baby gut in der Hand halten und darauf herumkauen, um den eisenhaltigen Fleischsaft herauszulutschen.

Gesunde Fette: Bieten Sie Ihrem Baby, wenn es sein Essen selbst wählt, Avocadostreifen an oder in Würfel geschnittenes Brot, das Sie mit Butter oder Mandelmus bestreichen. Letzteres ist reich an wertvollen, ungesättigten Fettsäuren. Dasselbe gilt für Sesammus, das außerdem besonders viel Calcium, Magnesium, Zink sowie Eisen enthält. Es schmeckt allerdings besser, wenn Sie es mit etwas süßem Fruchtpüree zu einem Aufstrich vermischen.

Alles für gesunden Schlaf

Das Leben mit einem kleinen Kind kann mitunter anstrengend sein. Für Eltern bleibt das Thema Schlaf daher auch in im zweiten Lebenshalbjahr ein wichtiges Thema. Tagsüber freuen sie sich auf kurze Erholungspausen, in denen sie sich ausruhen können. Und nachts wollen sie Energie tanken für den nächsten Tag mit einem quirligen Baby. Und auch dem Baby tut Erholung gut: jeden Tag muss es viele neue Eindrücke verarbeiten, lernt dazu, wächst und entwickelt sich. Bekommt es zu wenig Schlaf, reagiert es überreizt, wird quengelig und unzufrieden. Trotzdem ist es manchmal wie verhext: gerade im dritten Vierteljahr klagen besonders viele Eltern über auftretende Schlafstörungen: »Unser Baby hat schon wunderbar durchgeschlafen. Aber seit es ein halbes Jahr alt ist, wacht es wieder jede Nacht mehrmals auf und hat Schwierigkeiten, wieder in den Schlaf zu finden.«

Typische Schlafräuber

Die Hauptursache für dieses Phänomen liegt in dem großen Entwicklungsschritt, den Kinder in diesem Alter durchlaufen: Sie lernen zwischen bekannt und fremd zu unterscheiden. Sicherheit und Geborgenheit gibt in dieser Situation vor allem die vertraute Nähe der Eltern. Kein Wunder, dass die Babys sich immer wieder versichern müssen, dass Mama und Papa noch da sind, und sie nicht etwa unbemerkt allein gelassen haben. Weil das Kind in dieser Entwicklungsphase allmählich erkennt, dass »ich« etwas anderes ist als

»du«, entwickelt es oft massive Trennungsängste (siehe auch ab Seite 135), die auch zu Schlafproblemen führen können. Sobald aber beim Thema Fremdeln der nächste Entwicklungsschritt gelungen ist, fällt das Einschlafen sicher wieder leichter. Beim Durchschlafen nachts gibt es noch dieselben Schlafhindernisse, die wir im letzten Kapitel beschrieben haben, vielleicht kommen sie jetzt erst so richtig zum Tragen (siehe Seite 114). Wichtig bleibt das Dream-Feeding am späten Abend (siehe Seite 116). Der Schlaf am Tag reduziert sich im achten bis neunten Monat normalerweise auf zwei Schläfchen – aber die müssen unbedingt sein. Im Normalfall kommen spätestens ab dem zweiten Lebenshalbjahr einer oder mehrere der folgenden Faktoren hinzu, die das Ein- und Durchschlafen erschweren.

Die ersten Zähnchen

Es ist leider kein Ammenmärchen, dass durchbrechende Zähne anstrengende Nächte verursachen können. So gut wie alle Babys sind nachts unruhiger, wenn sich ihre ersten Zähnchen ankündigen oder durchbrechen, denn es gehört zum Charakter von Zahnungsbeschwerden, dass sie mit einer nächtlichen Verschlimmerung einhergehen. Das Nervensystem ist belastet, der Schlaf leicht und ruhelos. In der Akutphase haben manche Kinder nachts auch Schmerzen. Lesen Sie auf Seite 143, was zahnenden Babys hilft. Zahnungsbeschwerden begleiten manche Babys viele Monate lang. Als Eltern erkennen Sie die typischen Anzeichen erst mit

zunehmender Erfahrung: Die Nächte werden schlechter und schlechter, dann bricht
ein Zähnchen durch und in den folgenden
Nächten herrscht auf einmal schlagartig
Ruhe. Dann schläft die ganze Familie wieder friedlich durch bis zum Morgen - bis
der nächste Zahn zu schieben beginnt ...

Die Bewegungsentwicklung

Motorische Meilensteine erreicht ein Baby
nicht ohne Eifer. Er durchströmt den
ganzen Organismus des Kindes und lässt
die kleine Seele auch nachts nicht los – im
Traumschlaf wird das tagsüber Geübte
unermüdlich weiterverfolgt und die gemachten Erfahrungen, die bewährten Bewegungen, die erfolgreichsten Lernschritte
werden noch einmal nachvollzogen, um
das Erfahrene so einzuspeichern, dass es
künftig der Erinnerung zugänglich wird.

Lernen heißt sich erinnern

Lernen heißt erinnern, erinnern heißt
wissen. Das Baby erinnert sich, welche
Bewegungen es machen muss, wie es sich
strecken und wie es sich beugen muss,
um vorwärtszukommen, um zu krabbeln.
Weil es sich erinnert, muss es nicht täglich
ganz von vorne beginnen. Es kann auf
seine Erinnerungen zurückgreifen und
seine Entwicklung an der Stelle weiterfüh-
ren, an der es zuvor unterbrochen wurde.
Für den zweiten Schritt des Lernens, das
Abspeichern der Erfahrungen in die Ge-
hirnebene der Erinnerung, ist der Traumschlaf zuständig. Deshalb ist der Traumschlaf ein unruhiger Schlaf – das Gehirn
ist dabei sehr aktiv. Und wenn Sie sich
daran erinnern, dass von jeder Stunde,
die ein Baby schläft, fast eine halbe dem
Träumen gewidmet ist (siehe Seite 28),
dann wissen Sie, warum der Schlaf Ihres

Babys in dieser Entwicklungsphase, die
von motorischen Meilensteinen bestimmt
wird, insgesamt besonders unruhig ist.

Hunger in der Nacht

Eigentlich kann man davon ausgehen,
dass ein Baby im zweiten Lebenshalbjahr
alt genug ist, um nachts für sechs bis acht
Stunden keinen Hunger mehr zu haben,
weil es jetzt grundsätzlich seinen größten Nahrungsbedarf im Laufe des Tages
decken könnte. Doch es gibt ein paar
Gründe, warum es dennoch nachts vor
Hunger erwacht.

Zu viel Ablenkung

In dieser Entwicklungsphase gibt es für
viele Babys tagsüber so viel zu erleben,
dass sie keine Zeit mit Trinken vergeu-
den mögen und erst nachts entspannt
genug sind, sich ausreichend zu sättigen.
Leider gibt es kein evolutionsbiologisches
Programm, das Babys dazu antreibt, ihren
Kalorien- und Nährwertbedarf tagsüber
zu stillen. Wann sie sich holen, was sie
brauchen, scheint den Kleinsten ganz
egal zu sein. Sie haben kein Bewusstsein
davon, dass es eigentlich auch für sie besser wäre, ausgeschlafene Eltern zu haben.
Also müssen die Eltern ihrem Baby in diesem Alter helfen, sich tagsüber zu sättigen.
Denn der dicke Abendbrei bringt meistens
nichts. Zwar können Babys noch gut mit
vollem Bauch schlafen, aber je dicker der
Brei, desto stärker der darauf folgende
Durst. Die Lösung liegt darin, dass Ihr
Baby nicht erst kurz vor dem Schlafenge-
hen, sondern schon den ganzen Tag über,
von morgens bis abends, ausreichend
Muttermilch- oder Formulamilchmahl-
zeiten zu sich nimmt. Wie Sie dabei vorgehen, lesen Sie ab Seite 140.

Einführung von Beikost

Ab dem sechsten Monat kann die Einführung der Beikost bei Babys zu nächtlichem Hunger führen, da Säuglinge meist nicht in der Lage sind, 100 g Karottenpüree zu essen, geschweige denn 200 g, die sie essen müssten, um annähernd die gleiche Kalorienmenge zu erhalten, die sie mit der Muttermilch bekommen.

Solange Ihr Baby nachts aufwacht, um an der Brust zu trinken, sollten Sie es tagsüber noch in kurzen Abständen stillen, auch wenn es zu den »guten Essern« gehört. Verteilen Sie Babys Gemüsebrei lieber auf mehrere kleine Zusatzmahlzeiten, anstatt eine Brustmahlzeit dafür zu streichen.

Die Macht der Gewohnheit

Viele Gründe können dazu führen, dass das Baby nachts auf einmal wieder häufiger aufwacht – und die Brust ist immer der schnellste und effizienteste Weg zurück in den Schlaf. Einziger Nachteil: Ab dem sechsten / siebten Monat gewöhnt sich das Baby dabei leicht an die nächtlichen Mahlzeiten. Jetzt ist die »innere Uhr« reif genug, sich Regelmäßigkeiten zu merken. Weil das autonome Nervensystem aber den Appetit steuert und darauf achtet, dass das Baby sich nicht überfüttert, wird der Appetit tagsüber gedämpft, sobald nächtliche Mahlzeiten zur Regel werden. Was können Sie tun? Immer wenn Ihr Baby nachts richtig trinkt, dann braucht es diese Mahlzeit auch, denn die Gesamtmenge, die Ihr Kind im Verlauf von 24 Stunden trinkt, entspricht genau seinem Bedarf. Was helfen Statistiken, die besagen, dass das Baby für nächtliche Mahlzeiten jetzt eigentlich zu alt ist? Gewohnheit geht vor. Wenn Sie jede Nacht um drei Uhr ein Käsebrot essen, wird Ihr Organismus diese Kalorienzufuhr schnell einkalkulieren und dafür sorgen, dass Sie nachts um drei vor Hunger aufwachen. Denn Sie werden tagsüber unmerklich entsprechend weniger gegessen haben. So ist es auch beim Baby. Der Anteil seines Gesamtbedarfs, den es nachts getrunken hat, muss wieder in den Tag gelegt werden. Sorgen Sie zuerst dafür, dass Ihr Baby tagsüber wieder mehr trinkt (siehe Seite 140). Führt das nach ein paar Wochen nicht von selbst dazu, dass das Baby nächtliche Mahlzeiten reduziert oder auslässt, hilft Papas nächtlicher Einsatz (siehe Seite 115 und 141) dem Kind bei der schmerzfreien Umgewöhnung.

Beim Bilderbuch anschauen ist das Baby müde geworden und auf Papas Bauch friedlich eingeschlummert.

Das abendliche Einschlafritual

Ihr Baby ist in diesem Alter stark damit beschäftigt, Gesetzmäßigkeiten und Muster zu erkennen – wie zum Beispiel gleichbleibende Abläufe. Bei allen Kindern nimmt das angenehme, Sicherheit vermittelnde Gefühl zu, sich auszukennen, wenn es möglichst viele unwandelbare Abläufe in ihrer Tagesroutine gibt. Wenn Sie Ihrem Baby zum Beispiel Jacke und Mütze anziehen, weiß es jetzt schon sehr gut, was das bedeutet: Gleich geht's raus an die frische Luft. Wenn Sie auch den letzten Teil des Abends konstant und vorhersehbar gestalten, hilft es Ihrem Kind, sich schon im Verlauf der letzten Aktivitäten innerlich auf die kommende Nacht einzustellen. Lassen Sie die Aktionen, mit denen Sie den Tag beenden, immer in derselben Reihenfolge ablaufen – zum Beispiel: Abendessen, Umziehen, Waschen, Wickeln, Zähneputzen, Hinlegen, Singen, vielleicht ein Gebet sprechen, Einschlafen. Jeder Teil dieses allabendlichen Ablaufs wird dabei zu einer Art Wegweiser, an dem sich das Bewusstsein Ihres Babys orientieren kann: Es weiß, das ist der Weg in den Schlaf. Jeder Schritt ist ihm vertraut und kündigt schon den nächsten vorhersehbaren Teil an. Das vermittelt Ihrem Kind etwas, das es vor der Nacht besonders braucht: Sicherheit und das Gefühl, auch im Schlaf vollkommen geborgen zu sein.

Übergang in die Nacht

Machen Sie die letzte Stunde des Tages für Ihr Kind zu einer friedlichen und gemütlichen Zeit des Zusammenseins, in der es ganz besonders viel Liebe und Geborgenheit tanken kann. Das erleichtert ihm den Abschied vom Tag und den Übergang in die Nacht. Tobespiele werden am besten rund eine Stunde vor dem Zubettgehen beendet, sonst ist Ihr Kind zu aufgedreht, um gut in den Schlaf zu finden. Aber solche »wilderen« Spiele können sehr gut den ersten Teil des Abends bilden, vor allem, wenn sie sich an das Nach-Hause-kommen des berufstätigen Elternteils anschließen. Dann freut sich das Baby schon darauf, sobald es Mama oder Papa heimkommen hört.

Zuletzt kommt das kleine Bettgeh-Ritual im Schlafzimmer: Vielleicht sagen Sie

> **TIPP** **Die Nachtmahlzeiten »ausschleichen«**
>
> Wenn Sie das Gefühl haben, dass Ihr Kind seinen Hunger vor allem durch nächtliche Mahlzeiten stillt, können Sie sich mit diesem Trick behelfen: Verdünnen Sie die Nachtfläschchen in winzigen Schritten mit Wasser. Vom Geschmack her wird Ihrem Kind kein Unterschied auffallen, aber sein Stoffwechsel wird bemerken, dass weniger Kalorien in der Nahrung waren und daher den Appetit am Tag hochfahren. Dann brauchen Sie Ihrem Baby nur noch tagsüber mehr Milchnahrung zu geben, und im Nu hat es sich nächtlichen Hunger wieder abgewöhnt. Beispiel: Ihr Kind trinkt nachts bisher 150 ml Milch. Dann füllen Sie die Flasche in der ersten Nacht mit 140 ml Milch und 10 ml Wasser, in der zweiten mit 130 ml Milch und 20 ml Wasser, und so weiter (10 ml entspricht einem Esslöffel). Gleichzeitig bieten Sie dem Baby tagsüber häufiger Milch an, damit es entsprechend mehr zu sich nimmt. Das klappt oft sehr schnell.

zuerst dem Lieblingsstofftier Gute Nacht, dann legen Sie Ihr Baby hin, decken es zu, singen ihm ein kleines Schlaflied vor und machen seine Spieluhr an, bevor Sie das Licht löschen, hinausgehen und die Tür einen Spalt offen lassen. So ist für Ihr Kleines ganz klar: Jetzt ist Schlafenszeit.

Papas Nachtschicht

Wenn Ihr Kleines nachts aufwacht und eigentlich nur sichergehen will, dass jemand da ist, spürt und riecht es in den Armen der Mutter natürlich die Brust und bekommt entsprechend Appetit darauf. Die Umgewöhnung des Babys funktioniert am leichtesten, wenn Sie als Papa nachts den Babydienst übernehmen, während Mama vorübergehend im Wohnzimmer schläft und Ohrstöpsel benutzt. Tun Sie also Ihr Bestes, damit es die Erfahrung machen kann, sich auch so wieder in den Schlaf zu mümmeln. Wichtig: Als Mutter sollten Sie keinesfalls einfach ins Zimmer kommen, weil Sie meinen, dass es jetzt ohne Sie nicht mehr geht. Warten Sie stattdessen, bis Papa mit dem Baby kommt oder Sie holt. Das ist für Ihr Kind wichtig, denn es muss wissen, wer wann zuständig ist – und auch für Ihren Partner, denn er braucht die Gewissheit, dass Sie ihm zutrauen, dass er alleine klarkommt. Natürlich wird Ihr Baby die Flasche leichter akzeptieren, wenn sie ihm nicht völlig unbekannt ist. Ebenso wird es sich dabei wohler fühlen, wenn es schon daran gewöhnt ist, ab und zu vom Papa ins Bett gebracht zu werden.

Fehlender Schlaf lässt sich übrigens nachholen: Selbst die Folgen von chronischem Schlafmangel gleicht schon ein einmaliger Erholungsschlaf teilweise wieder aus – das hat ein internationales Forscherteam bestätigt. Eine tröstliche Information für alle Papas, die sich ihre Nächte zur Abwechslung einmal mit einem Baby um die Ohren schlagen.

Schlaf am Tag

Schon mit sieben oder acht Monaten halten die meisten Babys von einem Tag zum anderen plötzlich nur noch zwei Schläfchen zwischen dem Aufstehen am frühen Morgen und dem Zubettgehen am Abend. Damit beginnt zum ersten Mal im Leben Ihres Kindes ein Rhythmus, den es länger als wenige Wochen beibehält. Tagsüber zweimal schlafen wird es nun mindestens vier Monate lang – so einen festen Rhythmus hat es bis dahin noch nie gehabt.

Viel Geduld bei der Umstellung

Diese Umstellung verläuft aber nicht bei jedem Kind unbedingt problemlos, denn der alte Rhythmus funktioniert nicht mehr und der neue hat sich noch nicht eingespielt. Beginnt Ihr Baby beispielsweise, statt dreimal täglich nur noch zweimal täglich zu schlafen, wird es eines Tages zur gewohnten Zeit nicht mehr einschlafen können. Das heißt aber nicht unbedingt, dass es nun bis zum nächsten Nickerchen munter und vergnügt bleibt. Im Gegenteil: Es kann ganz schön quengelig und verzweifelt werden, bis es schließlich eine Stunde später in den Schlaf findet. Am nächsten Tag klappt vielleicht alles wieder wie gewohnt und am dritten ist es wieder ganz anders. Erst allmählich setzt sich der neue Rhythmus durch und die Tage, an denen es nur noch zweimal schläft, überwiegen. Bald darauf gehören die Zeiten, in denen das Baby dreimal täglich ein Nickerchen hält, endgültig der Vergangenheit an. Verzweifeln Sie in sol-

Brauchen Babys einen festen Rhythmus?

Manche Kinder kommen schon mit etwa sechs Monaten in ihrem gesamten Schlafverhalten durcheinander, wenn sie tagsüber nicht immer zur selben Zeit schlafen können – etwa weil sie am Dienstag wegen eines Babyschwimmkurses vorzeitig geweckt werden und am Donnerstag durch einen Arztbesuch ihr gewohntes Nickerchen nicht pünktlich beginnen dürfen. Dabei lässt sich so eine einmalige Ausnahme nicht immer verhindern.

Wöchentlich stattfindende Kurse aber sollten möglichst in Übereinstimmung mit der »inneren Uhr« des Kindes geplant werden. Wenn Ihr Kind zu jenen gehört, die nicht jederzeit und überall leicht in den Schlaf finden, würde es ihm helfen, wenn Sie feste, ungestörte Schlafenszeiten einrichten – an allen sieben Tagen der Woche. Das hilft den meisten Kindern, die es schwer haben, sich den Schlaf zu holen, den sie brauchen. Durch die tägliche Gewohnheit stellen Babys ihre »innere Uhr« – die mit sechs Monaten einigermaßen ausgereift ist – auf diese Zeiten ein und dies hilft ihnen, genau dann müde und schlafbereit zu sein. So fällt das Einschlafen ein wenig leichter.

Für das nächtliche Durchschlafen ist ein fester Tagesrhythmus dann notwendig, wenn ein Kind jede Nacht zu ganz unterschiedlichen Zeiten wach wird. Das ist ein Symptom dafür, dass das Baby einen fester(en) Rhythmus braucht, um sich den nötigen Schlaf zu holen.

chen Umstellungsphasen nicht: Sie haben nichts falsch gemacht, der Schlaf stellt sich einfach nur um, und bald ist die anstrengende Zeit überstanden.

Manchmal kann es helfen, sich sozusagen auszuklinken und den Posten des »Schlafmanagers« an Ihr Kind zu übergeben: Wenn es zu müde ist, um noch Spaß auf der Spieldecke zu haben – ab ins Tragetuch mit ihm, am besten auf dem Rücken. Da kann es dann schlafen oder nicht, während Sie jetzt wunderbar Hausarbeiten erledigen können. Hat das Baby sich dort ausgeruht und ist wieder bei Kräften, dann legen Sie es erneut auf seine Spieldecke. In diesem Wechsel kommen Sie sicher entspannter durch den Tag.

Trösten oder weinen lassen?

Wenn Ihr Baby schreit, dürfen Sie sicher sein, dass es nicht die Absicht hat, Sie zu manipulieren. Das würde eine sehr komplexe Gehirnfunktion voraussetzen, von dieser Reife ist Ihr Kind noch weit entfernt. Mit sieben oder acht Monaten kennen sich Babys schon recht gut aus in ihrer Welt – und das merkt man ihnen auch an –, aber »böse« Absichten stehen ihnen noch nicht zur Verfügung. Wenn Ihr Kind in diesem Alter verzweifelt schreit, dann ist es verzweifelt. Wenn Ihr Baby auf Ihrem Arm jedoch nur mehr oder weniger vor sich hin weint, egal ob Sie ruhig mit ihm auf und ab gehen, ihm ein Schlaflied singen oder mit ihm auf dem Pezziball hopsen – dann könnte es eine gute Idee sein, es auch einmal abzulegen. Manchmal ist dieses Weinen aus Müdigkeit ein Weg, um in den Schlaf zu finden. Es wird dann nicht intensiver, wenn Sie das Baby ablegen und in Ruhe lassen, sondern hört bald danach auf. Probieren Sie es ruhig einmal aus.

Pflege und Gesundheit

Die ersten Zähnchen

Gleichzeitig mit dem Durchbruch der ersten Zähnchen treten in diesem Alter oft auch die ersten Infekte auf. Ist das der Fall, lässt sich schwer bestimmen, inwiefern die einzelnen Faktoren zur Unruhe des Babys beitragen. (Woran Sie erkennen, dass Ihr Baby zahnt, lesen Sie auf Seite 117. Was Ihrem Baby bei Schnupfen hilft, finden Sie auf Seite 120.)

Das Milchgebiss

Die Reihenfolge, in der die Milchzähne durchbrechen sollen, wird nicht von jedem Kind eingehalten, aber die ersten Zähnchen erscheinen doch in aller Regel vorne. Normalerweise erscheinen erst unten und dann oben alle vier Schneidezähne. Dann folgen – selten vor dem ersten Geburtstag – nacheinander zunächst vier Backenzähne und meist erst danach die vier Eckzähne zwischen den Schneide- und Backenzähnen. Üblicherweise nach dem zweiten Geburtstag kommen dann ganz hinten die letzten vier der insgesamt 20 Milchzähne. Im Alter von rund 30 Monaten ist das Milchgebiss meistens vollständig vorhanden.

Das hilft Ihrem Baby beim Zahnen

- Tupfen Sie mit den Fingerkuppen oder einem Wattestäbchen ein wenig gekühlten Kamillentee auf das Zahnfleisch. Der Tee wirkt leicht entzündungshemmend und kühlend.

- Da Ihr Baby versucht, sein Zahnfleisch zu massieren, indem es auf allem herumkaut, was es in die Hände bekommt, können Sie ihm einen gekühlten Beißring anbieten. Vor allem, wenn sein Zahnfleisch stark gerötet ist. Kühlen Sie den Ring jedoch nie im Gefrierfach, da er dann am Kiefer oder an den Lippen festfrieren und die Haut verletzen

Meistens kommen die 20 Milchzähne innerhalb der ersten zweieinhalb Lebensjahre in dieser Reihenfolge.

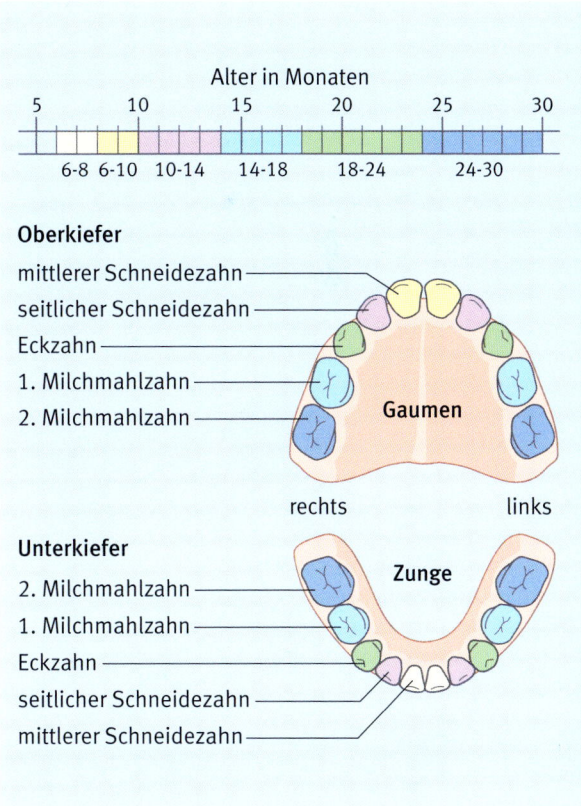

Alter in Monaten

6-8 6-10 10-14 14-18 18-24 24-30

Oberkiefer
mittlerer Schneidezahn
seitlicher Schneidezahn
Eckzahn
1. Milchmahlzahn
2. Milchmahlzahn

Gaumen

rechts   links

Unterkiefer
2. Milchmahlzahn
1. Milchmahlzahn
Eckzahn
seitlicher Schneidezahn
mittlerer Schneidezahn

Zunge

Vorsicht bei Schmerzmitteln

Weil chemische Schmerzmittel wie Nurofen-Kinderzäpfchen oder Paracetamol-Säuglingszäpfchen nicht so harmlos sind wie früher angenommen, sollten sie dem seltenen Notfall vorbehalten bleiben.

könnte! In Deutschland ist es inzwischen gesetzlich vorgeschrieben, dass das Plastikmaterial frei von Weichmachern und generell ungiftig ist, bei im Ausland hergestellten Beißringen können Sie diesbezüglich nicht sicher sein.

- Eine sehr bewährte, traditionelle Zahnungshilfe ist die »Veilchenwurzel« (Rhizoma Iridis), die beruhigende und schmerzlindernde Substanzen an das Zahnfleisch abgibt, während das Kind auf ihr kaut. Die Wurzel verursacht

Ein gekühlter Beißring bringt Linderung, sollte aber unbedingt aus schadstofffreiem Material sein.

keine Karies und kann zur Reinigung für kurze Zeit in kochendes Wasser getunkt werden, dann bestehen keine hygienischen Bedenken.

- Nicht unbedingt schmerzstillend, aber angenehm, um darauf herumzukauen, sind auch Möhren, Selleriestücke, Apfelschnitze, feste Brotrinden und dergleichen. Da das Baby seine Nahrung noch lange nicht selber zerkleinern kann, auch wenn die ersten Zähnchen schon da sind, ist dieses Kauen auf Wurzeln oder festen, altbackenen Brotstücken eine wichtige Übung, die ruhig zur Gewohnheit werden darf, auch über die Zahnungszeit hinaus. Aber Vorsicht: Lassen Sie das Baby nie allein dabei, es könnte einmal ein Stückchen davon abbeißen und sich daran verschlucken.

- Pauschal verordnete homöopathische Mittel erfreuen sich großer Beliebtheit, allen voran das Einzelmittel Chamomilla und das Kombinationspräparat »Osanit«. Solange Eltern wissen, dass ein homöopathisches Mittel abgesetzt werden muss, wenn es nicht innerhalb kurzer Zeit (etwa drei bis fünf Gaben) eine Besserung herbeiführt, werden diese Mittel nicht schaden. Die Alternative zur pauschalen Empfehlung ist ein gut gewähltes homöopathisches Einzelmittel, das nach ausführlicher Anamnese verordnet wurde.

- Wenn Sie sicher sind, dass Ihr Kind zahnt, können Sie ihm in einer besonders schlimmen Nacht auch mit einem Zäpfchen zur Ruhe verhelfen. Hier stehen unter anderem zur Auswahl: »Passiflora Kinderzäpfchen« (Wala) bei nervöser Unruhe sowie »Fieber- und Zahnungszäpfchen« (Weleda) oder »Viburcol« (Heel) bei erhöhter Temperatur. Diese Zäpfchen erhalten Sie rezeptfrei in der Apotheke.

Zahnpflege

Reinigen Sie die Zähnchen Ihres Babys von Anfang an. Das geht am besten mit einem Läppchen oder Wattestäbchen. Sobald Ihr Baby mit Ihnen gemeinsam beim Zähneputzen vor dem Spiegel stehen kann, ist die Zeit für seine erste Mini-Zahnbürste gekommen. Wie sie verwendet wird, darf es dann jeden Abend zusammen mit den Großen am Waschbecken üben.

Die kinderärztliche Vorsorge

Der fünfte Termin: U5

Etwa ein halbes Jahr ist das Baby bei dieser Vorsorguntersuchung alt, deren Termin im sechsten oder siebten Monat liegt. Wie bei jeder Vorsorgeuntersuchung wird Ihr Kind gemessen und gewogen. Die Ergebnisse werden ins gelbe Untersuchungsheft eingetragen, so lässt sich auf den ersten Blick erkennen, ob die aktuellen Werte innerhalb der bisherigen Entwicklungskurve liegen oder nach oben oder unten abweichen. Danach werden seine Reflexe getestet und außerdem Herztätigkeit, Atmungsfunktionen, Hals, Nase und Ohren untersucht.

Neben dieser routinemäßigen Erhebung von Gesundheitsstatus und Entwicklungsstand liegt der Fokus bei dieser Untersuchung auf der Interaktion des Kindes mit seiner Umwelt – wie reagiert es auf seine Umgebung: Hält es beispielsweise Blickkontakt und wie verhält es sich dabei? Wie verhält es sich zu Hause? Greift es gezielt nach Gegenständen in seiner Nähe, tut es das mit beiden Händen oder lieber immer mit derselben Hand? Wie steht es mit seiner Geschicklichkeit, kann es beispielsweise einen Gegenstand von der einen Hand in die andere nehmen? Wie ist seine motorische Entwicklung, welche seiner Bewegungsmöglichkeiten nutzt es: Kann es den Kopf nun in jeder Position sicher halten, stützt es sich in Bauchlage mit den Händen ab? Dreht es sich schon alleine vom Rücken auf den Bauch? Und zurück? Auf der körperlichen Ebene wird in diesem Alter wiederum das Gehör untersucht anhand der Reaktionen auf verschiedene Geräusche. Sollten in der Familie Sehstörungen, Schielen oder höhergradige Fehlsichtigkeit vorkommen, ist es jetzt an der Zeit, das Kind augenärztlich untersuchen zu lassen. Hier ist Früherkennung besonders wichtig.

Alles ok? Das zeigt die Verdauung

Viele Babys reagieren mit durchfallähnlichen Symptomen auf das Zahnen (siehe Seite 143) oder sie bekommen Verstopfung. Das macht deutlich, dass der Mund eben zum Verdaungssystem gehört: Das ganze System reagiert, wenn ein Teil betroffen ist.

Durchfall

Ist der Stuhl eindeutig viel dünner und zudem viel häufiger als sonst, riecht er außerdem richtig übel, dann müssen Sie von einem Durchfall ausgehen. Ist der feste Windelinhalt nur einmal grünlich statt gelb, ist das noch kein Alarmzeichen, sondern deutet auf eine leichte, vorübergehende Störung hin (siehe Seite 119). Handelt es sich um richtigen Durchfall, sollten Sie Ihr Kind vor Ablauf von sechs Stunden seit dem Beginn der Symptome vorsichtshalber zum Arzt bringen.

Verstopfung

Verstopfung zeigt sich im ersten Lebensjahr nicht allein an einer plötzlich verminderten Stuhlfrequenz, vor allem solange das Kind noch voll gestillt wird. Selbst wenn ein gestilltes Baby bisher täglich ein- oder zweimal Stuhlgang hatte und der plötzlich zwei oder drei Tage lang aussetzt, betrachtet man das als eine normale Erscheinung der Darmentwicklung. Meistens hat das Kind dann zwar vorübergehend seltener Stuhlgang, aber dafür eine wesentlich größere Stuhlmenge bei jeder erfolgten Darmentleerung und weichen Stuhl.

Das Baby trinkt zu wenig

Hat ein voll gestilltes Baby seltener Stuhlgang, ohne dass die jeweilige Menge entsprechend größer ist, und hat es in der letzten Zeit nicht gut zugenommen, könnte das ein Hinweis darauf sein, dass es nicht genug trinkt. Klären Sie in diesem Fall entsprechende Fragen zum Gedeihen Ihres Babys mit dem Kinderarzt. Sollte sich der Verdacht dabei nicht auflösen, ist es das Beste, sich rasch von einer Stillfachfrau (siehe Adressen Seite 184) unterstützen zu lassen, um die Milchmenge zu steigern und das effiziente Trinken zu fördern.

Echte Verstopfung

Manche Babys reagieren auf das Zahnen vorübergehend mit echter Verstopfung,

und auch in der Phase der Gewöhnung an neue Lebensmittel kann diese auftreten. Dann ist der Stuhl trockener, vielleicht fester oder sogar hart und das Baby hat Mühe oder Schmerzen beim Ausscheiden. In diesem Fall hilft nur eine Umstellung der Ernährung. Das Lebensmittel, das die Verstopfung verursacht, muss erst einmal zurückgestellt werden, meistens lehnt das Baby es dann sowieso ab. Hilfreich wirkt Birnenmus durch seine stuhlauflockernde Wirkung. Bieten Sie Ihrem Baby außerdem die Brust öfter an, und wenn Sie nicht mehr stillen, geben Sie ihm häufiger Wasser, Tee oder Birnensaft zu trinken.

Babys Wachstum

Ungefähr mit einem halben Jahr haben die meisten Babys ihr Geburtsgewicht verdoppelt. Von da ab beträgt die Gewichtszunahme 150 bis 400 Gramm pro Monat. Bei den vorgesehenen kinderärztlichen Untersuchungen werden das Längenwachstum, das Gewicht und der Kopfumfang Ihres Babys gemessen und entlang der Perzentilkurven in das gelbe Untersuchungsheft eingetragen. So kann Ihr Kinderarzt mit einem Blick erkennen, wie sich das individuelle Wachstum in Relation zum Durchschnitt verhält. Doch Vorsicht: Das optimale Wachstum verläuft keineswegs entlang von durchschnittlichen Linien, sondern ausschließlich entlang der individuellen genetischen Vorgaben. Verläuft die individuelle Zunahme unterhalb der Durchschnittswerte, so ist das nicht automatisch negativ, genauso wenig ist es positiv, wenn ein Kind überdurchschnittlich viel zunimmt. Ob ein Baby vollkommen gesund heranwächst, kann nur anhand der Gesamtbeobachtung beurteilt werden.

TIPP Die richtige Pflege bei Neurodermitis

Cremen Sie Ihr Kind zwei- bis viermal täglich ein und variieren Sie je nach seinem Hautzustand und nach Wetter:

- Fettsalben, die bei sehr trockener Haut und bei kaltem Wetter angenehm sind. (Die Krankenkasse zahlt für verordnete Fettsalben bis zum 12. Lebensjahr.)
- Cremes bewahren die Hautfeuchtigkeit weniger. Sie sind im Sommer geeignet und in Phasen, in denen die Haut weniger trocken ist.
- Wenn einzelne Hautpartien nässen, haften Salben meist nicht. Dann am besten Lotionen und Gels verwenden.

- Das Eincremen mit hochwertigen Ölen mit Omega-3-Fettsäuren kann die Rückfettung der Haut unterstützen und zusätzlich entzündungshemmend wirken. Diese Öle werden aber unterschiedlich gut von der Babyhaut vertragen, also bitte vorsichtig auftragen! Bekannt für ihren reichen Gehalt an Omega-Fettsäuren sind Nachtkerzenöl, Fischöl, Leinöl und andere hochwertige Öle.
- Ebenfalls reich an Omega-Fettsäuren sowie entzündungshemmenden Faktoren und sehr gut verträglich ist Muttermilch, auch äußerlich angewendet.

Mögliche Beschwerden

Neurodermitis

Bemerken Sie an Ihrem Baby trockene, raue, etwas erhabene Hautstellen, oder auch trockene, rissige Stellen, die schnell ein wenig bluten, dann könnte es sich um eine beginnende Neurodermitis handeln. Wenn das Baby sich dort bei jeder Gelegenheit kratzt, ist dies ein Hinweis auf den typischen Juckreiz. Diese Hautsymptome gehören zum chronischen Krankheitsbild der Neurodermitis, auch atopisches Ekzem genannt. Meist gehört neben der Bereitschaft zu diesem Ekzem auch die Veranlagung zu Atemwegssymptomen wie Heuschnupfen und Asthma. Vorbeugend wirkt nachweislich das Stillen über die Dauer von sechs Monaten. Tabakrauch hingegen zählt zu den Risikofaktoren, bereits in der Schwangerschaft. Unter den

komplementärmedizinischen Behandlungsmethoden hat sich vor allem die Homöopathie bewährt (siehe informative Website zur Neurodermitis Seite 185). Da die Haut bei Neurodermitis nicht genügend Fett produziert, muss dies durch Pflege ausgeglichen werden.

Dreitagefieber

Diese ansteckende Herpesvirusinfektion wird durch Tröpfchen übertragen und tritt meist schon im ersten Lebensjahr auf. Das Dreitagefieber beginnt mit plötzlich einsetzendem hohem Fieber bis 40 °C, das nach rund drei Tagen wieder verschwindet. Das Kind ist dabei in seinem Allgemeinbefinden meist nur wenig beeinträchtigt, am ersten Tag mit hohem Fieber kann es allerding schläfrig und quengelig sein. Nach dem Fieber tritt kurzzeitig ein roter Aussschlag auf. Ab diesem Stadium ist das Baby nicht mehr ansteckend.

Babys
10. bis
12. Monat

Ihr kleiner Entdecker wird immer mobiler: Die meisten
Babys können jetzt krabbeln und beginnen, sich an
Couchtischen und Regalen hochzuziehen. Gegen Ende
des ersten Jahres machen viele ihre ersten freien Schritte.
Wie schnell die Babyzeit vergangen ist ... Wer hätte das
vor einem Jahr gedacht?

Mit allen Sinnen in Beziehung sein

So nimmt Ihr Baby die Welt wahr

Vermutlich wird Ihr Kind nie wieder so intensiv und begeistert lernen wie in diesem Alter. Dabei sind die Wissensgebiete der Physik und Psychologie die absoluten Lieblingsfächer von Krabbelkindern: Wodurch lässt sich erkennen, ob man ein Lebewesen vor sich hat oder einen Gegenstand? Auch Gegenstände bewegen sich und machen Geräusche. Dazu will das Gesetz von Kausalität, von Ursache und Wirkung, erforscht werden. Wodurch entstehen Bewegungen, Lageveränderungen, Positionswechsel? Braucht ein Objekt den Kontakt mit einem anderen Objekt, um sich in Bewegung zu versetzen oder seine Position im Raum zu verändern? Das sind die Fragen, die Ihr Baby jetzt beschäftigen. Lebewesen können sich aus eigener Initiative bewegen, doch manche Gegenstände erwecken oft ebenfalls den Eindruck als könnten sie das – Gardinen wehen vor dem offenen Fenster wie von selbst hin und her, andere Objekte, wie der Stuhl, verändern zwar häufig ihre Position im Raum, doch nie von selbst. Ein Gegenstand zeichnet sich dadurch aus, dass er sich auf Zuruf hin nicht in Bewegung versetzen lässt – bei der Mutter hingegen klappt das. Auch reagieren Gegenstände überhaupt nicht auf Blickkontakt, während man mit Lebewesen darüber in Kommunikation treten kann, auch ohne jegliche Berührung. Gibt es bestimmte Merkmale des Verhaltens von Lebewesen? Zwischen zehn und zwölf Monaten gewinnen Babys aufgrund ihrer Studien tiefe neue Erkenntnisse über diese grundlegenden und wichtigen Fragen hinzu.

Sehen

Seit seiner Geburt sind im Gehirn Ihres Babys die entsprechenden Nervenverbindungen weitgehend herangereift, um die vielen von den Augen aufgenommenen Informationen zu verarbeiten und sein Sehvermögen hat sich seitdem entscheidend weiterentwickelt. Die Sehschärfe ist am Ende des ersten Lebensjahres schon fast so gut wie beim Erwachsenen.

Hören

Mit einem Jahr besitzen Babys ein erstaunlich feines Gehör, es ist teilweise besser als das von Erwachsenen. Es verfügt über einen Hörbereich von bis zu 20.000 Schwingungen pro Minute – das beste Gehör für Musik. Als Eltern merken Sie, dass Ihr Baby oft Geräusche aufnimmt, die Ihrer Wahrnehmung eigentlich entgangen wären. Gerade für hohe Töne geht die Empfänglichkeit ab der Pubertät wieder zurück, seine Großeltern hören wesentlich schlechter als das Baby.

Sprachentwicklung: erste Worte

Obwohl Ihr Baby schon seit seinem ersten Lebensjahr intensiv mit Ihnen im Gespräch ist, stellen seine ersten richtigen Worte doch für alle Eltern einen echten Höhepunkt. dar. Bei den meisten Babys ist es zwischen dem neunten und vierzehnten Monat so weit, dass aus dem gebrabbelten »bababa« ein »Mama« oder »Papa« wird. Ab diesem Zeitpunkt kommt fast täglich ein neues Wort dazu. Je früher Sie Ihre Handlungen sprechend begleiten: »Schau, das ist dein Mantel, den ziehen wir jetzt an, zuerst den rechten Arm ...«, umso eher entwickelt sich sein Sprachverständnis.

Aus Lauten werden Worte

Vor dem ersten Wort fängt das Baby schon damit an, einen bestimmten Laut für einen speziellen Gegenstand zu benutzen – dabei kommt es noch nicht darauf an, ob der Laut dem Namen des Gegenstands ähnelt (zum Beispiel »brr« für Auto oder »gak« für Vogel). Das Baby kann irgendeinen Laut dafür erfinden, aber es ordnet ihn eindeutig zu, vor allem wenn es merkt, dass es sich Ihnen damit verständlich machen kann.

Das Sprachverständnis wächst

Mit etwa einem Jahr erkennen Kinder beim Betrachten des Bilderbuchs einzelne Gegenstände wieder und können oft schon darauf zeigen, wenn Sie danach fragen. Schätzungsweise verstehen Einjährige schon etwa 50 bis 100 Wörter. Aber nicht nur zum Benennen sind Worte gut. In diesem Alter beginnt Ihr Baby auch genau zu verstehen, was Sie sagen und antwortet darauf – so streckt es Ihnen seinen Apfel hin, wenn Sie fragen, ob Sie davon abbeißen dürfen. Jetzt versteht Ihr Kind die Bedeutung von »Ja« und »Nein« und nickt oder schüttelt entsprechend den Kopf und macht mit größtem Vergnügen Winke-Winke beim Abschied. Erst wenn Kinder älter sind, können sie Verbote verstehen und im Kopf behalten, deshalb hilft jetzt nur: Gefahrenquellen ausschließen!

Trennungsangst und Fremdeln

Irgendwann zwischen dem siebten und zwölften Monat will Ihr Baby Sie auf einmal keine Minute mehr aus den Augen lassen und schreit sogar dann, wenn Sie nur ganz kurz aus seinem Gesichtsfeld verschwinden. Viele Eltern erkennen ihr Kleines kaum wieder: Gerade war es noch selbstbewusst auf großer Entdeckertour und nun klammert es sich angstvoll an Mamas Bein. Dieses typische Klammerverhalten wird Fremdeln genannt und ist – so rückschrittlich es auch scheint – eigentlich ein Fortschritt. Denn es bedeutet, dass sich Ihr Baby geistig weiterentwickelt hat: In seinem Bewusstsein breitet sich das Prinzip der Dualität aus – beginnend mit der Unterscheidung zwischen »ich und du« sowie »vertraut und fremd«.

Baby haben keinen Begriff von Raum und Zeit

Gleichzeitig existiert jedoch noch kein richtiger räumlicher Begriff. Dort, wo Sie jetzt gerade sitzen, haben Sie natürlich ein inneres Bild davon, was sich hinter Ihren Wänden befindet. Sie besitzen ein klares geistiges Bild von Ihrer Wohnung, Ihrem Haus, Ihrer Nachbarschaft. Ihr Baby hat jedoch noch keine inneren Bilder, die etwas repräsentieren, das es nicht sieht. Bisher hat es Sie nur wahrgenommen, wenn Sie in seiner Nähe waren, waren Sie nicht bei ihm, haben Sie ihm auch nicht gefehlt. Jetzt dämmert Ihrem Baby allmählich, dass Sie es alleine lassen, wenn Sie aus dem Zimmer gehen und es Sie nicht mehr sehen kann. In dem Moment, wo Sie aus seinem Blickfeld verschwinden, hat es Sie für sein Empfinden komplett verloren! Total und für immer. Denn Ihr Baby hat auch noch keinen Begriff von Zeit. Die Panik bei Ihrem Verschwinden wird nachlassen, sobald Ihr Baby in der Lage ist zu erkennen, dass Sie irgendwo da draußen auch dann existieren, wenn es nur Ihre Stimme hört, obwohl es Sie nicht sehen kann. Ab dann dürfen Sie wieder aus dem Zimmer gehen, ohne dass Ihr Kind gleich schreit, aber gehen Sie nicht zu schnell und lassen Sie die Türen auf, denn es wird vorerst noch hinterherkommen und sich vergewissern wollen. Erst wenn auf diese Weise nach und nach

ein verlässliches geistiges Bild von Ihnen entstanden ist und ein inneres Bild davon, was sich hinter den Wänden und jenseits der Zimmertür befindet, hat es gelernt, dass es Sie immer noch gibt, auch wenn es sie gerade nicht sehen kann. Dann kann es ruhig weiterspielen und darauf vertrauen, dass Sie da sind.

Bis der nächste Entwicklungsschritt geschafft ist, muss die Oma oder der Babysitter mindestens zweimal in der Woche kommen, damit das Baby sie in den Kreis der Vertrauten aufnimmt.

Vertrautes und Fremdes unterscheiden

Die Phase des Fremdelns ist die denkbar ungünstigste Zeit, um ein Baby an neue Bezugspersonen gewöhnen zu wollen. Es legt eine nie zuvor gezeigte Scheu vor anderen Menschen an den Tag, weil es

Kuckuckspiele sind jetzt der größte Hit! Das Baby kann einfach nicht genug davon bekommen.

beginnt, den Kategorien »vertraut« und »fremd« einen neuartigen Wert beizumessen. Diese Kategorien registriert es an sich schon seit den ersten Lebensmonaten, da es zum Beispiel schon früh fremde von bekannten Gesichtern unterscheiden kann, aber nun zeigen sie sich ihm in einem anderen Licht. Durch seine geistige und motorische Entwicklung, durch die Wahrnehmung und Eroberung neuer Dimensionen, erhält Fremdes für eine gewisse Zeit eine bedrohliche Bedeutung. Hat es die Oma oder die Babysitterin bisher bei ihrem wöchentlichen Besuch immer lächelnd begrüßt, wendet es sich nun auf einmal weinend von ihr ab. Die Person erscheint dem Baby jetzt einfach fremd, wie alles, was es nur einmal in der Woche sieht. Das ist nicht oft genug für seine neue geistige Errungenschaft, Vertrautes von Unvertrautem zu unterscheiden, und löst deshalb den Alarm des neuen Meldesystems »Vorsicht: fremd!« aus. Eigentlich ist das Baby also wieder ein wenig selbstständiger geworden – es sorgt selbst für seine Sicherheit und klammert sich an seine vertrauteste Bezugsperson. Zum Glück dauert es nicht allzu lang, bis die Gehirnentwicklung den notwendigen nächsten Schritt schafft.

Spielerisch beim Lernen unterstützen

Sie können den Lernprozess in dieser Phase unterstützen, indem Sie mit Ihrem Kind verschiedene Kuckuck-Spiele spielen, denn hier erleben die Kleinen mit Begeisterung genau das Phänomen, das sie gerade ergründen wollen: Etwas verschwindet und taucht aus dem Nichts plötzlich wieder auf. Verstecken Sie einfach Ihr Gesicht hinter einem großen Buch, einem Tuch oder einem Möbel

und rufen »Wo bin ich?« – dann lassen Sie Ihr Gesicht wieder erscheinen und rufen »Kuckuck – da bin ich!« Je mehr Sie von sich verstecken, desto spannender wird es. Dasselbe können Sie auch mit Gegenständen, etwa einem Ball machen, den Sie unter einem Tuch verschwinden und dann wieder auftauchen lassen. Das Kind wird ihn anfangs nicht unter dem Tuch vermuten – was es nicht sieht, ist einfach nicht da. Erst wenn es ein verinnerlichtes Bild des Balles besitzt, wird es ihn anhand seiner Kontur unter dem Tuch

Die Entdeckung der »Selbstwirksamkeit«

In diesem Alter macht Ihr Baby die großartige Entdeckung von Ursache und Wirkung. Insbesonders wird ihm die Möglichkeit bewusst, selbst etwas zu bewirken – es beginnt zu erkennen, dass ein bestimmter Effekt von seinem eigenen Verhalten ausgelöst wurde. Aber ob das beim nächsten Mal auch noch gilt, muss natürlich erst eine Weile überprüft werden, genau wie in unserer wissenschaftlichen Forschung auch. Da gilt das Ergebnis einer Studie erst dann, wenn es sich auch in wiederholten Untersuchungen gezeigt hat. Genauso möchte Ihr Baby jetzt am liebsten »ständig« das Licht an- und ausschalten oder den Wasserhahn empfunden dreißig Mal auf- und zudrehen. Auch das »selbst machen« wird im Licht dieser Erkenntnis enorm bedeutend: die Schnur der Spieluhr selber ziehen, das Buch selbst umblättern, alleine in die Gummistiefel schlüpfen ... Mehr und mehr erkennt es, dass sich mit gezielten Handlungen etwas Bestimmtes erreichen lässt und es verfolgt diese Erfahrung mit unvergleichlicher Ausdauer – und mit der allergrößten Freude.

suchen und es selbst wegziehen. Sobald es den Gegenstand dort sucht, wo Sie ihn vor seinen Augen gerade versteckt haben, wird es nicht mehr lange dauern, bis die Entwicklungsphase des Fremdelns und Klammerns zu Ende geht.

Dann hat Ihr Kind gelernt, dass etwas auch dann noch existiert, wenn man es nicht mehr sieht. Nun fängt es an, nach vertrauten Dingen zu suchen, etwa nach einem ganz bestimmten Spielzeug. Wo ist mein Ball hingerollt? Und es kann Ihnen mit seiner schon gut verständlichen Gestensprache sagen: Bitte Mama, hilf mir, ihn zu finden. Lieblings-Spiel wird nun für eine Weile das Ein- und Ausräumen, weil man dabei schließlich etwas »verstecken« und wiederfinden kann.

Ein- und Ausräumen: ein beliebtes Spiel

Besonders interessant sind jetzt Schubladen, kleine Koffer oder Kisten, die Ihr Baby öffnen und »umräumen« kann. Gerne holt es seine Sachen heraus, legt sie wieder zurück und vielleicht noch etwas anderes dazu, das Sie dann verzweifelt suchen werden. Am besten stellen Sie ihm eine eigene Schublade in Küche oder Wohnzimmer mit Plastikschüsseln, Holzbrettchen und anderen unverwüstlichen Utensilien zur Verfügung, die es nach Herzenslust ein- und ausräumen darf. Schubladen mit gefährlichem Inhalt sollten Sie jetzt mit Kindersicherungen verschließen – und sei es nur, um unbedarfte Besuchskinder zu schützen. Überhaupt wird für Ihr Kind das Thema »Innen« und »Außen« spannend – es steckt nun auch kleine Gegenstände gerne in mögliche Öffnungen und versucht, sie wieder hervorzuholen: Sie können Ihren kleinen Forscher wunderbar beschäftigen, wenn er zum Beispiel getrocknete Erbsen,

Wäscheklammern oder Bauklötzchen in eine leere Plastikflasche oder in eine Pappschachtel mit großen Schlitzen stecken darf. Dabei übt Ihr Kind seine wachsende feinmotorische Geschicklichkeit mit wirklich beeindruckender, schier unendlicher Geduld.

Die beliebtesten Spielsachen lassen sich oft nicht kaufen. Zum Glück finden sie sich in jedem Haushalt.

Die motorische Entwicklung

Für alle Eltern ist es faszinierend zu beobachten, wie sich ihr Kind im Laufe seines ersten Lebensjahres aus dem Liegen allmählich hinaufarbeitet zum Stehen: Auf jeder Station des Weges in die aufrechte Körperhaltung wird die Berührungsfläche mit dem Boden kleiner, bis das Kind endlich nur noch auf den beiden winzigen Fußsohlen steht. Dass es sich schließlich auf zwei Beinen im Gleichgewicht halten kann, ist insbesondere der Entwicklung des Zentralen Nervensystems zu verdanken. Das motorische Know-how sitzt im Kopf!

Das Baby will hoch hinaus

Mit der Aufrichtung erobert sich Ihr Kind am Ende seines ersten Lebensjahres nun die dritte Dimension als eigene, körperliche Erfahrung. Natürlich beginnt es erste Vorstöße schon früh, immer wenn es in Rückenlage die Arme und Beine nach oben streckt oder in der Bauchlage den Kopf hebt. Aber in dieser Entwicklungsphase erforscht es jetzt zum ersten Mal die Möglichkeit, sich selbst mit dem ganzen Rumpf vom Boden abzuheben und sich eines Tages schließlich komplett aufzurichten und zu stehen.

Das Tempo ist unterschiedlich

Jedes Kind entwickelt seine einzelnen Fähigkeiten in seinem ganz eigenen Tempo – das eine früher, das andere später (siehe Kasten auf Seite 100). Manchmal ist ein Baby zum Beispiel so mit dem Sprechenlernen beschäftigt, dass es woanders, vielleicht mit den motorischen Übungen, einstweilen Pause macht. Auch brauchen Kinder mit einem kräftigen, schweren Knochenbau oft länger als die Zart-Gebauten, bis sie sich fortbewegen und aufrichten. Sie haben einfach mehr Gewicht zu stemmen. Aber wenn sie schließlich so weit sind, holen sie ganz rasch nach und in kürzester Zeit ist dann kein Unterschied mehr zu erkennen.

Rücken-, Seiten- und Bauchlage

Liegende Positionen sind nun für die meisten Babys langweilig, außer Mama oder Papa haben Zeit für lustige Strampelspiele (siehe Seite 132). Dann bleiben sie gespannt liegen und lauschen den bekannten Reimen. Sind sie allein auf ihrer Krabbeldecke, drehen sie sich flink auf den Bauch und ab geht die Post. Die Bauchlage ist die ideale Ausgangsposition für die nun folgenden motorischen Entwicklungsschritte wie zum Beispiel das Krabbeln und das Sitzen. Sobald das Kind für seinen Geschmack genügend darüber herausgefunden hat, wie es von links nach rechts und von vorne nach hinten gelangen kann, verspürt es unwiderstehlich den Drang, von unten nach oben zu gelangen und sich immer weiter aufzurichten. Manche Babys entdecken jetzt erst ein Interesse am Drehen und Kullern (siehe ab Seite 100) und holen dann in kurzer Zeit alles nach.

155

Krabbeln

Krabbeln ist eine vollkommen neue Art der Fortbewegung: Das Baby muss dazu auf Händen und Knien seine linke und rechte Körperseite gleichzeitig und entgegengesetzt bewegen, also linke Hand / rechtes Knie oder rechte Hand / linkes Knie gemeinsam anheben und nach vorne schwingen. Dabei passiert auch im zentralen Nervensystem Ihres Kindes etwas wirklich Neues: Die automatischen Kreuzbewegungen aktivieren gleichmäßig die rechte und die linke Gehirnhälfte.

Echte Kraftanstrengung

Um Krabbeln zu lernen, muss Ihr Baby sich viel Mühe geben. Die erste Herausforderung besteht zunächst darin, sich aus der Kriech- oder Robb-Position in den Vierfüßlerstand zu stemmen. Dazu ist viel Kraft notwendig, die nur durch fleißiges Üben aufgebaut wird. Hat es sich einmal in den Vierfüßlerstand begeben, findet das

Baby durch eifriges Vor- und zurückwippen zu einem neuen Gleichgewicht: Die Krabbel-Startposition ist gemeistert! Das Baby spürt beim Wippen, dass es nicht vorwärtskommt, wenn es sein Gewicht auf beide Hände oder beide Knie legt – und verlagert es das Gewicht auf eine Körperseite, fällt es sogar um. Nur wenn es das Gewicht diagonal auf Hand und Schulter der einen Körperseite sowie Knie und Fuß der anderen Körperseite verlagert, wird aus dem Vierfüßlerstand das Krabbeln. Es ist also auch eine gehörige Portion Gehirnakrobatik, die das Kind in dieser Übungsphase des Wippens bewältigt. So vergeht bis zum Krabbeln oft einige Zeit des unablässigen Übens, aber dann trägt das Gelernte viele Monate lang.

Möglichst lange Üben lassen

Durch das Krabbeln wird das Zusammenspiel der beiden Gehirnhälften ganz wesentlich geschult und daraus entwickelt sich ein besonderes Koordinationsver-

TIPP Krabbel-Ausrüstung

Was Ihr Baby jetzt braucht:
- Lockere, bequeme Kleidung, die es nirgends einengt. Ein »schlankes« Windelhöschen, das seine Hüftbeweglichkeit nicht einschränkt.
- Ihre Mitfreude an seinen Erfolgen, die es aus eigener Kraft und Initiative erreicht. Sie fördern Ihr Baby, indem Sie ihm seinen individuellen Zeitrahmen lassen und keinen Entwicklungsschritt vorwegnehmen, Ihr Kind also möglichst wenig passiv hinsetzen und aufstellen.

Was Ihr Baby jetzt nicht braucht:
- Socken oder Schuhe. Barfuß kann Ihr Kind seine Füße besser einsetzen, so kräftigt sich die Fußmuskulatur.
- Glatte Fußböden, auf denen es ausrutscht wenn es sich abschieben möchte.
- »Krabbelverhinderer« wie die sogenannten Lauflernhilfen (Gehfrei). Darin werden Füße, Hüft- und Beingelenke sowie die Wirbelsäule eines Babys viel zu früh stark belastet, was später zu Haltungsschäden führen kann.

mögen, das Kinder unter anderem später beim Lesen und Schreiben brauchen. Schulkinder, die als Babys das Krabbeln ausgelassen haben, tun sich oft in beidem schwerer. Lassen Sie also Ihrem Baby jetzt gerne viel Zeit für seine Krabbelübungen und widerstehen Sie der Versuchung, es schon an beiden Händen durch die Wohnung zu führen, weil es laufen möchte und alleine noch nicht kann. Ähnliches gilt fürs Sitzen, denn Kinder, die das Sitzen nicht selbst erlernt haben, sondern abgestützt hingesetzt wurden, krabbeln oft nicht. Offenbar ist also in der Bewegungs- und Gehirnentwicklung eines fürs andere wichtig: Was Ihr Baby jetzt aus eigener Kraft heraus lernt, macht ihm im späteren Leben vieles leichter.

Spielend lernen

Alles, was rollt, wird jetzt besonders interessant für Ihr Baby – es kann ja endlich hinterher! Kleine Bälle oder Reifen werden sein Lieblingsspielzeug sein. Aber auch eine Toiletten- oder Küchenpapierrolle kann größten Spaß machen, weil sie sich aufrollt, wenn sie angestubst wird – schauen Sie sich um, in jedem Haushalt finden sich zahlreiche ungefährliche Dinge, mit denen das Baby spielen kann.

Vom Zwergensitz zum freien Sitzen

Bevor ein Kind freihändig aufrecht sitzen kann, übt es längere Zeit verschiedene Positionen, bei denen es seinen Oberkörper aus der Seitenlage mehr und mehr nach oben hebt und sich dabei zuerst auf den Unterarm oder auch nur auf den Ellbogen stützt. Im nächsten Entwicklungsschritt entfernt es sich aus dieser halb liegenden Körperhaltung noch weiter vom Boden.

Mit seinen ersten freien Schritten hat das Baby den größten Meilenstein der motorischen Entwicklung erreicht.

Dazu streckt es den stützenden Arm und stützt sich nur noch mit der Hand auf, wobei es das untere Bein gebeugt etwas nach vorne zieht, um sich zusätzlich Halt zu geben. Das Baby findet eine noch stabilere Position, indem es das obere Bein anwinkelt und den Fuß vor das untere Knie setzt (sogenannter »Zwergensitz«). In all diesen seitlich gestützten Positionen hat Ihr Kind die nicht stützende Hand bereits zum Spielen frei. Während sich seine Balancefähigkeit durch diese Haltungen schult und weiterentwickelt, wächst der Wunsch, beide Hände zum Entdecken und Experimentieren freizuhaben – bis Ihr Kind eines Tages genug Sicherheit spürt, um sich so weit aufzurichten, dass es die stützende Hand vom Boden nehmen kann, während sich Rücken und Kopf ganz in die Vertikale heben. Es sitzt!

157

Hilf mir, es selbst zu tun!

Die motorische Entwicklung ist ein langer Prozess, der aus vielen kleinen Einzelschritten besteht, die das Kind einen nach dem anderen selbst gehen muss, damit es die richtigen Grundlagen entwickelt. Wenn Sie Ihr Kind fördern möchten, lautet die wichtigste Regel: Alles, was Ihr Baby selbst schafft, sollte es auch tun dürfen. Als Eltern brauchen Sie Ihrem Kind auf diesem Gebiet nichts beizubringen, es entwickelt sich dann optimal, wenn es sich alles selbstständig erarbeiten darf. Voraussetzung ist neben Ihrer Geduld und Ihrem Zutrauen natürlich eine sichere Umgebung, welche die Experimente, die Ihr Baby sich aus eigener Initiative vornimmt, auch zulässt und unterstützt. Ihr Kleines stützt sich aus der Schräglage immer mehr zum Sitzen hoch? Sehr gut! Es will sich alleine an einem Möbelstück hochziehen? Nur zu! Lassen Sie es selber machen und nehmen Sie ihm möglichst nichts ab, denn beim Drehen, Rollen, Aufsetzen und Krabbeln entwickelt sich gleichermaßen seine körperliche wie geistige Koordinationsfähigkeit. Wenn ein Schritt fehlt, fehlen auch Verknüpfungen im Gehirn, was später zu Bewegungsunruhe und Störungsmustern führen könnte. Kinder mit einer guten Körperkontrolle zeigen das besonders dann, wenn sie einmal ihr Gleichgewicht verlieren: Sie fallen so geschickt, dass sie sich kaum jemals eine Beule holen, sie plumpsen entweder auf den Po oder halten beim seitlichen Umkippen den Kopf hoch. Babys ohne selbst erarbeitete Körperkontrolle fallen um, ohne sich gut abzustützen, ihre Unfall- und Verletzungsgefahr ist größer.

Knien, Stehen und Reling-Gehen

Wenn Krabbelkinder müde werden, setzen sie sich häufig auf die Fersen zurück, um auszuruhen. Dabei findet Ihr Baby eines Tages heraus, dass es auch aufrecht knien kann. So kommt es plötzlich an Dinge heran, die vorher außerhalb seiner Reichweite waren. Halb kniend streckt es die Arme aus, findet mit den Händchen Halt und übt von nun an, sich zunächst mit einem Bein und bald mit beiden Beinen hochzustemmen. Mit der Zeit lernt Ihr Kind, wie es seine Kraft in den Beinchen kontrollieren muss, um vollends zum Stehen zu kommen. Die ersten Versuche fallen noch recht wackelig aus und es muss sich mit beiden Händen gut festhalten, um nicht umzufallen. Bis zum freien Gehen wird Ihr Kleines noch viele Monate üben müssen. Währenddessen kräftigen sich seine Rumpfmuskulatur und seine Füße, besonders die Fußgelenke. Dies sind wichtige Prozesse, die ihre Zeit und viele Gelegenheiten zum Üben benötigen. Deshalb ist es auch hier wieder ganz wichtig, dass das Baby sich innerhalb seiner eigenen Grenzen bewegen darf.

Zu früh laufen ist ungesund!

Wird es dagegen gestützt, gehalten und an den Armen in den Stand gezogen, bevor es selbst dazu in der Lage ist, so begünstigt das spätere Haltungsschäden. Erst wenn ein Kind sich ganz von selbst aufrichten kann, hat es seine Muskeln und Gelenke genug trainiert, damit sie ihm bei Stehen Halt geben können. Wenn Sie Ihr Kind bei seiner Bewegungsentwicklung unterstützen möchten, geben Sie ihm stattdessen möglichst oft die Gelegenheit, mit nackten Füßen verschiedene Bodenbeläge wie Sand, Pflaster oder Gras zu fühlen. Damit fördern Sie eine gesunde Fußentwicklung.

Die ersten gestützten Schrittchen

Die ersten noch schwankenden Schritte machen Kinder seitwärts an einem Möbelstück entlang, an dem sie sich mit beiden Händen festhalten. Diese Seitwärtsbewegung wird Reling-Gang genannt, nach dem Schiffsgeländer, am dem Passagiere bei rauer See Halt suchen. Ihr Baby übt in dieser wichtigen Phase, das Gleichgewicht zu wahren, während es versucht, das gesamte Körpergewicht von einem Bein auf das andere zu verlagern, auf beiden Beinen zu stehen und sich nur noch mit einer Hand festzuhalten, damit die andere vorgreifen kann. Um diese Fähigkeiten muss es schwer ringen, den ganzen Tag lang behauptet es sich gegen kleine Misserfolge. Immer wieder plumpst es unvermittelt auf den Po, weil seine Beinchen noch zu wackelig stehen und es die Balance verliert, und unermüdlich steht es wieder auf und übt weiter. Ihr Baby erarbeitet sich dabei die Voraussetzungen fürs freie Stehen und so ist auch das eines Tages geschafft.

Da sich Ihr Kleines im freien Stand zunächst noch voll konzentrieren muss, fühlt es sich noch lange Zeit sicherer, wenn es sich festhalten kann. Deshalb findet es auch meistens etwas, das sich durch den Raum schieben lässt – einen Stuhl, eine Spielzeugkiste oder einen Puppenwagen. Das geht noch weniger riskant im »Kniegang«. In dieser Phase seiner Bewegungsentwicklung wechselt das Baby frei zwischen all seinen Möglichkeiten, sich halbwegs aufgerichtet fortzubewegen.

Die ersten freien Schritte

Während ein Baby alle Bewegungen unermüdlich wiederholt, werden sein Koordinationsvermögen und sein Gleichgewichtssinn immer sicherer. Manche Babys begeben sich jetzt von der Krabbelposition in den sogenannten Bärenstand – auf Händen und Füßen – und üben, von dieser Position aus zum freien Stehen zu gelangen: Breitbeinig, die Knie

Krabbeln, Sitzen und sich endlich auf die eigenen kleinen Füßchen stellen: tolle Erfolgserlebnisse für Ihr Baby!

gebeugt, Gewicht nach hinten, Beine langsam strecken und Kopf hoch – noch recht wackelig gelingen erste Aufstehübungen im freien Raum. Tatsächlich stellt das freie Stehen höhere Anforderungen an die Körperbalance als das freie Gehen. Manche Kinder üben es erst, wenn sie bereits frei laufen können. Wenn ein Kind sich seine bisherige Bewegungsentwicklung in all ihren Etappen gründlich erarbeitet hat, wird es sich auf seinen beiden Beinen rasch sicher fühlen. Wann Ihr Kind seine ersten Schritte tut, ist individuell verschieden. Nur wenige Kinder laufen vor dem ersten Geburtstag. Die meisten Kinder machen ihre ersten Schritte ein paar Monate nach ihrem ersten Geburtstag, manche etwas früher, aber egal ob früher oder später - mit eineinhalb Jahren laufen fast alle. Natürlich gibt es auch hier Ausnahmen, ohne dass es sich dabei zwingend um eine Entwicklungsverzögerung handelt.

Eines Tages wagt Ihr Baby seine ersten freien Schritte – das kommt oft ganz unvermittelt und überraschend. Dann ist aus Ihrem Krabbelkind von einem Tag auf den anderen ein kleiner Fußgänger geworden! Es ist auf dem langen Weg vom Tragling über den Vierfüßler zum Zweibeiner schließlich ans Ziel gekommen, aus eigener Kraft, aufgrund des verlässlich eingeprägten Programms unserer Evolutionsgeschichte.

Sicherheitscheck

Jetzt ist die Zeit gekommen, wo Sie aufmerksam durch Ihre Wohnung gehen und alle Gegenstände wie Tischdecken, Überwürfe und Elektrokabel entfernen sollten, an denen Ihr Baby keinen sicheren Halt fände, wenn es sich daran hochziehen würde.

Greifen und Begreifen

Jetzt heben Babys mit Leichtigkeit Gegenstände auf und können schon mit beiden Händen zufassen, beispielsweise einen Ball halten. Mit neun bis zehn Monaten perfektionieren Babys den »Pinzettengriff«: Mit der Spitze von Daumen und Zeigefinger greifen sie wie mit einer Pinzette besonders gerne winzig kleine Dinge auf, die sie unvermutet in irgendwelchen Ecken auf dem Boden oder unter dem Esstisch finden. Das wiederum erfordert Ihre ganze Aufmerksamkeit als Eltern, damit Ihr Kind solche Kleinteile nicht verschluckt.

Auch beim Essen macht es Ihrem Baby Spaß, Erbsen oder Brotwürfel mit ihrer Daumen-Zeigefinger-Pinzette selbst zu nehmen und sich in den Mund zu stecken. Das gelingt mit der immer ausgefeilteren Feinmotorik auch besser und besser. Dinge bewusst loszulassen macht hingegen noch Mühe und wird oft heftig geübt. Dabei macht das Baby anfangs gerne so starke Armbewegungen, dass man meint, es wollte etwas in hohem Bogen von sich werfen – aber es möchte eigentlich nur die Hand öffnen und loslassen. Beherrscht es diese Kunst schließlich, macht es ihm großen Spaß, sein Spielzeug absichtlich auf den Boden fallen zu lassen, wenn ihm jemand den Gefallen tut, es immer wieder aufzuheben. Damit will es Sie natürlich nicht ärgern, sondern nur neue Aspekte der Schwerkraft erforschen.

Je sicherer Ihr Kind in seinen aufrechten Körperhaltungen wird, umso mehr kann es seine Arme und Hände ausschließlich zum Greifen, Halten und Spielen benutzen, weil es sie nicht mehr zur Fortbewegung und zum Abstützen braucht. Ab jetzt betrachtet es die Welt ganz selbstverständlich aus der vertikalen Perspektive.

Stillen und Ernährung

Geht die Stillzeit zu Ende?

Jetzt zum Ende des ersten Lebensjahres wird oft mehr und mehr die Frage gestellt, ob das Baby für seine Entwicklung immer noch Muttermilch benötigt. Hartnäckig halten sich Vorurteile und Gerüchte, die besagen, dass eine »zu lange« Stillzeit dem Baby sogar schaden könnte. Wie sicht es wirklich damit aus?

Wie lange stillen?

Eine Mutter, die ihr Baby etwas länger als die allgemein üblichen vier bis sechs Monate stillt, trifft noch vielfach auf Unverständnis und Ablehnung. Solchen Vorurteilen liegt meist Unwissenheit zugrunde. Die moderne Forschung bietet nicht nur in gesundheitlicher, sondern wirklich auch in jeder anderen Hinsicht überzeugende Argumente für längeres Stillen, gerade auch mit Blick auf die gesunde psychische Entwicklung sowie höhere Intelligenz und Lernfähigkeit der Kinder. Diese und viele weitere Studienergebnisse habe ich auf meinem Blog für Sie gesammelt: www.stillbuch.info. Die Amerikanische Akademie der Kinderärzte (AAP) empfiehlt eine Stillzeit von mindestens einem Jahr und darüber hinaus, solange Mutter und Baby es wünschen. Dabei stärken sich Mütter am besten gegenseitig beim »Langzeit«-Stilltreff am Ort (Stillberaterin danach fragen, siehe Adressen im Anhang) oder in sozialen Netzwerken.

Stillen und das Leben genießen

Einem gestillten Baby kann man es jetzt durchaus zumuten, auch einmal einige Zeit ohne seine Mama klarzukommen, sofern es schon Beikost bekommt oder die Flasche akzeptiert. Es muss nicht abgestillt werden, nur damit seine Mutter wieder abends ausgehen oder einmal übers Wochenende wegfahren kann, sondern kann

Nährstoffe in der Muttermilch

»Große« Kinder profitieren vom Stillen auf vielfache Weise, denn auch aus ernährungsrelevanter Sicht bleibt Muttermilch besonders wertvoll. Stillkinder können gegen Ende des ersten Lebensjahres oder darüber hinaus noch leicht ein Drittel ihres Energiebedarfs durch Muttermilch decken. Meist trinkt ein Baby in diesem Alter noch zweimal am Tag richtig, nimmt so durchschnittlich 500 ml Muttermilch zu sich und deckt damit:

- 95 % seines Vitamin C Bedarfs. Die Vitamin C-Konzentration von Muttermilch ist 3,3-mal höher als im Blut der Mutter, es wird bis zu 12-fach angereichert.
- 38 % seines Eiweißbedarfs
- 100 % seines Vitamin A-Bedarfs
- 50 % seines Eisenbedarfs
- 44 % seines Calciumbedarfs
- 41 % seines Niacinbedarfs (ein B-Vitamin)
- 21 % seines Riboflavinbedarfs (ein B-Vitamin)
- 26 % seines Folsäurebedarfs (ein B-Vitamin)

Hunger und Durst währenddessen anders befriedigen. Auch die Brust macht eine vorübergehende Stillpause von wenigen Tagen jetzt normalerweise ohne größere Probleme mit.

Noch ein bisschen stillen – lohnt sich das?

Die Antwort lautet eindeutig und klar: Ja. Stillen, egal wie lange, wie oft oder wie viel, hat ausschließlich positive Auswirkungen für die Gesundheit des Kindes. Die unersetzlichen Immunfaktoren und Antikörper in der Muttermilch haben auch in geringer Menge einen nachhaltigen Effekt auf das Immunsystem. Wenn Mütter beispielsweise über den ersten Geburtstag hinaus stillen, und das Kind nur noch gelegentlich trinkt, wurde beobachtet, dass die Milch immunologisch konzentrierter ist und genau das enthält, was aktive Krabbelbabys und Kleinkinder brauchen, sobald sie die Welt erobern. Also, jeder Tropfen Muttermilch tut Ihrem Baby gut und schmeckt allemal besser als ein gesüßtes Medikament vom Löffelchen. Außerdem schenkt Muttermilch auch im Kleinkindalter noch überaus wertvolle Nährstoffe und Vitamine. Viele davon erreichen wieder so hohe Werte wie zu Beginn der Stillzeit.

Ammenmärchen

»Das Kind isst nicht gescheit, weil du ihm ja dauernd die Brust gibst« müssen sich viele Mütter anhören, wenn sie ihr Kind im Alter von zehn oder zwölf Monaten noch stillen. Das Gegenteil ist der Fall! Eine Studie zeigte, dass nicht-gestillte Kleinkinder nur 84 % der empfohlenen Kalorienmenge zu sich nahmen, während gestillte Kinder 108 % der als optimal er-

achteten Menge bekamen. Eher kann also ein abgestilltes Kind unter einem Defizit leiden, vor allem wenn es auch nicht so viel Kuh- oder Formulamilch trinken darf, wie es eigentlich möchte. Ein Kind hat gesundheitlich keinen Vorteil davon, wenn es keine Milch mehr bekommt, obwohl es noch nicht »gescheit« isst.

TIPP Sanftes Abstillen

Das Abstillen geschieht am besten ganz allmählich, indem das Kind sich zunehmend anders ernährt. Möchten Sie bei der Umgewöhnung etwas nachhelfen, dann bieten Sie ihm immer schon zu essen und zu trinken an, bevor es richtig hungrig wird. So fällt es ihm leichter, nicht an die Brust zu denken. Gehört Ihr Kind aber zu den »schlechten Essern«, während Sie abstillen möchten, sollten Sie die Brustmahlzeiten unbedingt durch Formulamilch ersetzen, statt die Milchmahlzeiten zu streichen. Das können Sie zusätzlich tun, um die Milchbildung zu reduzieren:
- Die Brust durchgängig kühlen (Coolpacks, Quarkwickel).
- Täglich vier bis fünf Tassen starken Salbeitee über den Tag verteilt trinken.
- Phytolacca-Urtinktur, dreimal 20 Tropfen, täglich in etwas Wasser einnehmen.
- Ausstreichen (unter der warmen Dusche) oder Abpumpen nur wenn sich die Brust unangenehm voll anfühlt und auch nur so wenig wie unbedingt nötig, dass keine Beschwerden entstehen. Die nie richtig geleerte Brust ist das stärkste Signal an Ihren Körper, die Milchbildung zu reduzieren und einzustellen.
- Die Milchbildung geht automatisch zurück, so wie die Nachfrage sinkt.

Beikost: Essen mit den Großen

Ab dem zehnten Monat beginnt die Entwicklungsphase, in der Sie jedes spezielle Angebot von Baby-Kost bereits wieder reduzieren dürfen, unabhängig davon, ob Ihr Kind es bisher überhaupt angenommen hat. Ja genau, das heißt: Auch ein Baby, das bisher noch keine nennenswerten Mengen aus den gekauften »Baby-Gläschen« oder von den extra zubereiteten Beikost-Mahlzeiten gegessen hat, braucht dieses Extra-Essen jetzt vom Prinzip her immer weniger und spätestens ab dem ersten Geburtstag gar nicht mehr. Stattdessen darf es sich bereits nach Herzenslust bei so gut wie allem bedienen, was in der Familie gerade auf den Tisch kommt. Eine kleine Einschränkung besteht darin, dass vorerst weiterhin die Regeln der geeigneten und ungeeigneten Lebensmittel für das erste Lebensjahr gelten (siehe Seite 110).

Was heißt hier Familientisch?

Oberste Regel bleibt nach wie vor, dass kein Kind beim Essen irgendeinen Zwang erfahren soll. Es soll sich sättigen dürfen, wie es ihm beliebt, so wie das die Größeren auch tun. Als Eltern brauchen wir also nichts weiter zu unternehmen, als ein passendes Angebot für die ganze Familie auf den Tisch zu bringen. Es ist natürlich völlig in Ordnung, auch den individuellen Appetit im Sinne der Vorlieben des Babys dabei zu berücksichtigen – ganz so, wie bei allen anderen Familienmitgliedern auch. Als Sie und Ihr Partner zusammengezogen sind, haben Sie sicher angefangen, alles das auf den Tisch zu bringen, was Ihnen beiden schmeckte. Und jetzt kommt einfach noch das dazu, was Ihr Baby gerne isst. Meistens ist das sowieso dasselbe. Richtig: Das Baby darf auch schon von Ihrem Bergkäse und von Ihrem Thai-Curry probieren, wenn es das mag. Bringen Sie einfach immer auch kindgerechte Alternativen auf den Tisch.

Wenn Sie sich selbst vegetarisch ernähren, ist das auch für das Baby okay. Denken Sie nur einmal daran, dass fast ganz Indien vegetarisch lebt und das gilt natürlich auch für die indischen Babys. In der vegetarischen Ernährung ist es wichtig, durch geschickte Lebensmittel-Kombinationen den Wert der pflanzlichen Proteine zu erhöhen. Dies gelingt zum Beispiel durch die Kombination von Getreide und Hülsenfrüchten (Indien: Reis mit Dal) oder von Kartoffeln mit Ei.

Eine rein vegane Ernährung ist für das Baby nur ausreichend, solange es gestillt wird und noch mindestens zwei volle Mahlzeit an der Brust trinkt. Danach muss das fehlende Vitamin B12 durch Nahrungsergänzungsmittel aufgestockt werden, ebenso wie bei Erwachsenen.

Müssen Milchmahlzeiten jetzt ersetzt werden?

Solange ein Kind noch keinen Appetit hat auf das Essen der Großen, darf es weiterhin das bekommen, was es bisher mochte. Dies gilt umso mehr, wenn dieses Lieblings-Lebensmittel die Milch ist! Hauptsache, das Baby kann seinen Bedarf an Kalorien und Nährstoffen so weitgehend wie möglich tagsüber decken. Kinder, die »schlecht« essen, tun das nicht deshalb, weil sie nach Herzenslust Milch bekommen – wissenschaftlich erwiesen ist, dass sie auch ohne Milch nicht »besser« essen würden, mit Milch aber besser gedeihen.

Alles für gesunden Schlaf

Einschlafen

Viele Mütter machen sich Sorgen, wenn ihr Baby ausschließlich an der Brust einschläft oder tagsüber nur im Tragetuch oder im Kinderwagen in den Schlaf findet. Dass kleine Babys und kleine Kinder oft die Körpernähe von Erwachsenen und / oder schaukelnde Bewegungen brauchen, um einschlafen zu können, ist jedoch nichts Besorgniserregendes, sondern ganz normal – das Nervensystem von Babys ist vorläufig einfach noch so gepolt, das gibt sich ganz von selbst. Also: Tragen, schaukeln, kuscheln Sie Ihr Kind in den Schlaf – und versuchen Sie diese Minuten auch als kleine Erholungspause für sich selbst zu nutzen. Legen Sie sich zu Ihrem Baby und machen Sie Ihre Entspannungsübungen oder autogenes Training, statt nervös darauf zu warten, dass es endlich einschläft. In diesen Minuten der tiefen Entspannung erholen Sie sich und haben danach viel mehr Energie für den Rest der Familie.

Durchschlafen

Sie dürfen durchaus sagen, dass Ihr Baby durchschläft, solange es nachts nur kurz sein Bedürfnis nach Nahrung und Nähe stillt und dann sofort weiterschläft. Denn das gehört zum typischen Schlafverhalten von Säuglingen und lässt mit der Zeit – nach individuellem genetischem Plan – ganz von selbst nach. Untypisch ist es hingegen, dass ein Kind jede Nacht für eine Stunde oder länger wach bleibt, nachdem es getrunken hat oder sogar umhergetragen wurde. Hier liegt also eine Störung vor, die Eltern fragen sich ganz richtig, wo die Ursache liegt und wie sie helfen können.

In den allermeisten Fällen liegt dieses Schlafverhalten einfach daran, dass das Kind, gemessen an seiner momentanen Entwicklungsphase, tagsüber zu viel schläft oder auch zu lange an einem Stück. Das ist nicht grundsätzlich verkehrt – solange die Nachtruhe nicht darunter leidet, darf Ihr Krabbelkind nachmittags auch drei Stunden schlafen. Aber wenn es eines Nachts wach liegt und nicht gleich wieder einschläft, dann sollten Sie als Erstes den Schlaf am Tag verkürzen. Gehen Sie dabei behutsam vor und wecken Sie es jeden Tag nur zehn Minuten früher auf, bis es nicht mehr länger als eine bis eineinhalb Stunden am Stück schläft – maximal zweimal täglich.

Angstträume und Schreckgespenster

Die Welt, der das Kind im Schlaf begegnet, ist ein unbekannter Ort – und es muss sich ganz alleine dorthin begeben. Das Zubettgehen und Einschlafen erfährt ein kleines Kind deshalb immer auch als Trennung von den Eltern. Das Einschlaf-Ritual bekommt in diesem Alter eine neue Bedeutung. Wenn die Zeit vor dem Einschlafen eine Zeit der innigen Zuwendung ist, wo es die bedingungslose Liebe und den Schutz seiner Eltern spürt, wird das dem Kind helfen, sowohl gut in den Schlaf als auch gut durch die Nacht zu kommen. Ob Babys schon Albträume haben, ist nicht erwiesen, doch es wäre eigentlich kein Wunder, denn ein kleines Kind sammelt in seiner magischen Welt, deren Grenzen sich ständig erweitern, natürlich auch viele Eindrücke, die es erschrecken. Je selbstständiger Kinder auf die Welt zugehen, desto mehr begegnen sie fremden Menschen und Tieren und nehmen mit wachen Sinnen die erstaunlichsten Gegenstände wahr. Ob Ihr Kind von bösen Träumen aufgeschreckt wurde, erkennen Sie daran, dass es schon schreiend aufwacht und nicht erst kurz nach dem Aufwachen zu weinen beginnt – und sich relativ rasch beruhigt, wenn Sie es in den Arm nehmen und trösten.

TIPP Hilfe bei Nachtschreck

- Kümmern Sie sich schnell um Ihr Kind, wenn es mitten in der Nacht zu schreien anfängt. Lassen Sie es so wenig wie möglich warten.
- Machen Sie Licht an, damit Ihr Baby leichter in die Realität zurückfindet.
- Tun Sie alles, was Ihrem Baby hilft, sich zu beruhigen. Nehmen Sie es in die Arme, sagen Sie ihm tröstende Worte oder summen Sie ihm eine besänftigende Melodie vor. Versuchen Sie vor allem selbst ruhig zu bleiben und Ihrem Kind das beruhigende Gefühl von Geborgenheit zu vermitteln.
- Für ein kleines Kind ist ein Traum genauso real wie die Wirklichkeit. Es hilft ihm nicht, wenn man ihm sagt, es sei doch »nur« ein dummer Traum gewesen. Bleiben Sie so lange bei Ihrem Kind, bis es sich beruhigt hat. Wahrscheinlich wird es dann bald weiterschlafen wollen.

Schlaf am Tag

Mit jedem Monat, den das Baby älter wird, ändert sich sein Schlafbedürfnis ein wenig – und somit auch sein Tagesrhythmus. Tagsüber sind die Wachphasen des Babys länger geworden und entsprechend mehr schläft es nachts. Mit neun Monaten schlafen Babys fast noch genauso viel wie mit sechs Monaten, aber der Vormittagsschlaf hat sich zugunsten der Nachtruhe verkürzt und bleibt in den Monaten danach eher konstant. Im Alter von sieben bis neun Monaten reduzieren Babys ihre Tagesschläfchen auf zwei, eines am Vormittag und eines am Nachmittag. Beim Einjährigen wird schließlich auch der Nachmittagsschlaf ganz allmählich kürzer, während die Nachtruhe noch ein wenig mehr zunimmt. Zusammen mit diesen Veränderungen ist auf einer tieferen Ebene etwas geschehen: In den Schlafzyklen zeigen sich ab etwa dem siebten Monat vier verschieden tiefe Stufen von Non-REM-Schlaf, so wie sie bei Erwachsenen per EEG zu erkennen sind. Das hilft dem Baby zwar nicht beim Einschlafen, aber sobald es richtig eingeschlafen ist, wird es phasenweise tiefer schlafen – es lässt sich dann nicht mehr so leicht von jedem kleinen Geräusch aus dem Schlaf reißen.

Babys Schlafbedarf

Der Schlafbedarf ist von Baby zu Baby sehr verschieden. Deshalb gilt: Es kommt nicht darauf an, wie viel Ihr Baby insgesamt schläft, sondern darauf, dass es so viel Schlaf bekommt, wie es seinem individuellen Bedürfnis entspricht. Lassen Sie sich nicht verunsichern, wenn die anderen Babys, die Sie kennen, mehr schlafen als Ihres. Ob Ihr Kind genug Schlaf bekommt, erkennen Sie daran, wie zufrieden und aufmerksam es sich in seinen Wachphasen zeigt. Ein Baby, das genug geschlafen hat, nimmt neugierig an allem in seiner Umgebung teil, es »unterhält« sich fröhlich mit seinen Eltern, es greift interessiert nach erreichbaren Gegenständen und übt mit Freude eifrig seine neuesten Bewegungsmöglichkeiten. Hat ein Baby hingegen nicht genug geschlafen, wird es sich von den Eindrücken, die sich ihm bieten, oft überfordert fühlen. Müde zeigt es sich eher quengelig und fühlt sich häufig nur einigermaßen wohl, wenn es herumgetragen wird. Es wacht vielleicht tagsüber immer schon 25 oder 45 Minuten, nachdem es eingeschlafen ist, wieder auf, und findet nicht noch einmal in den Schlaf zurück, obwohl es nicht wirklich zufrieden und ausgeschlafen wirkt. Vielleicht gehört Ihr Baby auch zu denen, die nur dann länger schlafen, wenn Sie sich mit ihm zusammen hinlegen. Dann

sollten Sie das einfach tun! Solange Sie nachts nicht durchschlafen können, tut auch Ihnen ein Mittagsschlaf gut.

Machen Sie sich keine Sorgen, wenn Ihr Baby nur unter bestimmten Bedingungen schlafen kann: Das geht vorüber. Viele Kinder schlafen zum Beispiel nur im Kinderwagen oder im Tragetuch. Wenn es Ihrem Baby auch so geht, dann sollten Sie seinen Bedürfnissen so oft wie möglich entgegenkommen. Probieren Sie aus, ob es auch im »Zweitwagen« am offenen Fenster schläft oder ob Sie eine Leih-Oma finden, die es spazieren fährt. Denn genug Schlaf ist wichtig für seine Entwicklung. Der gesamte Schlafbedarf verringert sich zwischen sechs Monaten und einem Jahr nur um etwa eine halbe Stunde.

Wie gemütlich! Papa und Baby halten gemeinsam ein kleines Nickerchen und tanken neue Energie.

Pflege und Gesundheit

Die kinderärztliche Vorsorge

Zwischen dem zehnten Monat und dem ersten Geburtstag findet die sechste Vorsorgeuntersuchung statt. Wie bei jeder Vorsorgeuntersuchung werden Herztätigkeit, Atmungsfunktionen, Hals, Nase und Ohren untersucht und Ihr Kind wird genau gemessen und gewogen.

Der sechste Termin: U6

Bei der U6 gilt ein besonderes Augenmerk der Bewegungsentwicklung. Wie sieht es mit dem selbstständigen, freien Sitzen aus? Macht Ihr Kind bereits erste Krabbelversuche oder bewegt es sich durch Rutschen und Robben fort? Versucht es, sich an Möbeln und anderen Gegenständen hochzuziehen oder kann es vielleicht schon stehen? Falls Ihr Kind noch kein Interesse daran zeigt, mobil zu werden – egal ob durch Rollen, Rutschen, Kriechen oder Krabbeln, oder dass es noch nicht aufrecht frei sitzt, sollten Sie diese Beobachtung auf jeden Fall bei diesem Termin ansprechen. Das gilt auch, wenn es kleine Gegenstände noch nicht von einer Hand zur anderen geben kann. Bei Bedarf verordnet der Kinderarzt therapeutische Maßnahmen, um die Bewegungsentwicklung zu fördern. Neben der grobmotorischen Entwicklung stehen auch die feinmotorischen Fähigkeiten des Babys im Fokus: Beherrscht das Kind den Pinzettengriff (siehe Seite 160), erforscht es seine Umwelt, indem es

Gegenstände von allen Seiten betastet, schüttelt, daran herumklopft? Auch die Sprachentwicklung wird betrachtet: Reiht das Kind Silben aneinander, wie »mimi« oder «dada«, ordnet es Worte zu, wie »Mama« und ähnliche Laute, die es auf etwas Bestimmtes bezieht?
Außerdem wird die Entwicklung der äußeren Geschlechtsorgane untersucht und erneut das Gehör getestet. Da fast jedes Kind zwischen der U5 und der U6 seine ersten Zähne bekommt, wird auch die Zahnpflege angesprochen ebenso wie die Rachitis- und eventuell Karies-Prophylaxe mit Fluorid und Vitamin D (siehe Service Seite 180).

Alles ok? Das zeigt die Verdauung

Ist der Stuhl dünn und häufig oder selten, aber viel und weich, muss es sich dabei weder um Durchfall noch um Verstopfung handeln. Wie Sie echte Diarrhoe und Obstipation erkennen und was Sie tun können, lesen Sie auf den Seiten 168 und 170.

Babys Wachstum

Manche Babys wachsen jetzt pro Monat eineinhalb Zentimeter und andere bis zu fünfeinhalb Zentimeter, aber im Durchschnitt beträgt das Längenwachstum am Ende des ersten Lebensjahres noch etwa einen Zentimeter pro Monat. Mit einem Jahr haben die meisten Babys in der Körperlänge um rund 50 Prozent zugelegt und bringen das Zweieinhalb- bis Dreifache ihres Geburtsgewichts auf die Waage. Besonders schnell wächst im ersten Lebensjahr das Gehirn, das bereits während der Schwangerschaft rasant zugelegt hat. Bei der Geburt hat das Gehirn ein Drittel seines Erwachsenengewichts erreicht, am ersten Geburtstag wiegt es schon drei Viertel seines späteren endgültigen Gewichts.

Der Nestschutz nimmt ab

Babys bekommen bei der Geburt ein dickes Paket von Abwehrstoffen von ihrer Mutter mit – den sogenannten Nestschutz –, denn beim Eintritt in unsere Welt machen sie zum ersten Mal Bekanntschaft mit Keimen und Krankheitserregern aller Art, während ihr Immunsystem sich erst noch entwickeln muss. Der Nestschutz vergeht im Laufe des ersten Lebensjahres und die eigenen Abwehrstoffe bilden sich nach und nach im erfolgreichen Umgang mit Erregern heraus. Das heißt: Nach jedem Schnupfen oder Husten, nach jeder leichten Darminfektion, die Ihr Kind aus eigener Kraft überstanden hat, ist sein körpereigenes Abwehrsystem stärker und reicher an Immunfaktoren.

In einer Untersuchung wurde festgestellt, dass gestillte Babys an ihrem ersten Geburtstag schlanker sind als flaschenernährte Babys, ohne Unterschiede im Längenwachstum und in der Zunahme des Kopfumfangs. In einer anderen Studie waren ehemals flaschenernährte Erstklässler doppelt bis fünfmal so häufig übergewichtig als ehemals gestillte Kinder.

Diese Tendenz deutete sich offenbar bereits im ersten Lebensjahr an.
Die Herstellerfirmen von Formulamilch wurden gesetzlich ab 2010 verpflichtet, den Kaloriengehalt von Säuglingsnahrung herunterzusetzen und bestimmte Zuckersorten zu vermindern.

Mögliche Beschwerden

Erbrechen

Erbrechen ist beim Säugling nicht dasselbe wie Spucken. Beim Spucken wird nach dem Trinken ein wenig Milch beim Bäuerchen mit aufgestoßen. Das ist nicht besorgniserregend, sondern gilt als normal, selbst wenn es nach jeder Mahlzeit vorkommt. (Lesen Sie auf den Seiten 68 bis 69 mehr zu diesem Thema.) Beim Erbrechen hingegen wird die Milch durch einen plötzlichen Krampf im Magen ausgestoßen. Sie schießt dem Baby in einem kräftigen Strahl aus dem Mund. Erbrechen tritt oft am Beginn einer Erkrankung auf. Deshalb sollten Sie das Baby danach warm und ruhig halten und seine Temperatur messen. Ist sie normal, können Sie abwarten, ob sich das Erbrechen wiederholt. Wenn nicht, dann hat sich der kleine Organismus durch diese beschleunigte Art der Ausscheidung offenbar erfolgreich gegen irgendwelche Krankheitserreger oder Giftstoffe gewehrt. Hat das Baby aber Fieber, muss es ärztlich untersucht werden. Tritt das Erbrechen in Verbindung mit Durchfall auf, dann ist das Baby in Gefahr, zu viel Flüssigkeit zu verlieren und muss zum Kinderarzt. Vom Beginn der Symptome bis zur ärztlichen Behandlung sollten in diesem Fall nicht mehr als sechs Stunden vergehen.

Wie Ihr Baby zeigt, dass es ihm nicht gut geht

Wenn Ihr Baby schreit und sich einfach nicht beruhigen lässt, liegt natürlich der Verdacht nahe, dass es krank ist. Schließlich lässt nun der Nestschutz langsam nach (siehe Seite 168). Neben anhaltendem, untröstlichem Weinen gibt es weitere Anzeichen, die signalisieren, dass es Ihrem Baby nicht gut geht. Im Folgenden die wichtigsten Hinweise, wann Sie beruhigt sein können und wann Ihre ganze Aufmerksamkeit gefragt ist.

Beruhigende Zeichen

- Das gesunde Baby hält im Schlaf immer seine Ärmchen nach oben gewinkelt mit den Fäustchen neben dem Kopf. Wenn es auf dem Rücken oder Bauch liegt, liegen seine Arme automatisch immer in dieser Haltung – die Oberarme waagrecht nach außen, die Unterarme im rechten Winkel nach oben.
- Das gesunde Baby hat eine rosige Gesichtshaut. Verändert sich die Gesichtsfarbe und das Aussehen Ihres Kindes plötzlich, sollten Sie umgehend seine Temperatur messen.
- Beobachten Sie immer auch die große Fontanelle am Scheitel des Babys. Sie ist bei einem gesunden Kind weder stark nach innen noch nach außen gewölbt, man sieht sie leicht pulsieren. Zieht sich die Fontanelle einmal ein wenig nach innen, ist das normalerweise ein Hinweis darauf, dass das Baby mehr Flüssigkeit braucht, das kann öfters vorkommen. Legen Sie Ihr Baby in diesem Fall öfter an.

- Ein gesundes Baby hat regelmäßige Ausscheidungen. Bis zu einem halben Jahr sind sechs bis acht nasse Windeln und mehere Stuhlwindeln täglich normal. Danach verringert sich die Zahl der Stuhlwindeln.

Warn-Signale

- Kein gutes Zeichen ist es, wenn sich die Fontanelle prall nach außen wölbt. Lassen Sie Ihr Baby umgehend untersuchen!
- Wenn das Baby quengelt und reizbar ist und nicht normal seine Mahlzeiten trinken will, messen Sie regelmäßig seine Temperatur. Ist diese erhöht, wissen Sie, dass etwas nicht stimmt. Wie oft Sie dann das Thermometer zücken sollten, hängt davon ab, welchen Gesamteindruck Ihr Baby macht – zum Beispiel, ob es zwischendurch gut schläft und danach erholt aufwacht. Wenn sein Verhalten Ihnen insgesamt eher Sorgen macht, und die Temperatur zunimmt, ist es besser, wenn Sie alle zwei Stunden messen. Dies ist vor allem dann angeraten, wenn noch andere Warnsignale (siehe unten) dazukommen.
- Fieber, Erbrechen, Durchfall oder Stuhlverhaltung sind Symptome, die auf eine (beginnende) Erkrankung hinweisen können, vor allem wenn sie zusammen mit Reizbarkeit auftreten.
- Alarmierend ist es, wenn Sie beim Abtasten des Bäuchleins feststellen, dass die Bauchdecke des Babys straff gespannt ist und es empfindlich auf den leichten Druck reagiert. Gehen Sie dann sofort zum Arzt.

Durchfall

Durchfall liegt dann vor, wenn der Stuhl wesentlich dünner ist als üblich und zudem häufiger auftritt. Ebenfalls typisch ist ein übler Geruch. Ist der Stuhl jedoch nur grünlich verfärbt, ohne dass weitere Symptome auftreten, ist das noch kein Alarmzeichen, sondern deutet auf eine leichte, vorübergehende Störung hin (siehe Seite 89).

Achtung Austrocknung

Handelt es sich um richtigen Durchfall, sollten Sie Ihr Kind vor Ablauf von sechs Stunden seit dem Beginn der Symptome vorsichtshalber zum Arzt bringen (beim Kleinkind: 12 Stunden). Vor allem, wenn Erbrechen dazukommt, besteht bei kleinen Babys die Gefahr der Austrocknung.

Akute Darm-Invagination

Dies ist eine sehr seltene Störung im Darm, die im Alter zwischen drei Monaten und zwei Jahren auftreten kann. Was der Name bedeutet: Ein kleiner Darmabschnitt stülpt sich über den vor ihm liegenden und verursacht dadurch einen Darmverschluss. Durch die natürlichen Darmbewegungen wird Druck auf die blockierte Stelle ausgeübt und das führt zu plötzlichen, sehr heftigen Schmerzen. Diese kolikartigen Beschwerden dauern jeweils wenige Minuten an. Charakteristisch ist, dass sie ungefähr im Abstand von 20 Minuten immer wieder auftreten. Das Baby schreit schrill auf und wird vor Schmerz grau im Gesicht. Zwischen den Attacken muss sich das Baby vielleicht schwallartig übergeben. Wenn Sie diese Symptome beobachten, bringen Sie Ihr Baby so schnell wie möglich zum Arzt.

Schmerzen

Wenn alle anderen Ursachen ausgeschlossen sind und das Baby nicht aufhört zu weinen, könnte es sein, dass es unter

Schmerzen: Woran Eltern sie erkennen

Weil es für Eltern oft so schwer zu erkennen ist, ob ihr Baby weint, weil es Schmerzen hat, haben die Kinderärzte der Liverpooler John-Moores-Universität fünf wichtige Anzeichen dafür aufgelistet:

- Das Baby presst mit aller Kraft die Augenlider zusammen.
- Das Baby hat Falten um die Augen herum oder auch über den Augenbrauen.
- Die Lippen des Babys sind verkrampft, ebenso seine Zunge, und es hat tiefe Fältchen um den Mund.
- Das Baby hat die Finger krampfhaft zu Fäustchen geschlossen und hält den Daumen starr darin fest.
- Es spreizt seine beiden großen Zehen weit ab.

Weitere deutliche Warn-Signale:

- Das Baby atmet heftig, sein Puls ist beschleunigt und es hat Schweißausbrüche.
- Es hat einen hochroten Kopf oder ist im Gegenteil ganz besonders blass.

Schmerzen leidet. Das liegt vor allem nahe, wenn das Baby besonders schrill oder jämmerlich weint, wenn es sich auch auf dem Arm nicht oder nur sehr kurz getröstet fühlt, und sich allenfalls für ein paar Sekunden vom Schreien ablenken lässt. Auch wenn keine anderen Symptome dazukommen, sollten Sie sich an Ihren Kinderarzt wenden.

Mittelohrentzündung

Die Entzündung des Mittelohrs (Otitis media) ist mit sehr großen Schmerzen verbunden und eine der häufigsten akut-entzündlichen Erkrankungen im Kindesalter. Am häufigsten kommt sie in der Zeit des Zahndurchbruchs, also zwischen dem sechsten und dem dreißigsten Monat vor. Ziehen Sie die Möglichkeit immer dann in Erwägung, wenn das Baby beim Schreien mit den Händchen an den Ohren herumfuchtelt oder das scheinbar versucht – vielleicht will es damit sagen, wo es wehtut. Sie können zur Sicherheit seine Ohrmuschel auch vorsichtig nach hinten ziehen – reagiert Ihr Baby mit Abwehr oder lauterem Schreien, liegt der Verdacht einer Ohrenentzündung sehr nahe. Mögliche Begleitsymptome: Ihr Kind will nicht trinken, es ist empfindlicher als sonst. Manchmal kommt es am Beginn der Mittelohrentzündung zu Erbrechen. Die Schmerzen treten vorwiegend nachts auf, das Baby schreit schrill und herzerweichend. Gehen Sie gleich am nächsten Morgen mit ihm zum Arzt!

Erste Hilfe bei Ohrenschmerzen: Der Zwiebelwickel

Ein altbewährtes Hausmittel bei nächtlichen Ohrenweh-Attacken ist der Zwiebelwickel. Er lindert rasch die Schmerzen, und Sie haben normalerweise alles im Haus, was man dafür braucht – auch mitten in der Nacht. So wird's gemacht:
- Schneiden Sie eine kleine Zwiebel in möglichst feine Würfel.
- Füllen Sie die Zwiebelwürfel in ein dünnes Baumwollsöckchen.
- Legen Sie die Kompresse auf oder hinter das schmerzende Ohr. Damit sie nicht verrutscht, binden Sie Ihrem Baby ein

Halstuch um den Kopf oder fixieren es mithilfe eines Stirnbands oder einer dünnen Mütze. Am besten wirkt der Zwiebelwickel, wenn sich Ihr Kind damit auf ein warmes Kirschkernkissen legt, das ist aber nicht unbedingt nötig.

Mundfäule (Stomatitis aphtosa)

Diese unangenehme Infektion im Kleinkindalter wird im Volksmund Mundfäule genannt, weil sie mit schmerzhaften

Zwiebeln sind immer im Haus und ein sehr zuverlässiges Mittel bei nächtlichen Ohrenschmerzen.

kleinen Mundgeschwüren und fauligem Mundgeruch einhergeht. Verursacht wird sie durch das Herpes-simplex-Virus Typ 1, das so weitverbreitet ist, dass im Alter von zwei Jahren bereits acht von zehn Kindern Bekanntschaft damit gemacht haben. Symptome: plötzlich vorhandene Bläschen auf Mundschleimhaut und Zunge, die sich zu weißlichen, sehr schmerzhaften kleinen Stellen verwandeln. Das Kind hat Fieber und fühlt sich krank, seine Halslymphknoten sind vergrößert, es mag aufgrund seiner Schmerzen im Mund nichts essen. Bieten Sie milde, flüssige, unterschiedliche Speisen an, aber drängen Sie dem Kind nichts auf. Sehr wichtig ist jedoch das Trinken. Mundspülungen oder Pinselungen mit verdünnter Calendula-Tinktur oder lauwarmem Kamillentee können angenehm sein und lindern die Symptome. Eine Vorbeugung und medikamentöse Bekämpfung des Virus ist nicht möglich, doch machen Sie einen Termin in der Kinderarztpraxis, um Ihr Kind gut beobachten und begleiten zu lassen.

Hand-Mund-Fuß-Krankheit

Diese verbreitete, sehr ansteckende, aber meist harmlose Infektion mit dem Coxsackie-A-Virus ist typisch im Kleinkindalter und kann schon bei Einjährigen vorkommen. Besonders häufig tritt sie von Sommer bis Herbst auf. Symptome: Bläschen in der Mundhöhle und ein juckender Hautausschlag um den Mund sowie an Handflächen und Fußsohlen, aus millimeterkleinen Pusteln. Das Kind kann Fieber haben und sich krank fühlen, über Hals-, Kopf- und Bauchschmerzen sowie Schluckbeschwerden klagen. Liebevolle Pflege wird Ihrem Kind guttun, gegen die Mundbeschwerden hilft dasselbe wie bei der Mundfäule. Auch hier gibt es keine

Möglichkeit vorzubeugen oder das Virus medikamentös zu bekämpfen, doch nach ein bis zwei Wochen ist die Krankheit überstanden.

Auch wenn die Krankheit an sich harmlos ist, gehen Sie dennoch zum Arzt, um eine sichere Diagnose zu erhalten.

TIPP Ganz entspannt beim Kinderarzt

Als Mutter oder Vater können Sie wenig dafür tun, dass Ihr Baby beim Kinderarzt nicht schreit – es kommt hauptsächlich auf den Arzt selber an. Wichtig ist, dass er sich für das Kind Zeit nimmt und erst einmal Kontakt mit ihm herstellt, statt es nur wie ein Bündel von Symptomen behandeln zu wollen. Babys sind sehr empfänglich für nette Worte. Auch wenn sie deren Inhalt rein sachlich noch nicht verstehen, spüren sie doch sehr gut, ob jemand liebevoll auf sie eingeht. Wichtig ist natürlich auch, dass der Kinderarzt Ihr Baby nicht mit kalten Händen anfasst, es nicht in einem kalten Raum auszieht oder auf eine kalte Behandlungsunterlage setzt. Manchmal ist es auch der weiße Kittel, der das Baby erschreckt, vor allem, wenn weißbekittelte Menschen es schon vorher einmal medizinisch »malträtieren« mussten, zum Beispiel nach der Geburt. Rufen Sie in der Praxis an, bevor Sie sich auf den Weg machen, und erkundigen Sie sich, ob im Wartezimmer Kinder mit ansteckenden Krankheiten sitzen. In den ersten Monaten lassen Sie sich von der Sprechstundenhilfe einen Platz außerhalb des Wartezimmers geben. Ziehen Sie Ihr Baby so an, dass Sie es leicht aus- und wieder anziehen können. Nehmen Sie eine Ersatzwindel und eventuell etwas zum Trinken mit.

Fieber

Fieber ist immer ein Zeichen, dass Ihr Kind krank ist – aber es ist nicht die Krankheit selbst, sondern es ist bereits die Medizin. Fieber ist eine körpereigene, besonders wirksame Erste-Hilfe-Maßnahme zur Bekämpfung von Krankheitserregern. Denn Bakterien und Viren werden durch die gesteigerte Wärme des Körpers geschwächt und in ihrer Aktivität gehemmt.

So begleiten Sie Ihr Kind bei Fieber

- Bieten Sie ihm häufig etwas zu trinken an, es benötigt jetzt mehr Flüssigkeit als gewöhnlich. Es macht aber nichts, wenn es ein paar Tage lang wenig isst.
- Wichtig sind viel Ruhe und Schlaf. Ihr Kind muss nicht die ganze Zeit im Bett verbringen, aber es sollte unbedingt zu Hause bleiben.
- Lüften Sie sein Zimmer mehrmals täglich gut durch.
- Ziehen Sie Ihr Kind nur leicht an und geben Sie ihm eine leichte Decke oder decken Sie es ab, wenn es das möchte, damit es nicht zu viel schwitzt.
- Nehmen Sie sich viel Zeit zum Vorlesen oder für ruhige Spiele.
- Wenn Sie fiebersenkende Medikamente für den Notfall im Hause haben möchten, sprechen Sie am besten schon vorsorglich mit Ihrem Arzt darüber, er wird Ihnen ein für Ihr Kind geeignetes Mittel in der richtigen Dosis für sein Alter und Gewicht empfehlen.
- Vielfach bewährt sind homöopathische Mittel wie Belladonna, Aconitum und Ferrum-phosphoricum, leicht fiebersenkend wirken Weidenrindetee und handwarme Wadenwickel: Legen Sie dafür ein feuchtes Tuch glatt um jede Wade und ziehen Sie warme Strümpfe darüber.

Nur bei warmen Füßen anwenden und das Tuch nicht mehrfach um die Wade wickeln. Alle 10 bis 20 Minuten wechseln, nach der dritten Wiederholung eine Stunde Pause machen und damit aufhören, falls die Füße kalt werden oder das Fieber auch nach dem zweiten Durchgang noch weiter steigt.

Fieber messen

Die Temperatur Ihres Babys messen Sie am besten rektal. Dazu legen Sie sich Ihr Baby entspannt auf den Bauch und ölen die Spitze des Thermometers mit einem neutralen Pflanzenöl ein.

37,5 °C = normale Temperatur
38 °C = leichtes Fieber
38,5 °C = deutliches Fieber
39,5 °C = hohes Fieber

Vorsicht: Geben Sie Ihrem Baby kein Aspirin oder andere Mittel mit Acetylsalicylsäure. Wenn es an einer Viruserkrankung leidet, könnte das Krämpfe und Bewusstseinsstörungen herbeiführen.

Ab wann ist das Fieber kritisch?

Melden Sie sich mit Ihrem fiebernden Kind noch am selben Tag beim Arzt,
- wenn Ihr Baby jünger ist als drei Monate,
- wenn es sehr viel weint oder schläft und sich kaum wecken lässt,
- wenn es seit drei Tagen über 38,5 °C Fieber hat.

Rufen Sie den Notarzt, wenn Ihr Kind einen Fieberkrampfanfall bekommt. Das ist eine seltene Nebenerscheinung, die normalerweise harmlos, aber sehr erschreckend ist. Der Arzt wird Ihnen ein Medikament dalassen, für den Fall, dass es sich wiederholt.

Anhang

Auf den folgenden Service-Seiten finden Sie ergänzende Informationen und Ratschläge, die Sie im Umgang mit Ihrem Baby unterstützen: Welche Erstausstattung braucht Ihr Kind, welche Gefahrenquellen in Haus und Garten gilt es auszuschließen und wie reagieren Sie richtig bei einem Notfall? Was gehört alles in die Hausapotheke, welche Prophylaxen werden bei der Vorsorge durchgeführt? Welche Formalitäten sind nach der Geburt notwendig, wie lauten die wichtigsten gesetzlichen Regelungen und was gilt es bei der Babybetreuung zu beachten? Ergänzend erhalten Sie einen ausführlichen Adressenteil für Deutschland, Österreich und die Schweiz und eine umfangreiche Literaturliste.

Die Erstausstattung für Ihr Baby

Eine sinnvolle Erstausstattung umfasst nur die Dinge, die unbedingt notwendig sind, sobald Ihr Baby da ist. Die wichtigste »Erstausstattung« für Ihr Baby sind Sie selbst. Unser Rat: Schaffen Sie alles, was nicht sofort nötig sein wird, erst später an – Sie wissen dann viel besser, was Sie wirklich brauchen. Oft wird im Voraus viel Geld für Dinge ausgegeben, die man später nie verwendet. In den ersten Wochen jedoch möchten Eltern sich normalerweise lange Einkäufe ersparen und bereits so ausgestattet sein, dass es dem Baby an nichts fehlt.

Lesen Sie vor der Anschaffung aller Baby-Artikel die entsprechenden aktuellen Testberichte von ÖKO-Test oder Stiftung Warentest (siehe Seite 185).

Ausstattung mit Kleidung

- Die meistverwendete Anfangsgröße für Babykleidung ist 56 oder 62. Allerdings passt sie nur ein paar Wochen. Kaufen Sie also nicht zu viel!
- Kaufen Sie für die ersten Wochen keine Kleidung, die über den Kopf gezogen wird, da kleine Babys das überhaupt nicht mögen.
- Als Material empfiehlt sich im Sommer ein Wolle-Seide-Gemisch oder reine Wolle im Winter für alles, was das Baby auf der Haut trägt. Weil sich anfangs seine Körpertemperatur noch nicht gut selbst reguliert, halten Bodys und Hosen aus Wolle-Seide das Baby gleichmäßiger warm als Baumwolle, dadurch fühlt sich das Baby wohler und ist entspannter. Baumwolle hat keine temperaturausgleichenden Eigenschaften und ist deshalb besser nach ein paar Monaten geeignet.

Für drinnen

- zwei bis vier Langarm-Bodys
- zwei bis vier Hosen oder Strampler mit Fuß
- zwei bis vier leichte Jäckchen oder Pullis, aus Baumwolle (Sommer) oder Wolle (Winter)
- zwei leichte Mützchen (für drinnen)
- zwei Paar Woll-Söckchen
- eine dünne Wolldecke zum Einhüllen

- zwei Schlafanzüge (Langarm)
- zwei Schlafsäcke ohne Ärmel oder Kapuze

Für draußen

- eine Ausgehgarnitur entsprechend der Jahreszeit: warme Jacke oder Overall, Mütze, Handschuhe, Söckchen, evtl. Schal
- ein leichter Wollsack (Sommer) oder Schneeanzug (Winter)
- eine Sonnenkappe (Sommer)
- Ausstattung zum Wickeln und für die Körperpflege
- Heizstrahler über dem Wickelplatz (auch im Sommer!)
- sechs Handtücher als Wickelunterlage
- Windeleimer mit gut schließendem Deckel

Als Wickel- und Babypflege-Platz eignet sich jede feste Unterlage wie zum Beispiel eine gefaltete Decke mit einem flauschigen Handtuch darauf. Falls Sie eine gepolsterte Wickeltischauflage mit Plastikbezug anschaffen möchten, achten Sie auf ein Material ohne Weichmacher und zinnorganische Verbindungen (PVC).

Wickeln

Welche Art von Windeln wollen Sie verwenden? Neben Wegwerfwindeln stehen Stoffwindeln oder Wickelsystem zur Auswahl. Ab Seite 38 sind die verschiedenen Möglichkeiten mit ihren Vor- und Nachteilen beschrieben.

Für Stoffwindeln ein parfumfreies Waschmittel oder Neutralseife, benutzen Sie keine Weichspüler.

- Für Wegwerfwindeln eine große Packung Wegwerfwindeln für Neugeborene
- sechs Mullwindeln, 100 % Baumwolle, ca. 80 × 80 cm (z. B. als Spucktücher geeignet)
- sechs oder mehr Waschläppchen, 100 % Baumwolle, ca. 25 × 25 cm
- Schüssel für warmes Wasser
- kleine Flasche reines Pflanzenöl (z. B. Sonnenblumen-, Oliven- oder Mandelöl)
- ein Kapuzen-Badetuch, 100 % Baumwolle, ca. 80 × 80 cm
- eine Packung Heilwolle
- ein Kirschkernkissen
- eine Wärmflasche

Sommerbabys mögen luftige, leichte Kleidung aus Baumwolle. Lange Ärmel schützen genauso wie der Sonnenhut vor zu viel Sonne.

Damit Winterbabys nicht auskühlen, brauchen sie für draußen dicke Kleidung. Ein gefütterter Schlafsack hält nachts warm.

Ausstattung für unterwegs

Kinderwagenkauf

Darauf sollten Sie achten:
- hochwertige Matratze, Federung, luftgefüllte Reifen, Bremse, Sicherheitsgurt
- Verdeck, Luftaustausch ermöglichende Innenverkleidung, abnehm- und waschbarer Stoffbezug
- höhenverstellbare Griffe, Gewicht des Wagens
- kofferraumkompatibel
- evtl. längere Lieferzeit berücksichtigen

Babysitz fürs Auto

Die Verwendung ist bei Autofahrten mit dem Baby vorgeschrieben. Achten Sie beim Kauf auf das Prüfsiegel GS und das gelbe Prüfnormzeichen ECE 44 - 03 oder ECE 44 - 04. Probieren Sie vor dem Kauf aus, ob der Sitz auch zu Ihren Sicherheitsgurten passt. Für kleine Babys eignen sich nur rückwärtsgerichtete Autositze. Ergonomisch besser als eine »Babyschale« ist eine »Babywanne«, in der das Baby auch auf längeren Fahrten gut gesichert bequem liegen kann. Achtung: Ein Beifahrer-Airbag muss ausgeschaltet sein, wenn Sie das Baby auf dem Beifahrersitz transportieren möchten.

Tragehilfen

- eine Tragehilfe, die schon für Babys mit ca. 3 kg Körpergewicht geeignet und aus querelastischem Tragetuchstoff gefertigt ist, zum Beispiel Storchenwiege / Baby-Carrier oder Hoppediz / Bondolino
- ein hochwertiges Tragetuch mit einer Länge von 4,60 bis 5,20 m, je nachdem wie groß die Eltern sind.

Sonstiges Zubehör

- eine Wickel-Tasche oder ein Rucksack Handtuch oder andere Wickelunterlage
- zwei Ersatzwindeln und eine Garnitur Kleidung
- ein kleines Fläschchen Pflanzenöl
- zwei kleine feuchte Waschlappen in verschließbarer Plastiktüte
- Papiertaschentücher
- ein Spucktuch

Ausstattung für die Ernährung

Für gestillte Babys

Wenn Sie Ihr Baby stillen, dann brauchen Sie für seine Ernährung nichts anzuschaffen, außer vielleicht
- eine kleine Tube reines Mamillen-Lanolin (Purelan, Lansinoh), um Ihre Brustwarze vor dem Stillen gleitfähig für Babys Lippen zu machen, falls Ihre Haut trocken wirkt.
- Silberhütchen für empfindliche Brustwarzen wirken reizmildernd und wundheilend schon ab dem ersten Tag (können hier bestellt werden: www. silverette.de)

Für Ernährung mit Formulamilch

Für die Ernährung mit dem Fläschchen brauchen Sie viel Zubehör, das regelmäßig erneuert werden muss. Vor allem im ersten Halbjahr ist Hygiene wichtig.
- sechs Milchflaschen mit Feinloch-Saugern
- Flaschenbürste
- Topf zum Auskochen von Flaschen, Saugern und Zubehör oder
- ein Sterilisationsgerät, das mit Wasserdampf arbeitet

- sechs Geschirrtücher zum Abdecken der ausgekochten Flaschen und Sauger
- Thermosflasche
- Flaschenwärmer
- eine Packung Pre-Nahrung

Ausstattung Schlafen und Ruhen

Im ersten Lebensjahr ist Schlaf für alle Familienmitglieder ein wichtiges Thema. Richten Sie sich gemütlich ein!

- Schlafplatz für das Baby angrenzend an Ihren Schlafplatz.
- Falls Sie eine neue Matratze oder neue Möbel kaufen: Informieren Sie sich über Schadstofffreiheit bei Ökotest (siehe Seite 185). Lassen Sie vorsorglich neue Möbel, Matratzen, Decken und so fort außerhalb Ihrer Wohnung mehrere Tage auslüften.
- Federwiege oder Hängewiege anstelle von Stubenwagen, für den Tagesschlaf. Hier hängt das Körbchen an einer speziellen Spiralfeder, die sanftes Auf- und Abwiegen ermöglicht.
- eine Moltonunterlage unter das Laken an Babys Schlafplatz, als Feuchtigkeitsschutz für die Matratze
- drei bis vier Bettlaken
- vier bis sechs Moltontücher (Moltonwindeln) als Unterlage am Kopfende
- zwei Schlafsäcke ohne Ärmel und vor allem ohne Kapuze
- evtl. ein Pucktuch oder einen Pucksack

Sicherheit in Haus und Garten

Die Unfallstatistik zeigt, dass Babys und Kleinkinder hauptsächlich von folgenden Gefahren bedroht sind:

Stürze

- Lassen Sie das Baby niemals auf erhöhter Fläche alleine liegen, legen Sie es lieber auf den Boden, wenn Sie kurz aus dem Zimmer gehen. Auch beim Wickeln bleibt immer eine Hand am Kind.
- Treppen werden für Krabbel- oder Kleinkinder gefährlich. Sichern Sie diese am besten durch ein Gitter, das rund 1,20 m hoch ist, damit Ihr Kind nicht darüberklettern kann.
- Herumliegende Gegenstände und Kabel können sich in Stolperfallen verwandeln. Entfernen Sie diese möglichst, ebenso wie leichte Vorleger, auf denen Ihr Kind ausrutschen könnte. Weitere Gefahrenquellen: glatte, nasse Böden und scharfe / harte Kanten.

Hiebe von Gegenständen

Gefährlich werden herabfallende Gegenstände, wenn Ihr Kind an einem erreichbaren Tischtuch, einer offenen Schublade, einem herunterhängenden Elektrokabel, einer Pflanzenranke, einem leichten Regal zieht. Achten Sie möglichst darauf, dass etwas Derartiges nicht in Reichweite der Kinderhändchen liegt.

Verbrennungen, Verbrühungen, Stromunfälle

- Bringen Sie am Herd ein Schutzgitter an, damit Ihr Kind weder auf heiße Platten fassen noch einen Topf mit heißem Inhalt vom Herd ziehen kann.
- Stromunfälle geschehen durch ungesicherte Kabel, Elektrogeräte und Steckdosen. Für letztere gibt es Aufsetzer aus Plastik, mit denen Sie sie versperren können. Bei Berührung mit Strom muss dieser sofort abgeschal-

tet werden: Gerätestecker ziehen oder Sicherung ausschalten. Ansonsten das Kind an seiner Kleidung von der Stromquelle wegziehen, ohne seinen Körper direkt anzufassen.

Verätzungen und Vergiftungen

In Küche und Bad werden Putzmittel und Medikamente dem Kind gefährlich, wenn es sie in die Hände bekommt. Gesundheitsschädlich sind:
• alle Wasch- und Spülmittel,
• Entkalkungsmittel,
• WC- und Rohr-Reiniger,
• Fleckentferner,
• Möbelpolituren etc.
• Auch Körperpflegeprodukte wie Shampoo, Lotion oder Nagellack
Räumen Sie diese ganz nach oben oder sichern Sie die entsprechenden Türen und Schubladen mit einer Kindersicherung.
• Giftpflanzen wie zum Beispiel Benjaminus Ficus, Christstern, Alpenveilchen oder Efeu, um nur einige zu nennen. Eine Übersicht finden Sie unter: www.giftpflanzen.com. Verbannen Sie diese Pflanzen aus der Wohnung, vom Balkon und aus dem Garten.
• Schädlingsbekämpfungsmittel. Verwenden Sie keine, wo Ihr Kind Kontakt damit haben könnte.
• Nikotin (Zigarettenpackungen und Aschenbecher)
In der Wohnung von Rauchern sind Kinder giftigen Nikotinablagerungen ausgesetzt, deren krebserregende Stoffe sie beim Krabbeln über Haut, Atmung und Mund aufnehmen. Diese gefährlichen Substanzen, sogenannte Nitrosamine, lauern auf allen Oberflächen in Raucherräumen und finden sich auch im Staub wieder.

Ersticken

Babys sind gefährdet,
• wenn ihr Kopf unter ein schweres Federkissen gerät – sie haben daher in Babys Bett noch nichts zu suchen.
• Plastiktüten machen Kinder neugierig, denn sie sind bunt und rascheln, doch über den Kopf gezogen sind sie schnell luftundurchlässig – bringen Sie eine Kindersicherung an der Schublade an, in der Sie sie aufbewahren.
• Kordeln, Schnüre, lose Bänder bergen eine gewisse Strangulationsgefahr.
• Ein Wespen- oder Bienenstich im Mund- und Rachenraum birgt akute Erstickungsgefahr. Lassen Sie deshalb nie Flaschen oder Trinkbecher draußen offen herumstehen.

Ertrinken

• Kleinkinder können schon bei einer Wassertiefe ab 10 cm ertrinken, lassen Sie Ihr Kleines deshalb im Badezimmer nie alleine, wenn es in der Wanne sitzt.
• Auch ein flacher Gartenteich stellt für Kleinkinder eine Gefahr dar. Lassen Sie sie deshalb niemals unbeaufsichtigt in der Nähe einer ungesicherten Wasserfläche spielen. Der Teich lässt sich zum Beispiel durch den Einbau eines stabilen Gitters knapp unter der Wasseroberfläche kindersicher machen.
• Schwimmreifen, Schwimmtiere oder Ähnliches dürfen kleine Kinder nur unter Aufsicht verwenden.

Notruf

Schreiben Sie sich die Nummern der wichtigsten Stellen auf einen Zettel und hängen Sie ihn gut sichtbar in der Wohnung auf. Dazu gehören:

- Notruf (Notarzt, Feuerwehr)
- Giftnotruf
- Kinderärztlicher Notfalldienst
- Krankentransport
- Polizei
- nächste Kinderklinik
- Nachbarin oder sonstiger Ansprech–partner

Bei Notruf: Die fünf wichtigen »W«-Angaben:
1. Wer ruft an? Name, Adresse, Telefonnummer.
2. Was ist passiert? Bei Vergiftung: wodurch ist es passiert?
3. Wo ist es passiert? Straße, Hausnummer, Stockwerk; gegebenenfalls Anfahrtsbeschreibung.
4. Wann ist es passiert?
5. Welche erkennbaren Verletzungen liegen vor?

Die Hausapotheke

Bei unvorhersehbaren Notfällen, Verletzungen und plötzlichen Erkrankungen ist es beruhigend, eine kleine Apotheke im Haus zu haben. Nicht alles in Ihrer Hausapotheke werden Sie am selben Ort aufbewahren: Kräutertees und Globuli müssen sich nicht beim Verbandsmaterial befinden. Dieses jedoch gehört in eine Notfall-Box, welche Sie an einem kindersicheren Ort aufbewahren, der allen Erwachsenen, auch Besuchern in Ihrem Haus, gut zugänglich ist.

Grundausstattung

- Splitter-Pinzette
- Zeckenzange
- Verbandschere
- Einmalhandschuh
- Kühlkissen (im Kühlschrank lagern)
- Wärmflasche, Kirschkernkissen
- digitales Fieberthermometer
- Brandwundtuch
- Heftpflaster und keimfreies Wundpflaster
- sterile Verbandpäckchen
- sterile Kompressen, 10 × 10 cm
- Mullbinden: 4,6 und 8 cm breit
- elastische Binde, 6 cm breit, mit Klammern
- Dreiecktuch

Heilmittel und Arzneien

- Arnika Globuli C30 bei stumpfen Verletzungen (1 × 3 Globuli), Arnika Salbe bei Prellung, Bluterguss, Verstauchung etc.
- Bach-Blüten Notfall-Tropfen (für Mama), Notfall-Globuli (fürs Baby, 1 × 5 Globuli)
- Brandsalbe und -gel (zum Beispiel Combudoron)
- Calendula-Urtinktur, vor Gebrauch mit abgekochtem Wasser oder NaCl-Lösung 1:10 verdünnen: Hausmittel zur Wundbehandlung, entzündungshemmend. Reinigung und Blutstillung bei offenen Wunden, gut für Umschläge bei Sehnenverletzungen oder Muskelriss.
- NaCl-Lösung 0,9 Prozent (heißt auch: isotone oder physiologische Kochsalzlösung) ist besonders sanft auf gereizter oder verletzter Haut. Wirkt abschwellend auf die Nasenschleimhaut. Erhältlich in Apotheken und Drogerien, aber leicht selbst herzustellen: 9 g Salz in 1 L abgekochtem Wasser auflösen, umrühren, fertig. (9 g = 1 gestrichener EL)
- Oleum aconiti compositum (Wala), bei plötzlich auftretenden, nächtlichen Ohrenschmerzen
- Passiflora-Kinderzäpfchen bei extremer Unruhe in Zahnungs-Nächten

- Viburcol-Zäpfchen zur Fiebersenkung, ggf. Fieberzäpfchen vom Kinderarzt verschrieben
- Fieber- und Zahnungszäpfchen (Weleda)

Tees

Ab dem Beikostalter: 1 TL getrocknetes Kraut mit 1 Tasse sprudelnd kochendem Wasser übergießen, bedeckt 10 Minuten ziehen lassen, abseihen.
- Anis- und Fenchelsamen, Melissenblätter: entkrampft bei Verdauungsbeschwerden
- Holunderblüten, Lindenblüten: durchwärmt bei Erkältung
- Isländisch Moos, Eibisch, Salbei, Spitzwegerich, Thymian: lindert Husten
- Kamilleblüten, Verbenenkraut (Eisenkraut): heilend bei Infekten
- Weidenrinde: fiebersenkend

Vorsorge im Überblick

Halten Sie möglichst alle empfohlenen Vorsorgeuntersuchungen ein, es ist zum Besten Ihres Kindes. Die Kosten werden von der Krankenkasse übernommen.
U1: unmittelbar nach der Geburt
U2: dritter bis zehnter Lebenstag
U3: vierte bis sechste Woche
U4: dritter bis vierter Monat
U5: sechster bis siebter Monat
U6: zehnter bis zwölfter Monat

Standardprophylaxen bei U1 und U2

Bei der U1 werden mit Einverständnis der Eltern zwei Prophylaxe-Maßnahmen durchgeführt, die Vitamin-K-Gabe und die Augenprophylaxe.

- Vitamin K: Bei einem Mangel an dem Blutgerinnungsfaktor Vitamin K – wie er bei etwa einem von hundert Babys besteht – könnten innere Blutungen mit schwerwiegenden Folgen entstehen. So empfiehlt man vorbeugend die Vitamin-K-Gabe für alle Neugeborenen bei der U1, U2 und U3. Außerdem ist Vitamin K im Kolostrum enthalten und auch künstlicher Säuglingsnahrung zugesetzt.
- Die Augenprophylaxe: Beim Neugeborenen wird sie in manchen Kliniken noch empfohlen, andere verlassen sich auf die Früherkennung. Diese Prophylaxe vermindert das Risiko einer Augeninfektion, die durch den eventuellen Kontakt mit Gonorrhöe-Erregern und Chlamydien im Geburtskanal entstehen könnte.
- Hier gibt es zwei Methoden: die brennende Silbernitratlösung, die leider nichts gegen Chlamydien ausrichtet, und die antibiotische Augensalbe, die umfassender schützen soll, deren Wirksamkeit jedoch hinterfragt wird. Beide Methoden sind für das Baby unangenehm und beeinträchtigen den wertvollen Blickkontakt. Es ist dadurch berechtigt, die Früherkennung zu bevorzugen, denn auch bei ersten Anzeichen einer Bindehautentzündung könnte das Kind noch gut behandelt werden.
- Vitamin D: Bei der U2 gehört zum Standard die Verordnung von Vitamin D, das für den Calcium-Stoffwechsel wichtig ist und eine Rachitis-Prophylaxe darstellt. Bei Rachitis wird nicht genug Kalk in die Knochen eingelagert, sie verformen sich. Vitamin D entsteht unter Einwirkung von Sonnenlicht im Körper selbst, so kann es gerade in den Wintermonaten zu einem Mangel kommen, wenn nicht ausreichend Zeit unter freiem Himmel verbracht wird. Vitamin D wird meistens

in Tablettenform verordnet: Die tägliche Tablette wird in etwas Wasser aufgelöst und dem Baby eingeflößt. Es gibt Vitamin D aber auch als Öl, das bekommt vielen Babys besser, besonders, wenn sie zu Bauchweh neigen.

Formalitäten nach der Geburt

Innerhalb von sieben Werktagen: Die Ankunft Ihres Kindes muss beim zuständigen Standesamt gemeldet werden. Dort werden Ihnen mehrere beglaubigte Geburtsurkunden ausgestellt. Mitbringen:
- die Geburtsbescheinigung, welche die Entbindungsklinik oder die Hebamme (bei Hausgeburt oder Geburt im Geburtshaus) ausgestellt hat,
- der gültige Personalausweis oder Reisepass der Mutter und ggf. des Vaters,
- bei verheirateten Eltern das Familienbuch oder eine beglaubigte Abschrift davon (Heiratsurkunde),
- bei unverheirateten Eltern die Abstammungs- bzw. Geburtsurkunde der Mutter und ggf. des Vaters, ggf. Nachweis über eine bereits abgegebene Vaterschaftsanerkennung und Sorgerechtserklärungen sowie Abstammungs- bzw. Geburtsurkunde des Vaters. Die Vaterschaftsanerkennung kann bereits während der Schwangerschaft beim Jugendamt kostenlos erfolgen.

Erkundigen Sie sich, ob das Standesamt die Meldung an das Einwohnermeldeamt übernimmt. Falls nicht, melden Sie Ihr Kind dort selbst an und lassen es in die Steuerkarte eintragen. Beim Einwohnermeldeamt bekommen Sie auch den Ausweis für Ihr Kind.

Innerhalb von einem Monat: Angabe des Familiennamens: Eltern, die verschiedene Familiennamen führen, aber gemeinsames Sorgerecht vereinbaren, müssen innerhalb eines Monats nach der Ankunft ihres Kindes den gewünschten Familiennamen des Kindes beim Standesamt eintragen lassen. Hat nur ein Elternteil das Sorgerecht, erhält das Kind dessen Familiennamen, sofern es nicht – mit Einwilligung beider Elternteile – den Namen des anderen Elternteils bekommen soll.

Innerhalb von zwei Monaten: Meldung bei der Krankenkasse: Ihr Baby ist automatisch von Anfang an krankenversichert, auch wenn es früher kommt als erwartet. In eine gesetzliche Familienversicherung wird das Kind kostenlos aufgenommen. Ist hingegen ein Elternteil privat versichert und hat das höhere Einkommen, muss seine Versicherung das Kind aufnehmen – gegen einen eigenen Beitrag zwar, aber ohne Risikoprüfung. Sie haben zwei Monate Zeit, um der Versicherung eine Geburtsurkunde zu schicken und es damit anzumelden.

Möglichst bald: Mutterschafts-, Kinder- und Elterngeld beantragen: Das Mutterschaftsgeld wird von der Krankenkasse während der gesetzlichen Schutzfristen gezahlt, nachdem der Kasse eine Geburtsurkunde zugeschickt wurde. Den Antrag auf Kindergeld erhalten Sie beim Arbeitsamt. Sind Sie im öffentlichen Dienst tätig, erhalten Sie ihn von Ihrem Arbeitgeber. Geben Sie den ausgefüllten Antrag zurück, zusammen mit der Geburtsurkunde. Sie brauchen sich nicht sofort darum zu kümmern, denn die Zahlung erfolgt auch rückwirkend. Das Elterngeld wird jedoch rückwirkend nur für die letzten drei Lebensmonate vor der Antragsstellung gezahlt, beantragen Sie es also möglichst rasch.

Gesetze

Mutterschutz

Rund um die Geburt schützt das deutsche Mutterschutzgesetz Frauen, die in einem Arbeitsverhältnis stehen, vor Gefahren am Arbeitsplatz sowie vor Kündigung und in den meisten Fällen auch vor vorübergehender Minderung des Einkommens. Alle Arbeitnehmerinnen haben Anspruch auf eine Mutterschutzfrist von mindestens 14 Wochen. Das reguläre Einkommen wird währenddessen durch das Mutterschaftsgeld von der Krankenkasse und einen Arbeitgeberzuschuss ersetzt. Diese arbeitsfreie Zeit beginnt sechs Wochen vor dem errechneten Geburtstermin und endet acht Wochen nach der Geburt. Ist das Baby zu früh zur Welt gekommen oder wiegt bei der Geburt weniger als 2.500 g, oder hat eine Frau mehr als ein Baby zur Welt gebracht, endet die Mutterschutzfrist erst zwölf Wochen nach der Entbindung. Wenn ein Baby früher als errechnet zur Welt kam, können die Tage, die vor der Geburt nicht in Anspruch genommen wurden, danach noch freigenommen werden. Die Mutterschutzrichtlinien werden vom Bundesministerium für Bildung, Familie, Senioren, Frauen und Jugend in allen Einzelheiten in seinem „Familienportal" online dargelegt: https://familienportal.de/familienportal/familienleistungen/mutterschutz/

Elterngeld

Wer nach der Geburt beruflich zurücksteckt, um sein Baby zu versorgen, kann Elterngeld beantragen, um den Einkommensverlust zu mindern. Er hat dabei die Wahl zwischen Basiselterngeld und ElterngeldPlus. Das Basiselterngeld gibt es aktuell 12 Monate lang, es wird aber auf zwölf Monate begrenzt, wenn die ganze Zeit nur ein Elternteil das Baby betreut. Wenn sich der zweite Elternteil beteiligt, hat er Anspruch auf einen Monat zusätzliches Elterngeld innerhalb des ersten Babyjahres. Doch bei Bedarf bekommen beispielsweise Eltern von Zwillingen, Eltern von Frühchen, die mehr als sechs Wochen vor dem errechneten Termin geboren wurden, und Eltern eines Babys mit Behinderung, mehr als einen Monat gleichzeitig Basiselterngeld.

Das ElterngeldPlus ist für Eltern gedacht, die in Teilzeit weiterarbeiten. Sie können dann das Elterngeld halbieren und doppelt so lange bekommen. Arbeiten beide Eltern gleichzeitig für vier Monate 24 bis 32 Wochenstunden, erhalten sie zusätzlich vier ElterngeldPlus-Monate als Partnerschaftsbonus pro Elternteil.

Sämtliche Einzelheiten finden sich hier: https://www.bundesregierung.de/breg-de/aktuelles/neuregelung-elterngeld-2268810#tar-7

und hier: https://familienportal.de/familienportal/familienleistungen/elterngeld

Wie hoch fällt das Elterngeld aus?

Der Betrag orientiert sich prozentual am versteuerten Einkommen im Jahr vor der Geburt und liegt zwischen 300,- und 1.800,- Euro, beim ElterngeldPlus zwischen 150,- und 900,- Euro monatlich. Es gibt eine Obergrenze beim Einkommen, diese liegt seit April 2025 bei 175.000 Euro, für Paare ebenso wie für Alleinerziehende. Wer im Jahr vor der Geburt mehr verdient hat, bekommt kein Elterngeld. Wer hingegen vor der Geburt erwerbslos war, bekommt einen Mindestsatz von 300 Euro. Bei einer Mehrlingsgeburt gibt es einen Zuschlag von 300 Euro für das zweite und jedes weitere Baby. Und für größere

Geschwister gibt es einen Bonus von 10 Prozent bis zu 75 Euro.

Der Elterngeldrechner des Familienportals rechnet online und unverbindlich die Höhe Ihres Elterngelds aus: https://familienportal.de/familienportal/rechner-antraege/elterngeldrechner

Elterngeld wird zwar steuer- und abgabenfrei gewährt, wird aber zum Einkommen des (gemeinsam veranlagten) Partners addiert und kann somit doch die Steuerlast erhöhen. Bei Arbeitslosengeld II, bei Sozialhilfe und beim Kinderzuschlag wird Elterngeld voll als Einkommen angerechnet, auch der Mindestbetrag von 300 Euro, wobei jedoch ein Freibetrag möglich ist. Elterngeld muss schriftlich bei der zuständigen Elterngeldstelle beantragt werden. Rückwirkende Zahlungen gibt es nur für drei Monate vor Beginn des Monats, in dem der Antrag einging. Nötige Dokumente: Geburtsbescheinigung des Kindes, Personalausweis, Einkommensnachweise, Nachweise über Mutterschaftsgeld. Jeder Elternteil muss einen eigenen Antrag stellen. Wer wann Elterngeld beziehen will, lässt sich nachträglich einmal ändern, aber nur in Ausnahmefällen ein zweites Mal. Im Internet finden sich alle Details http://www.gesetze-im-internet.de/beeg/index.html und ein Elterngeldrechner: www.elterngeldrechner.de

Fremdbetreuung

Wer sein Baby schon im ersten Lebensjahr regelmäßig von jemandem betreuen lassen muss, der nicht zum engsten Familienkreis gehört, findet das in der Regel anfangs nicht leicht. Schadet es den Kleinen, wenn sie sich schon so früh an eine zeitweise Trennung von den Eltern gewöhnen müssen? Die Bindungsforschung gibt allen jungen Eltern, die sich mit dieser Frage konfrontiert sehen, Rückendeckung: Kinder können schon sehr früh eine gute Bindung zu mehreren Bezugspersonen aufbauen und davon sogar profitieren. Wie die Betreuungsstrukturen gestaltet sein müssen, damit eine familienergänzende, institutionelle Kinderbetreuung kein Risiko für die Entwicklung und seelische Gesundheit eines Kindes darstellt, wird von den wissenschaftlichen Experten heute klar benannt:

- Wenn Sie Ihre Auszeiten vom Babyalltag flexibel planen können, ist es für Ihr Kind besser, wenn Sie es öfter kurz als seltener lang betreuen lassen.
- Je kleiner das Kind, desto ungünstiger sind Lückentage, die den gewohnten Ablauf stören. Lassen Sie Ihr Kind daher an mindestens zwei bis drei Tagen für wenige Stunden in der Krippe betreuen.
- Gleichbleibende Betreuungszeiten einhalten: Nicht mehr als 4 bis 5 Stunden pro Tag im ersten Lebensjahr.
- Das Baby nicht mehrfach fremd betreuen lassen (Krippe, Oma, etc.).
- Die Stunde nach dem Abholen ganz dem Kind widmen.
- Die günstigste Zeit für die Eingewöhnung in eine neue Betreuung liegt vor dem achten Lebensmonat. Leichter fällt es dann erst wieder etwa ein Jahr später, rund um den zweiten Geburtstag herum.
- Die Gesellschaft für seelische Gesundheit in der frühen Kindheit (GAIMH) empfiehlt altersgemischte Säuglingsgruppen, sie ermöglichen vielfältigere Erfahrungen für alle. Selbstverständlich muss auf die altersspezifischen Bedürfnisse aller Kinder geachtet werden, damit weder Reizüberflutung/Überforderung noch Monotonie/Unterforderung in der Gruppe herrschen.

Adressen und Websites, die weiterhelfen

Beziehung und Entwicklung

Adressen von Beratungsstellen sowie weitere Infos zu Schreibabys unter:

Trostreich, Interaktives Netzwerk Schreibabys
Schulstr. 10
27446 Deinstedt
www.trostreich.de

Tragetuch-Bindeanleitungen unter:
www.hoppediz.de
www.didymos.de

Informationen zu verschiedenen Baby-Therapien:

Atlastherapie
www.aegamk.de

Bobath-Therapie
www.bobath-vereinigung.de

Chiropraktik
www.chiropraktik-bund.de
www.dagc.de

Osteopathie
www.osteopathen.org

Craniosacraltherapie
www.upledger.de

Websites mit Informationen für Mehrlings-Eltern:
www.zwillisforum.de
www.abc-club.de
www.zwillinge.at
www.zwillings-family.ch

www.tripletsandus.com
(englisch)

Adressen und Informationen zu Baby-Kursen:
www.fenkid.de
www.pekip.de
www.pikler.de

Ernährung

Infos zu Allergierisiken und HA-Formulamilch in der aktuellen »Leitlinie Allergieprävention« der Arbeitsgemeinschaft der Wissenschaftlichen Medizinischen Fachgesellschaften:
http://awmf.org

Infomaterial zu Baby-Ernährung:
www.babynahrung.org

Infos zum Thema genfreie Milch für Kinder, hier lässt sich eine Broschüre bestellen:
www.greenpeace.de/infomaterial

Websites mit Informationen über das Stillen sowie regionalen Adressen zur Stillberatung:
www.stillgruppen.de

Arbeitsgemeinschaft Freier Stillgruppen e. V.,
Bornheimer Str. 100
53119 Bonn
www.afs-stillen.de

La Leche Liga Deutschland e. V.
Dannenkamp 25
32479 Hille
www.lalecheliga.de
www.lalecheliga at
www.lalecheliga.ch

BDL Berufsverband Deutscher Laktationsberaterinnen IBCLC e. V.
Hildesheimer Straße 124 e
30880 Laatzen
www.bdl-stillen.de

VSLÖ Verband der Still- und Laktationsberaterinnen Österreichs (IBCLC)
Lindenstr. 20,
A-2362 Biedermannsdorf
www.stillen.at

BSS, Berufsverband Schweizerischer Stillberaterinnen IBCLC
Postfach 686
CH-3000 Bern 25
www.stillen.ch

VSLS Verband der Still- und Laktationsberaterinnen Südtirols
Marconistr. 19
I-39044 Neumarkt
www.stillen.it

Infos zu stillverträglichen Medikamenten:
www.embryotox.de

Brusthütchen aus hautpflegendem Silber:
www.silverette.de

Hebammen

Deutscher Hebammen-verband e. V.
Gartenstr. 26
76133 Karlsruhe
www.hebammenverband.de

Bund freiberuflicher Heb-ammen Deutschlands e. V.
www.bfhd.de

Österreichisches Hebammen-Gremium
Postfach 438
A-1060 Wien
www.hebammen.at

Schweizerischer Hebammenverband
Rosenweg 25c
CH-3000 Bern 23
www.hebamme.ch

Gesundheit

Impfen:
www.individuelle-impf-entscheidung.de
www.impf-info.de
www.impfschutzverband.de
https://www.rki.de/DE/Content/Infekt/Impfen/Impfkalender/Impfkalender_node.html

Bundesverband Neuro-dermitiskranker in Deutschland e. V.:
www.neurodermitis.net

Deutscher Allergie- und Asthmabund e. V.
Fliethstr. 114
41061 Mönchengladbach
www.daab.de

Gesundheitsportal mit bundesweitem Ärzte- und Klinikverzeichnis Berufsverband der Kin-der- und Jugendärzte e. V.
Mielenforster Straße 2
51069 Köln
www.kinderaerzte-im-netz.de

Deutsche Zöliakie-Gesell-schaft e. V.
Kupferstr. 36
70565 Stuttgart
www.dzg-online.de

Bundeszentrale für gesundheitliche Aufklä-rung (BzgA)
Ostmerheimer Str. 220
51109 Köln
www.bzga.de

Online-Portal zur För-derung einer gesunden Entwicklung von Kindern und Jugendlichen:
www.kindergesund-heit-info.de

Ausstattung

Testberichte zu Schad-stoffen:
ÖKO-TEST Verlag GmbH,
Kasseler Str. 1 a, 60486
Frankfurt am Main
www.oekotest.de

Stiftung Warentest
Lützowplatz 11–13
10785 Berlin
www.test.de

Sämtlichen Babybedarf online bestellen:
www.windeln.de

Zum Thema Stoffwindeln:
www.naturwindeln.de

Schlaf

Viele Infos rund um den Babyschlaf:
www.das-kind-muss-ins-bett.de
www.rabeneltern.org

Gemeinsame Elterninitia-tive Plötzlicher Säuglings-tod e. V.,
Fallingbosteler Str. 20
30625 Hannover
www.sids.de

Familie

https://familienportal.de/

Alles zum Elterngeld:
www.familien-wegweiser.de

Verband alleinerziehender Mütter und Väter (VAMV) Bundesverband e. V.
Hasenheide 70
10967 Berlin
www.vamv.de

Schatten und Licht e. V. – Krise rund um die Geburt
Obere Weinbergstr. 3
86465 Welden
www.schatten-und-licht.de
www.club-d-a.at
www.depression.ch

Bücher, die weiterhelfen

Austermann, Marianne/Wohlleben, Gesa:
Zehn kleine Krabbelfinger. Spiel und Spaß mit unseren Kleinsten.
Kösel, 2015

Afgan, Julia:
Babys mit Down-Syndrom stillen: Informationen und Erfahrungsberichte.
LaLecheLiga-Verlag, 2013

Bauer, Ingrid:
Es geht auch ohne Windeln! Der sanfte Weg zur natürlichen Babypflege.
Kösel, 2004

Bumgarner, Norma Jane:
Wir stillen noch – Über das Leben mit gestillten Kleinkindern.
LaLecheLiga-Verlag, 2013

Hengstenberg, Elfriede:
Entfaltungen. Bilder und Schilderungen aus meiner Arbeit mit Kindern.
Arbor, 1991

Juul, Jesper:
Dein kompetentes Kind: Auf dem Weg zu einer neuen Wertgrundlage für die ganze Familie.
rororo, 2009

Kirkilionis, Evelin:
Bindung stärkt. Emotionale Sicherheit für Ihr Kind – der beste Start ins Leben.
Kösel, 2008

Klein, Margarita:
Schmetterling und Katzenpfoten: Sanfte Massagen für Babys und Kinder.
Ökotopia Verlag, 2014

Leboyer, Frédérick:
Sanfte Hände – Die traditionelle Kunst der indischen Baby-Massage.
Kösel, 1999

Liedloff, Jean:
Auf der Suche nach dem verlorenen Glück.
C.H. Beck, Neuauflage 2017

Mierau, Susanne:
Geborgen Wachsen: Wie Kinder glücklich groß werden und Eltern entspannt bleiben.
Kösel, 2016

Montagu, Ashley:
Körperkontakt. Die Bedeutung der Haut für die Entwicklung des Menschen.
Klett-Cotta, 2015

Imlau, Nora:
Mein kompetentes Baby: Wie Kinder zeigen, was sie brauchen.
Kösel, 2016

Pauen, Sabina:
Vom Baby zum Kleinkind: Beobachtung und Förderung in den ersten Jahren.
Springer, 2018

Pikler, Emmi / Tardos, Anna:
Laßt mir Zeit. Die selbständige Bewegungsentwicklung des Kindes bis zum freien Gehen.
Pflaum, 2009

Pikler, Emmi /u. a.:
Miteinander vertraut werden. Erfahrungen und Gedanken zur Pflege von Säuglingen und Kleinkindern.
Arbor, 2014

Renz-Polster, Herbert:
Kinder verstehen. Born to be wild: Wie die Evolution unsere Kinder prägt.
Kösel, 2015

Schmidt, Nicola:
artgerecht Das andere Baby-Buch: Natürliche Bedürfnisse stillen. Gesunde Entwicklung fördern. Naturnah erziehen.
Kösel, 2015

Stern, Daniel N., Bruschweiler-Stern, Nadia, Freeland, Alison:
Geburt einer Mutter. Die Erfahrung, die das Leben einer Frau für immer verändert.
Brandes & Apsel, 2014

Wittmair, Susanne:
Zwillinge stillen: Wege zu einer harmonischen Stillbeziehung.
Verlag von Gratkowski, 2015

Weigert, Vivian:
Bekommen wir ein gesundes Baby? Was Sie über pränatale Diagnostik wissen sollten.
Kösel, 2006

Weigert, Vivian; Lütje, Dr. med. Wolf:
Das große Mama Handbuch. Alles über Schwangerschaft, Geburt und das erste Jahr.
Kösel, Überarbeitete Neuausgabe 2018

Weigert, Vivian:
Stillen. Das Begleitbuch für eine glückliche Stillzeit. Alles Wichtige auf einen Blick.
Kösel, 2010

Weigert, Vivian:
Aus meiner Babysprechstunde: Sanfte Hilfe bei Schreien, Bauchweh, Ausschlag & Co.
Kösel, 2018

Bücher aus dem Gräfe und Unzer Verlag

Cramm, Dagmar von:
Das große GU Kochbuch für Babys und Kleinkinder.
2017

Cramm, Dagmar von:
Kochen für Babys.
Neuauflage 2025

Gaca, Anja Constanze:
Babyernährung.
2019

Gatinho, Vitor Dr. med.:
Wenn der Rotz läuft und der Pups drückt.
2022

Glaser, Ute:
Die Eltern-Trickkiste.
2022

Gebauer-Sesterhenn/Praun, Manfred Dr. med.:
Das große GU Babybuch.
Neuauflage 2019

Guóth-Gumberger,Márta/Kubicka, Doris:
Stillen.
2025

Höfer, Silvia/Szász, Nora:
Hebammen-Gesundheitswissen
2012

Imlau, Nora/Renz-Polster, Herbert:
Schlaf gut, Baby!
Neuauflage 2022

Klug, Susanne:
Die neue Babyernährung
2025

Nolden, Annette/Nolte, Stephan Heinrich Dr. med.:
Das große Buch für Babys erstes Jahr
2023

Pulkkinen, Anne:
PEKiP. Babys spielerisch fördern.
Neuauflage 2025

Richter, Robin/Schäfer, Eberhard:
Das Papa-Handbuch.
Neuauflage 2020

Soldner, Georg, Dr. med./ Vagedes, Jan, Dr.med.:
Das Kinder Gesundheitsbuch.
2013

Stern, Anja/Kuon, Marie:
Hallo Hebamme
2024

Voormann, Christina/ Dandekar, Govin:
Babymassage.
2015

REGISTER

cozy bedtime

TREUE BEGLEITER IN DER SCHLAFENSZEIT

JAHRESZEIT	☀	🌸	🍂❄	❄
TOG	**0.5**	**1.0**	**2.5**	**3.0**
24 - 27 °C	🦺			
22 - 24 °C		👕		
20 - 22 °C			👕	
18 - 20 °C		👕+👕	👕+👕	
16 - 18 °C			👕+👕	
13 - 16 °C				👕+👕

WAS IST DER TOG-WERT BEI SCHLAFSÄCKEN UND SCHLAFOVERALLS UND WARUM IST ER WICHTIG?

Für eine kuschelige und sichere Schlafumgebung ist es wichtig, die Raumtemperatur und die individuellen Bedürfnisse deines Babys zu berücksichtigen. Beobachte die Körpertemperatur deines Babys und passe die Schlafbekleidung an, damit deinem Kind weder zu warm noch zu kalt wird. Der TOG-Wert gibt den Wärmewiderstand von Textilien an und kann zur Orientierung herangezogen werden. Je höher der TOG-Wert, desto wärmer hält der Schlafsack. In Kombination mit der richtigen Kleidung hilft er, eine perfekt abgestimmte Kombination für jede Jahreszeit zu finden.

LAESSIG-FASHION.DE

LIEBE LESERINNEN UND LESER,

wir wollen Ihnen mit diesem Buch Informationen und Anregungen geben, um Ihnen das Leben zu erleichtern oder Sie zu inspirieren, Neues auszuprobieren. Wir achten bei der Erstellung unserer Bücher auf Aktualität und stellen höchste Ansprüche an Inhalt und Gestaltung. Alle Anleitungen und Rezepte werden von unseren Autoren, jeweils Experten auf ihren Gebieten, gewissenhaft erstellt und von unseren Redakteur*innen mit größter Sorgfalt ausgewählt und geprüft.

Haben wir Ihre Erwartungen erfüllt? Sind Sie mit diesem Buch und seinen Inhalten zufrieden? Wir freuen uns auf Ihre Rückmeldung. Und wir freuen uns, wenn Sie diesen Titel weiterempfehlen, in Ihrem Freundeskreis oder bei Ihrem Online-Kauf.

Sollten wir Ihre Erwartungen so gar nicht erfüllt haben, tauschen wir Ihnen Ihr Buch jederzeit gegen ein gleichwertiges zum gleichen oder ähnlichen Thema um.

KONTAKT ZUM LESERSERVICE

GRÄFE UND UNZER VERLAG
Grillparzerstraße 8
81675 München
www.gu.de

IMPRESSUM

© 2015 GRÄFE UND UNZER VERLAG GmbH, München
Aktualisierte und überarbeitete Neuausgabe von »Babys erstes Jahr«, GRÄFE UND UNZER VERLAG GmbH, 2012, ISBN 978-3-8338-1985-8

GU ist eine eingetragene Marke der GRÄFE UND UNZER VERLAG GmbH, www.gu.de

ISBN 978-3-8338-4455-3
11. Auflage 2025

Projektleitung: Simone Kohl
Lektorat: Margarethe Brunner
Bildredaktion: Nadia Gasmi
Umschlaggestaltung & Layout: independent Medien-Design, Horst Moser, München
Herstellung: Petra Roth
Satz: Uhl + Massopust, Aalen
Reproduktion: Medienprinzen GmbH, München
Druck und Bindung: F+W Druck- und Mediencenter, Kienberg

Umwelthinweis:
Nachhaltigkeit ist uns sehr wichtig. Der Rohstoff Papier ist in der Buchproduktion hierfür von entscheidender Bedeutung. Daher ist dieses Buch auf PEFC-zertifiziertem Papier gedruckt. PEFC garantiert, dass ökologische, soziale und ökonomische Aspekte in der Verarbeitungskette unabhängig überwacht werden und lückenlos nachvollziehbar sind.

Die GU-Homepage finden Sie unter www.gu.de

Bildnachweis
Cover: Shutterstock
A1 Your Photo Today: S. 118, 157; Antje Anders/GU/Seasons Agency: S. 87; Corbis: S. 19 (ob.), 20, 113, 116; DPA Picture Alliance: S. 13; Dorling Kindersley: S. 131; Sabine Dürich: S. 135; Petra Ender: S. 50, 60, 96, 132 (un.), 152, 154 (mi.); Klappe hinten innen; F1Online: S. 18, 22 (li.), 71, 107; Fotolia: S. 22 (re.), 30, 62 (un.), 79; Getty Images: S. 10, 27, 51, 62 (ob., mi.), 82, 154 (ob.), 166; GlowImages: hintere Umschlagseite Imagesource: S. 92, 159; iStockphoto: S. 2, 40; Kids Images: S. 132 (ob.); Kramp&Gölling: S. 121, 171; Masterfile: S. 129, 132 (mi.); Mauritius Images: S.9, 17, 19 (un.), 117, 139; Plainpicture: S. 6, 16, 122, 148; Picture Press: S. 154 (un.); Jörn Rynio: S. 109; privat: Klappe hinten unten; Ingrid Schobel: S. 143; Anke Schütz: S. 108; Sandra Seckinger: S. 19 (mi.), 25, 64; Stocksy: S. 101, 142, hintere Umschlagseite; Super Bild Your Photo: S. 144; Constanze Wild: Klappe hinten oben; Marian Wilhelm: S. 14, 37, 85;
Illustrationen:
Berit Wenkebach
Syndication: www.imageprofessionals.com

Wichtiger Hinweis
Die Gedanken, Methoden und Anregungen in diesem Buch stellen die Meinung bzw. Erfahrung der Autorin dar. Sie wurden von ihr nach bestem Wissen erstellt und mit größtmöglicher Sorgfalt geprüft. Sie bieten jedoch keinen Ersatz für persönlichen kompetenten medizinischen Rat. Jede Leserin, jeder Leser ist für das eigene Tun und Lassen auch weiterhin selbst verantwortlich. Weder Autorin noch Verlag können für eventuelle Nachteile oder Schäden, die aus den im Buch gegebenen praktischen Hinweisen resultieren, eine Haftung übernehmen.